法國史

自由與浪漫的激情演繹

劉金源——著

三民書局

增訂三版序

　　作為面向大眾、向普通讀者介紹法國歷史的著作，本書初版問世於 2003 年，迄今已近二十年。在此期間，法國面臨的國內外形勢，發生了令人矚目的重大變化。從國際層面看，一方面，冷戰終結後一超多強的格局被逐步改變，以中國為代表的新興經濟體迅速崛起，在推動世界格局朝著多極化方向發展過程中，出現了值得關注的「東升西降」局面。另一方面，隨著經濟全球化的加速推進及其消極後果的湧現，歐美各國民粹主義開始復興，反全球化、反一體化運動風起雲湧；美國川普主義、英國脫歐以及右翼勢力國民陣線的崛起，對於法國傳統的內政外交形成挑戰。

　　如何應對複雜的國際形勢，通過不斷的改革與創新，來重振法蘭西、實現「大國夢」，是二十一世紀法國歷屆政府所考慮的首要問題。二十一世紀以來，從席哈克追求「法蘭西民族復興」、薩科齊的「新法國夢」、歐蘭德塑造一個「真正的強國」，再到馬克宏追求「更強大、更團結與更開放」的法國，歷屆執政者無不繼承戴高樂的「雄心壯志」，朝著法蘭西的「大國夢」穩步前行。

　　為實現法蘭西民族復興，歷屆法國領導人順應時代發展的要求，不斷調整著內外政策，促使法國在政治、經濟和社會層面進行轉型。政治方面，從 2002 年大選至 2012 年大選，法國繼續延

續了左右兩派兩強相爭、輪流執政的政治模式，極右翼政黨國民陣線（2018 年更名為「國民聯盟」）則緊隨其後，呈現左翼、右翼和極右翼三足鼎立的態勢。2017 年大選中，號召「超越左右」劃分界限的馬克宏，猶如一匹黑馬，成為法蘭西第五共和國歷史上的第一位「中間派」總統。法國政治生態和政黨格局發生左右兩翼衰退、新興中間力量興起的逆轉。儘管如此，無論是左翼和右翼總統，還是號召走「第三條道路」的馬克宏，他們都致力於推進政治體制改革，使其更加民主、平等和公正。通過改革，法國民眾的政治參與範圍日益擴大，輿論和媒體的監督也日益強化。這也使得已歷時半個多世紀的法蘭西第五共和國，至今仍保持相當強的生命力。

　　經濟方面，進入二十一世紀以來，法國經濟增長逐漸減緩，並因 2008 年全球金融危機和隨後的歐債危機一度陷入低迷。為擺脫經濟困境，並更好地應對全球化時代的挑戰，歷屆法國政府相繼在經濟領域採取一系列措施。席哈克上臺之初即提出「變革」的口號；薩科齊政府時期進一步提出「投資，投資，再投資」的政策，並宣布作為法國國家戰略性的「未來投資計畫」；歐蘭德政府時期則強調「工業強則國家強」，進而提出「工業愛國主義」的口號；現任總統馬克宏則立志要把法國建設成「創新型國家」，推動法國從傳統經濟發展模式轉變成「創新經濟發展模式」。由此可見，二十一世紀以來的法國總統都把改革與創新作為施政的主旋律，以創新、研發、高科技作為促進生產力發展的重中之重。不僅如此，他們還積極推進歐洲一體化，以便借助歐盟的力量發展

法國經濟；積極開展多邊外交，與中國共建「一帶一路」，借助中國振興法國經濟。儘管隨著中、印等新興經濟體的崛起，法國經濟在世界經濟中的排名退居第七位，但法國的絕對經濟實力總體仍在不斷增長，依然保持著西方國家中第四經濟強國的地位。此外，法國作為七大工業國組織 (G7)、北大西洋公約組織 (North Atlantic Treaty Organization，NATO) 的重要成員，在國際事務中依舊發揮著舉足輕重的作用。

隨著法國經濟的發展、經濟結構的調整，法國的社會階級結構也隨之嬗變，社會群體日益複雜化和多樣化，中產階級構成法國社會的核心。面對複雜多變的現代社會，歷屆法國政府致力於通過財富再分配縮小貧富差距，推進社會公平和正義。早在 1970 年代，法國就建立了「從搖籃到墳墓」的較為完備的社會保障體系，其投入醫療事業的經費更是超過 GDP 的 11%，醫療保險體系在醫療設施、覆蓋面等方面堪稱世界一流，被世界衛生組織評價為「幾乎是世界上整體水準最好的醫療系統」。馬克宏總統上任以來，更是大力推進法國社會保障制度改革，提出建設「二十一世紀新型福利國家」。2020 年爆發的新冠疫情，使得法國成為歐洲受新冠疫情影響最嚴重的國家，不僅醫療系統承擔了巨大壓力，其經濟也一度遭受重創。如何有效地戰勝新冠疫情，對法國的社會治理而言仍是一次重大的考驗。

作為歐洲一體化的主要創始國，法國一直致力於推進歐洲建設，並借重歐盟彰顯法國在國際政治中的存在、地位和偉大。「英國脫歐」為歐洲一體化前景帶來了不確定性，但隨著英國因「脫

歐」使其在歐洲影響力下降的情況，法國的外交價值和地位將有所提升。英國脫歐後，法國作為歐盟內部唯一的聯合國常任理事國以及唯一擁有核武器的國家，將繼續發揮著歐洲一體化引擎的功能，法國力圖通過歐盟來彰顯自己的大國地位和影響力。正如馬克宏所言：「我想要歐洲成為勢力可與美國和中國勢力相比的一個大陸。」與當政者的宏偉目標相對應，二十一世紀的法國廣大民眾，並不願意平靜地接受法國在世界格局中退居二線的事實，他們希望重振法蘭西河山、重塑法蘭西輝煌。也正是為了順應民意的需要，當今法國執政者加大了改革與創新的力度，致力於發展和增強法國的硬實力和軟實力，透過綜合國力提升戰略以延續法國的「大國夢」。

為滿足廣大讀者瞭解二十一世紀法國最新發展狀況之需求，在初版基礎上，筆者在改版過程中對二十一世紀以來法國的變化作了一定增補，其內容涉及政治、經濟、社會及外交等多個領域，以加深讀者對今日法國的認識。法國是西方社會的縮影及風向儀，西方社會的變化在法國同樣有所反應和體現。全面而深入地瞭解法國的歷史與現實，必將有利於我們把握西方社會發展的脈絡和走向。

劉金源

2022 年 2 月

於南京大學

增訂二版序

　　新世紀之初，三民書局籌劃出版一套「國別史叢書」，旨在讓讀者更容易了解世界各國的歷史發展進程。應三民書局之邀，我當時接受了「法國史」的撰稿任務。經過一年多的努力，2004 年 3 月，《法國史》終於問世。正如三民書局當初所要求的，嚴格來說，《法國史》並非一本學術性專著，而是一本面向普通讀者、向讀者普及世界史知識的通俗性著作。正是在這一定位之下，作者在撰稿過程中，參照和引用了國內外專家學者的大量著述，但限於編撰體例，沒有在正文中做出注釋，而是在書末列出了參考書目。可以說，如果沒有前人出色的研究成果，也就沒有讀者面前的這本小書。因此，藉再版之機，作者要向這些專家學者表示敬意和感謝。

　　作為一本通俗性著作，《法國史》一書，並不在於向讀者介紹學術領域中的法國史研究，而是力求用生動活潑的語言、清晰分明的結構、透徹鮮明的觀點，通過縱橫結合的方式，向讀者展現幾千年以來法國歷史的發展歷程，揭示法蘭西民族獨特的精神和魅力。作者在《法國史》一書中所做的，形象化地說，就是一種橋樑式工作，即把學術研究中的、象牙塔中的法國史，通過大眾化、通俗化的方式，向讀者大眾做普及，從而實現史學的大眾化，

　　滿足廣大民眾的願望與要求。《法國史》等叢書出版後,受到讀者歡迎,並在社會上產生一定回響,這對於作者來說是最大的快慰。時隔五年後,藉三民書局再版之機,作者對於初版做出若干修訂。

　　記得書稿完成之初,邁入新世紀門檻的法國,正在「政壇常青樹」席哈克總統領導之下闊步前行,席哈克的政治聲望也如日中天。而五、六年後的今天,垂垂老矣的席哈克退出了法國政壇,後席哈克時代的法國,正在朝氣蓬勃的薩科齊總統的領導下,重塑大國地位。政壇的變化帶來了經濟、社會、外交等方面的全方位變化,而所有這些變化,將緩慢而深刻地改變著法蘭西民族的歷史進程,並決定著法國未來的發展走向。法國近年來所發生的種種變化,在這次的修訂版中得到了體現。修訂後的《法國史》一書,真正做到了與時俱進,跟上了時代變遷的步伐。從修訂版中,讀者既可感受到席哈克時代終結後法國人的迷茫,又能鳥瞰到薩科齊時代的法國所展現出來的新社會圖景。

　　全球化世界需要開放的視野,加強對外國歷史知識的介紹和普及工作,能不斷強化不同文明間的交流和融合。從這個角度來看,三民書局出版「國別史叢書」,確實是做了一項了不起的工作。而這項工作的推進,不僅需要出版界的努力,更需要學術界的支持,希望更多的學界同仁能肩負起這項重任。

劉金源

2009 年冬

於南京

序　言

　　自有史以來，人類社會已經走過了漫漫數千年的歷程。在漫長的歷史河流中，地球上各民族的智慧不斷創造出璀璨的文明，並推動著人類社會突飛猛進的發展。如果說在當今輝煌燦爛的人類文明中，世界各個民族都勿庸置疑地做出了自己的貢獻，那麼，在歐洲大陸西部的法國領土上繁衍生息的法蘭西民族，則以其對人類文明的獨特貢獻而著稱於世。有著「高盧雄雞」之稱的法國，是一個有著悠久的歷史、燦爛的文化、發達的經濟、舉足輕重的國際影響力的國家。在這片面積僅有五十多萬平方公里的土地上，河流交錯縱橫，平原一望無際。溫帶海洋性氣候帶來了充足的水分，滋潤著肥沃的土壤。這樣的地理環境與氣候條件，使得法國成為歐洲文明最早的發祥地之一。

　　作為一個當今世界上仍然發揮著重要作用與影響力的國家，法國在中國人心目中並不陌生。一提到法國，不少讀者可能立刻想到高聳雲霄、年代久遠的艾菲爾鐵塔，想到藏滿藝術瑰寶的羅浮宮，想到有著深厚歷史積澱的凱旋門和凱旋柱，想到配方獨特、香飄世界的法國香水，想到為各國名媛靚女為之傾倒的巴黎時裝，想到窖香濃郁、色澤誘人的法國葡萄酒……對歷史有興趣的讀者可能還會如數家珍地羅列出一大串名垂青史的法國名人：拯救民

族國家的聖女貞德、為法國奠定強國地位的路易十四、橫掃歐洲而不可一世的拿破崙、以及不為霸權折服而試圖重樹法國大國地位的戴高樂，在他們身上不難看到法蘭西的民族之魂；關注思想文化的讀者更會津津樂道於盧梭、伏爾泰等啟蒙思想家，以及莫里哀、拉伯雷、雨果、巴爾扎克等文學巨匠，他們的作品在今天的世界仍然廣為流傳。然而，如果進一步加以追問，恐怕很少有人能說出關於法國的更多東西，尤其是其歷史發展進程。有鑑於此，向一般讀者介紹與普及法國的歷史知識，加強他們對於外部世界的了解，就成為史學工作者在全球化新形勢下的一項任務，這也是寫作本書的出發點。

法國的歷史可謂源遠流長，最早可以追溯到原始人活動的「冰河時代」，其後又從石器時代進入到鐵器時代、青銅器時代。自西元前五世紀起，來自中歐多瑙河流域的塞爾特人大舉西遷，進入法國的中部與南部。當時的羅馬人將居住在包括法國在內的中歐與西歐的塞爾特人稱為「高盧人」，高盧人因而也成為當今法蘭西民族的祖先。不過，「自由自在」的高盧王國在維持了僅僅三個世紀後，強大的羅馬人就開始了對高盧的征服，法國由此開始了長達五個多世紀的高盧羅馬化時期。四世紀下半葉，眾多蠻族的西遷浪潮沖垮了西羅馬帝國，入主高盧的各蠻族紛紛搶占土地，建立王國，其中勢力最大並在後來統一整個高盧的，當屬法蘭克人建立的法蘭克王國。在查理曼時期，克洛維開創的法蘭克王國，其領土得到空前擴張，權勢也達到頂峰，法蘭克王國搖身一變而成為查理曼帝國，法國的封建化進程就是在這一時期完成的。然而，

查理曼去世後，國內紛爭不斷，戰亂迭起。到 843 年，查理曼的三個孫子將帝國一分為三，其中的西法蘭克王國後來發展成為今天所稱的法國，真正意義上的法國史也就是從這個時候開始的。

西法蘭克王國建立後，國內諸侯割據，戰亂頻頻，一國之君僅僅成為「法蘭西島的國王」。正當法國歷任君主全力掃除割據、強化王權之時，英法百年戰爭爆發了。柔弱的法蘭西起初無法與強大的英國相抗衡，國王被俘，國土被占，人們面臨著亡國的災難。此時，法蘭西的民族英雄——聖女貞德受命於危難之際，率領部隊英勇抗擊英軍。正是在貞德精神的鼓舞下，法國人最終取得了百年戰爭的勝利，成功地捍衛了國家的獨立。經歷百年戰爭的洗禮後，法國領土進一步統一，王權不斷加強，法語作為民族共同語言的地位開始確立，這標誌著法蘭西民族國家的正式形成。

民族國家形成後，隨著王權的加強，法國很快走向繁榮與強大，路易十四時代標誌著君主專制已經達到了頂峰。不過，法國人歷來是一個富有理想、崇尚自由的民族，為了捍衛個人民主與自由權利，在十八世紀末，他們毅然舉起了反叛的大旗，發動了震撼世界的大革命，專制國王被推上了斷頭臺，共和國隨之建立起來。然而，理想中的共和國在現實生活中猶如曇花一現，激進的革命帶來的不是新秩序，而是長期的國內外戰爭。拿破崙就是在這種歷史背景下登上了法國的歷史舞臺，他不僅成功地鞏固了國內秩序，而且通過對外戰爭，建立了不可一世的拿破崙帝國，法國的三色旗在歐洲大陸上空飄蕩，而法國人的榮耀與輝煌也達到了前所未有的頂峰。遺憾的是，這只是短暫的一幕，滑鐵盧的

戰敗徹底摧毀了帝國，波旁王朝在歐洲各國刺刀的護衛下復辟了。

自 1815 年的波旁王朝復辟，一直到 1875 年共和制度的最終確立，法國政體經歷了多次變換，君主制與共和制交替上演，皇帝與總統輪流當政。不過，經歷了啟蒙思想的教育與大革命的洗禮後，法國人民再也不願意接受那種侵犯「人民主權」的君主制了，他們以種種方式投入了建立共和的運動之中。共和派力量與保王派力量的較量在 1870 年代達到了頂峰，最終保王派力量被擊潰，共和制度在法蘭西領土上確立起來。

可以看出，自大革命以來，共和一直成為法國人所追求的理想和目標。在激進的大革命中，共和國雖然建立，但基礎極為脆弱；拿破崙帝國雖然帶來了榮耀，但人民卻失去了極為珍視的民主與自由權利。而正是為了這種民主與自由，自 1789 年大革命以來，法國人先後發動了 1830 年的七月革命、1848 年的二月革命，在 1871 年，更加激進的左翼甚至還建立了完全由人民當家作主的巴黎公社。但是，所有這些革命成果，無時無刻不受到君主派勢力的威脅。直到 1870 年代，即大革命之後的一百年，共和制度才真正在法蘭西領土上確立起來，大革命的理想至此才完全化為現實。

共和制度確立後的法蘭西，為了樹立歐洲霸權，走上了殖民擴張的道路，並與有著同樣想法的歐洲其他國家，尤其是德國產生了激烈的矛盾與衝突。於是，二十世紀的法蘭西陷入了不能自拔的兩次世界大戰之中。兩次規模空前的世界戰爭將法蘭西民族拖入了萬劫不復的深淵，作為戰爭的主戰場，法蘭西國土成為各種先進武器與炮火的實驗場，人民深受苦難。尤其是在第二次世

界大戰中，作為世界陸軍強國的法蘭西，竟然在短短的一個月之內，就遭受了亡國的命運。然而，法蘭西畢竟是一個歷來不甘落敗、勇於奮起反抗的民族，戴高樂在倫敦燃起的「自由法國」運動火焰，很快在英吉利海峽兩岸熊熊燃燒起來，並指引著法國一步步走向解放。

二戰之後的法國面對太多的無奈：殖民帝國的解體令法國人黯然神傷；昔日的「高利貸帝國」竟然淪為債務國；延續已久的財政危機使得法國不再處於「經濟強國」之列……種種形勢表明，雖然是兩次世界大戰的戰勝國，但法蘭西已經無可挽回地淪為西方世界二流國家的行列。法國領導人，尤其是戴高樂開始為追求「法國的偉大」、重樹大國地位而進行艱難的努力，這在獨立自主的外交路線方面表現得最為突出：在歐洲政策上，法國積極倡導歐洲一體化進程，成為歐洲聯合的首倡者；在美蘇爭霸的兩極世界裡，法國並沒有步英、德西方國家的後塵對美國亦步亦趨，而是敢於對山姆大叔說 "No!"，公開違背美國的意願而與蘇聯等社會主義國家交好；在國際舞臺上，作為聯合國安理會的常任理事國之一，法國在解決全球衝突與爭端中也發揮了大國應有的作用。

進入後冷戰時代以後，儘管美國儼然以世界霸主地位自居，但世界無疑正朝著一種多極化的方向邁進。在這樣的新形勢下，力爭法國所主導的歐盟，甚至法國本身成為多極世界中的一極，實現第五共和國開創者戴高樂提出的法國大國地位的目標，依然是以席哈克為首的法國政治家所為之奮鬥的重要目標。雖然德國人對法國的這一目標不屑一顧，認為法國是不自量力，是「持二等

車票，卻想坐頭等車廂」，不過從來不甘落後的法蘭西民族，力圖將命運掌握在自己手中。法國人相信奇蹟，法蘭西民族的歷史也充滿了起死回生、東山再起的奇蹟，因此，今天的法國人仍然相信，一個嶄新的二十一世紀對於法國來說，一定會充滿著新的奇蹟。

縱觀法國幾千年的文明歷程，我們不難發現，自由與浪漫兩條主線貫穿法蘭西歷史發展進程的始終。法蘭西民族是一個以自由為首要目標的民族，自1789年大革命以來，歷代法國人都在為實現「自由的國度」而奮鬥，無數法國人為此拋頭顱、灑熱血，法蘭西大地因此而成為近代人類民主自由的發祥地、人權的故鄉。法蘭西民族又是一個追求浪漫的民族，這在其社會文化方面可見一斑：在專制王權處於頂峰時代，法國的啟蒙思想家們就提出了反對暴政、「人民主權」的浪漫理想，這一理想在大革命以及十九世紀的歷次革命中得以驗證，並在最終確立的共和制度中得到實現；近代以來法國的浪漫主義文學、史學與詩歌等，在世界文化之林中仍然占有重要的一席之地；當今法國人浪漫的生活方式舉世聞名，並成為英國、美國等西方發達國家與眾多發展中國家所積極追求的目標……一部法國史，實際上就是法蘭西民族為自由與浪漫而激情演繹的歷史；深入其中，會感受到法蘭西民族悠久的歷史與獨特的魅力，奉獻在讀者眼前的這本小書，或許能給您一些啟迪。

劉金源

2003 年 9 月

於南京大學

法國史
自由與浪漫的激情演繹

目　次 | *Contents*

增訂三版序

增訂二版序

序　言

第 1 篇

法蘭西文明的起源與發展

史前時代與古代高盧

第一節　史前時代的原始文明

一、地理位置與自然環境

在歐洲大陸的西部，有一個近似於六邊形的國家，這就是有著「高盧 (Gaul) 雄雞」之稱的法蘭西共和國，又稱為法國。在人類文明的早期，地理環境對於一個民族的形成和發展往往具有決定性的影響，而法國悠久燦爛的歷史文化，在一定程度上依賴於其獨特的地理位置。法國位於英吉利海峽、大西洋和地中海之間，處在西歐幾條天然道路的交叉點上。法國在西北部與英國隔海相望，東部與義大利、瑞士交接，西南部與西班牙相連，東北部與德國、盧森堡和比利時相鄰。法國面積為五十五萬平方公里，海岸線長達三千多公里。與多國相鄰的處境產生了重大的後果，它表現在：法蘭西民族在形成和發展過程中，必然會受到來自周邊

國家和民族的深遠影響，多樣性成為法蘭西民族最重要的特徵，以至於有歷史學家指出：「法蘭西民族的成分比歐洲任何一個民族都更為複雜，它真是各民族的一個國際大匯合。」

獨特的地勢、土壤和氣候，使得法國具備了最有利的條件，來建立一個人口眾多、種族複雜的國家。就地勢而言，法國東南部和西南部有高聳的山脈，西部、北部和東北部是開闊的丘陵地帶和平原，這樣的地勢利於多種農作物的種植和不同的居住方式。除了山脈地區以外，法國的大部分地區土壤肥沃，適合於種植各種農作物。法國境內有多條河流，這不僅為原始人類的生存提供了充足的水源，而且還提供了便利的水上交通，有利於境內各民族之間的交流。除了東北部外，法國屬於溫帶海洋性氣候，冬天不冷，夏天不熱。適中的雨量和肥沃的土地，使得法國成為一個盛產蔬菜、水果、糧食等多種農產品的國家。這樣看來，原始人類很早就在法國這塊土地上駐足和生活，就是十分必然的了。

二、原始文明的演進

從法蘭西境內深下地層或堅厚石灰層構成的洞穴中，人們發掘出大量的人類骨骼殘片和粗石器工具。這些可以證明，早在遠古時代，法國土地上就有人居住了。法國的原始文化最早可以追溯到「冰河時代」，當時法國許多地方被冰山覆蓋，氣候比現在要潮濕、寒冷得多。在遍布法蘭西的原始森林中，野獸四處出沒，原始人居住在西南部多爾多涅河 (Dordogne) 與索恩 (Saône)—羅納河 (Rhône) 峽谷一帶相對溫暖的地方。隨後，法國進入舊石器

時代，這一時代可分為三個時期，即以阿布維利文化、阿舍利文化為代表的早期，以勒瓦婁哇、穆斯特文化為代表的中期，以及以索魯特、馬格德林文化為代表的晚期。當時，法國境內活動的原始人，主要是尼安德塔人和克羅馬儂人。原始人大量使用石器，以骨骼、象牙、鹿角等材料製作工具。除了捕魚以外，原始人還能通過集體智慧獵殺體

圖1：舊石器時代原始人使用的生產工具

形龐大的動物。他們留下了很多原始的藝術，如繪畫、雕刻和壁畫等。

　　大約西元前10000～8000年左右，西歐的氣候和自然環境發生深刻變化，原始人的生活由此進入中石器時代，其標誌是弓箭和細石器的使用。中石器時代是從舊石器時代進入新石器時代的過渡階段，它在法國以阿齊爾文化和塔登諾文化為代表。阿齊爾人已經學會了建造木構茅棚，知道製造和使用各種細石器；塔登諾人多居住在濱海和河流旁，所使用的工具更加精細，漁獵和採集是其生存的主要方式。

　　西元前7000年左右，法國進入了新石器時代。磨光石器和陶器被人們廣泛使用，農牧業逐漸取代了漁獵業。居民們種植的農作物主要有裸麥、大麥和小麥，並且知道如何將穀物磨成細粉；

他們飼養的家畜有綿羊、牛、山羊、豬、馬、狗等；他們已經知道紡羊毛和麻，縫製衣服，編繩織網，燒製陶器。從住所來看，當時的居民逐漸從原先的洞穴岩棚裡遷往露天營地或住進圓形的和狹窄的茅屋，這些茅屋大多用木樁、樹枝等蓋成。

西元前 3000～1000 年，法國進入青銅器時代。人們將銅和少量的錫混合起來煉成青銅，用以製造斧頭、長矛、刀劍等生產工具和手鐲、項圈、鈕扣、戒指等飾物。此時法蘭西境內的民族經歷了一波又一波的遷徙浪潮，這種大遷徙有利於各地居民在經濟文化方面的交流以及新民族的形成。在法國青銅器時代的遺跡中，最引人注目的是布列塔尼 (Bretagne) 半島地區的巨石建築，它們分為立石、列石和石棚三類，體現了相當高的文明水準。到西元前 1000 年左右，鐵器開始出現並逐漸取代青銅器，人類文明進程又向前推進了一大步，而有法蘭西民族祖先之稱的「高盧人」開始登上歷史的舞臺。

圖 2：巨石文化　布列塔尼半島地區的巨石建築，成為法國青銅器時代文化的象徵。

第二節 「我們的祖先高盧人」

一、高盧人進入法蘭西

提及法蘭西民族的祖先，人們馬上會想起高盧人。「我們的祖先高盧人」也成為法國歷史教科書中常見的句子。那麼，高盧人到底是指哪些人呢？其實，他們就是當時希臘人所稱的塞爾特人 (Celts)，高盧人是古羅馬人對塞爾特人的稱呼。

進入鐵器時代以後，法國西南部居住著伊比利亞人，東南部居住著里格爾人。與此同時，不斷有周邊民族移居到法蘭西境內，腓尼基人於西元前 1000 年左右進入法國南部，建立了港口和商站。西元前 600 年左右，希臘人進入法國的羅納河流域，並在馬西里亞 (Massilia)❶建立了城市。也就在這個時候，大批塞爾特人開始入侵法國。

塞爾特人是在語言、物質文化和宗教信仰等方面具有共同特點的一些部落群體的總稱，其發源地為中歐的多瑙河 (Danube) 流域，其所說的塞爾特語屬於印歐語系。從身體特徵來看，塞爾特人分為兩大類型：一種身材高大，留著金黃色的長髮，藍眼睛；另一種為圓頭顱，中等身材，棕色頭髮，眼睛為棕色或灰色。塞爾特人是歐洲最早懂得冶鐵並製造鐵器的民族，其冶煉和製造的

---

❶ 即今天的馬賽 (Marseille)。

技術已達到相當高的程度。這一技術不僅應用於生產工具，而且廣泛應用於重劍、匕首、長矛等武器的製造上。正是憑藉這種先進武器的優勢，塞爾特人在幾個世紀的時間裡，像潮水一樣猛烈、急劇地向周邊擴張，越來越多的地區被塞爾特人征服，越來越多的種族被塞爾特人所同化。

從西元前五世紀末開始，塞爾特人開始大舉進入法國，他們先後征服並同化了西南部的伊比利亞人和東南部的里格爾人。西元前 500～450 年間，塞爾特人已經遍布法國各地。古羅馬人把在今天的法國、比利時、瑞士、荷蘭、德國南部和義大利北部這一廣闊區域生活的塞爾特人稱呼為高盧人，他們居住的地區被稱為高盧。當時的高盧約分布著六十個小民族，據史學家估計，其人口少則四百萬，多則一千六百萬。羅馬統帥凱撒 (César) 將當時的高盧居民分為三個部分：居住在庇里牛斯山 (Pyrénées) 與加隆河 (Garrone) 之間的亞奎丹 (Aquitaine) 人；多為受到塞爾特人同化的伊比利亞人的後裔；居住在自加隆河與塞納河 (Seine) 之間的中部高盧人；居住在塞納河與萊茵河 (Rhine) 之間的比爾及人。

談及法國人的祖先，我們首先要了解歐洲的種族劃分。根據語言學的劃分，歐洲民族大體可以分為塞爾特種族、日耳曼種族和拉丁種族。當今的法國人往往同時具有這三個種族的特徵，例如藍色眼睛和黑色頭髮等。儘管法國境內以塞爾特人為主，但是在以後的歷史發展中，塞爾特人與其他兩個種族之間的交流和融合一直在進行著。這樣看來，法國現在的居民，顯然是歐洲這三個種族很複雜的混合結果。南部的法國人，拉丁種的特徵稍加明

顯；東北的法國人，多少具有一些日耳曼種的特徵；中西部的法國人，則主要地顯現出塞爾特種的特徵。因此，「我們的祖先高盧人」這句話實際上是不準確的。對於「高盧人」的強調，只不過反映了在法蘭西民族形成的歷史過程中，高盧人的體貌特徵和文化傳統較高程度上被後來的法國人所繼承罷了。

二、高盧人的社會制度

在一般法國歷史學家的筆下，凱撒征服以前的高盧社會是「自由自在的」。當時的高盧人，生活在以家族、氏族、部落為單位的父系氏族社會中，部落是最高的社會組織，而當時從屬於高盧種族的有近百個部落。儘管對於其人口總數的估計差異較大，但很可能每平方公里的人數不超過十～十二人。這些部落之間彼此差異甚大，各有特性，經常處於割據和交戰狀態，政治和領土上的統一從來就沒有出現過，充其量也只是保持文化上的一致性。

在高盧北部的一些部落內，議事會、人民大會和首長大會等原始民主制下的氏族社會各機構，存在並且繼續發揮著重要作用，軍事首領雖大權在握，但仍受到這些機構的束縛。然而，在中部和南部的一些部落內，氏族成員的分化使得階級矛盾越來越尖銳，以平等關係為基礎的原始民主制逐漸解體，社會出現了兩極分化。當時的特權階級分為騎士和祭司兩個群體。騎士就是部落中的氏族貴族，擁有大量的土地、牲畜甚至奴隸，軍事領袖則是騎士們的首領，在部落中享有崇高的威望，勢力和權力很大；祭司的權力和地位不亞於騎士，他們主持公私祀典，解釋教義，充任法官，

裁決糾紛，同時還充當醫生、教師和詩人的角色，在部落中享有特權，可以不參加戰爭，免除賦稅和一切義務。與特權階層相對立的是氏族內的普通平民，他們大多為農民或手工業者，時常被特權者所欺凌，遭受債務和賦稅的壓迫，還要隨時跟從貴族出戰，地位十分低下。

塞爾特人進入法蘭西期間，已經放棄了原有的游牧和遷徙的生活，他們找到合適的地方定居下來，以農耕和畜牧業為生。當時的居民已經懂得集體墾殖田地，並且學會使用帶犁刃和犁壁的輪式犁翻耕田地、用牛作牽引力，鐵器則成為最主要的生產工具。種植的作物有大麥、小麥、黑麥、燕麥、甜菜、蕪菁、亞麻、大麻、洋蔥、蒜等。畜牧業也開始發展起來，養馬和養羊尤其普遍，有的部落專門以牲畜放養為生。與此同時，手工業逐漸從農業中分離出來，金屬開採、冶煉和加工成為手工業最重要的部門，當時製造數量最多的是各種武器，如短劍、匕首等；其次為各種生產工具，如犁、鐮、銼、鉗、鑿、鋸、斧、鑽頭、剪刀、剃刀等；此外還包括皮革、陶器、玻璃、琺瑯、車輛等。

隨著農業和手工業的發展以及塞爾特人對外經濟文化交流的日益密切，商業開始發展起來，城市也由之興起。塞爾特人定居下來後，同其他民族，尤其是希臘人之間的貿易往來逐漸密切，商業由此興盛。在索恩河上，當時出現了許多水陸貿易的商品轉口站，錢幣也開始鑄造並流通起來。商業的發展帶動了城市的興起，當今法國的許多城市在當時就已經存在，並且是以高盧各部落的名稱而命名的，如巴黎 (Paris) 出自巴里西人，亞眠 (Amiens)、南

特 (Nantes)、普瓦提埃 (Poitiers)、圖爾 (Tours) 分別來自安姆皮阿尼人、南姆內德斯人、畢克泰維人、都龍耐斯人。

　　高盧遼闊的土地與豐饒的物產，令鄰近的古羅馬人覬覦已久，而塞爾特部落各自為政、四分五裂的狀況，使其根本無法抗擊強大的羅馬軍團的入侵，「自由自在的高盧人」不久將處於羅馬的統治之下。

第三節　羅馬統治下的高盧

一、凱撒征服高盧

　　雖然凱撒當之無愧地享有「高盧征服者」的美譽，但其實早在凱撒率軍入主高盧以前，羅馬人對於高盧的征服就開始了。西元前二世紀，羅馬人透過與塞爾特人之間爆發幾次血戰，不僅征服了山南高盧，而且奪取了高盧的地中海沿岸地區，建立了納爾榜 (Narbonne) 高盧行省，從而控制了塞爾特人居住地區與地中海地區聯繫的交通要道。

　　西元前 58 年，羅馬政治家和著名軍事統帥——「前三雄」之一的凱撒出任高盧行省的總督，並且帶領四個軍團駐紮在高盧地區。作為一名具有雄才大略而又野心勃勃的政治家和軍事家，凱撒總是在尋找機會為自己爭取政治資本和社會聲譽，高盧這片廣袤的土地為凱撒這位曠世英雄提供了用武之地。凱撒一直在伺機侵占尚未被羅馬人征服的山外高盧。當時的高盧原始社會各部落

林立，彼此爭鬥十分激烈，部落內部的階級對立和階級衝突亦非常尖銳。高盧社會這種內外矛盾激化、戰事不斷的分裂局面為凱撒插手其內部紛爭、進而出兵入侵提供了契機。

　　就在凱撒擔任高盧總督的這一年，塞爾特部落的一支赫爾維特人向加隆河口遷徙，對高盧中部的愛杜依部落構成了威脅，後者於是向羅馬求援。千載難逢的良機終於來臨，凱撒奉元老院之命迅速出兵，不費吹灰之力就在奧頓 (Autun) 地區擊敗了赫爾維特人，使其退回原地；隨後，凱撒又以高盧人的「同盟和友邦」的名義，擊敗阿里奧維斯特 (Arioviste) 領導的日耳曼人，使其撤回到萊茵河東岸。大功告成的凱撒並沒有班師回朝，而是將羅馬軍團留在高盧，以鎮壓高盧人的反抗並欲侵占更多的領地。這一做法引起了高盧各部落的不滿，於是高盧人紛紛行動起來，為維護自己的獨立和自由而與羅馬人展開了英勇的戰鬥。凱撒獲悉高盧人的意圖以後，決定採取先發制人、各個擊破的戰術。他首先向比爾及人發動進攻，以優勢兵力擊敗比爾及聯軍後，又率軍穿過整個高盧直下亞奎丹，隨後又揮師北上直至布列塔尼半島，從而征服了高盧境內的大多數部落。

　　事實上，在反擊羅馬人入侵的戰爭中，高盧人的力量並不弱於羅馬人，只不過高盧人各部落之間矛盾重重，沒有能夠很好地聯合作戰。在訓練有素、裝備精良的羅馬軍團面前，高盧人只能接受被各個擊破的命運。除了軍事征服以外，凱撒還採用許願、結盟等辦法，分化和瓦解高盧的一些部落。至西元前 56 年，高盧絕大多數地區都處於凱撒的控制之下，高盧終於淪為羅馬的一個

行省。

正當羅馬人為征服高盧而歡欣鼓舞之際，西元前 52 年，一場席捲全高盧反對羅馬占領者的起義爆發了。領導者是年輕有為的酋長維金格特里克斯 (Vercingetorix)，他聯合了高盧大部分部落，採取堅壁清野和破壞對方補給、輜重等策略，與羅馬軍隊周旋。在日爾戈維 (Gergovie) 一戰中還大敗凱撒

圖 3：倫巴底 (Lambardie) 地區出土的「高盧戰士」石像

軍隊，殺死了七百名羅馬人，羅馬軍團一時被打得手忙腳亂。但是後來起義軍所在的阿列西阿 (Alésia) 要塞遭到羅馬軍隊的長期圍困，彈盡糧絕的義軍在缺乏外援的情況下被迫投降，義軍領袖維金格特里克斯成為俘虜，後被押至羅馬處死。十九世紀的法國歷史學家出於懷古的愛國熱情，曾把他作為法蘭西抗擊外敵入侵的民族英雄。

這次大起義失敗後不久，高盧境內的反羅馬武裝抗爭逐漸被鎮壓下去。據希臘作家普魯塔克 (Plutarch) 記載，凱撒與數目多達三百萬的高盧人作戰，先後殺死了一百萬高盧人，並把相同數目的高盧人變賣為奴。高盧人的戰敗決定了這個地方的命運，法蘭西的全部領土從此接受羅馬的統治長達五百年之久。在羅馬統治期間，雖然高盧出現了統一的局面，但是這與民族統一的形式迥

然不同，因為統一的高盧只是龐大羅馬帝國中的一個微小部分，只是羅馬的一個行省，之後的高盧於是經歷了一個「羅馬化」的過程。

二、高盧的「羅馬化」

高盧併入羅馬帝國以後，為了加強管理，羅馬統治者將廣袤的高盧劃分為四個行省，除了原有的納爾榜高盧行省以外，另外又劃分了亞奎丹行省、塞爾特行省和里昂內士 (Lyonnais) 行省。各行省的行政長官由羅馬元老院任命，同時保留羅馬軍隊。高盧的這四個行省一共管轄約九十個州，每州以一個中心城市為首府，包括幾個城鎮、一些村莊和莊園。羅馬君主通過各行省的行政長官來治理高盧。不過，各行省只有少數官員和一千多名步兵，而投降和被解除了武裝的高盧各部落，依然保留著其地方政府和社

圖 4：高盧羅馬化時期，為抵禦北歐海盜侵襲而建立的城堡。

會組織。羅馬帝國對於它們只有兩個要求：一是向帝國繳納賦稅，二是彼此之間不再發生戰爭，而羅馬官員保證不干涉其內部事務。這種開明的統治方式消弭了高盧境內長期以來的內戰，同時也使得「羅馬和平」在高盧得以長期維持。

在政治方面，羅馬統治者對於高盧的上層人物實行拉攏和收買政策。高盧的氏族社會在羅馬化時期逐漸解體，奴隸制生產關係開始確立起來。西元 48 年，羅馬皇帝授予高盧貴族羅馬公民權，後來又將一些高盧貴族拉入羅馬元老院。高盧的貴族們還擔任行政機構的官員，在羅馬的監督下管理地方事務，或者擔任高盧人組成的羅馬輔助部隊的司令官。在羅馬化的過程中，高盧的上層社會逐漸學會了使用奴隸，這些奴隸的來源多為戰俘、私生子和棄嬰，他們或在主人家中充當僕役，或在田間耕地或牧羊，過著悲慘的生活。

在經濟方面，奴隸制的生產方式在高盧逐漸處於主導地位，奴隸勞動在一些大莊園中十分普遍，但當時仍然存在著中小土地所有制。農業生產亦有了一定的發展，農產品從當初的穀物種植發展到多種經營，葡萄與橄欖的種植極為盛行，而高盧的穀物、葡萄酒、橄欖油、火腿等農副產品遠銷羅馬各城市和行省。與此同時，羅馬先進的生產技術傳入高盧後，促進了當地手工業的發展，採礦、冶金、製陶、紡織、服裝、皮革等在整個帝國中處於領先的程度。經濟的發展促進了城市的繁榮，一些由移民組建的新城鎮紛紛湧現，這些城鎮在規劃布局和建築風格上沿襲了羅馬式建築，市中心為大廣場和包括政府機關、神廟、競技場、大浴

場在內的公共建築，周圍是店鋪、作坊、民房以及豪宅。這樣的城鎮在五世紀時大約有一百多座，是當地的行政和手工業生產中心。一些城鎮的遺跡至今仍然清晰可見。

文化上的羅馬化，主要體現為拉丁文的傳入及其統治地位的確立。羅馬人所用的拉丁文是官方使用的文字，也是帝國境內各地通商使用的語言。由於高盧人使用的塞爾特語始終沒有變成正式的文字，所以拉丁文傳入以後，很快就被高盧人接受。高盧的社會上層首先接受並使用拉丁文，後來它又成為普通民眾的語言。經歷長期的演變之後，高盧的拉丁語成為中世紀的羅曼語，後來又演變成現代法語，而塞爾特語只在極少數法語詞彙中可看見蹤跡。

基督教於一世紀末開始傳入高盧，至二世紀中葉，高盧已經有許多基督教團體。但在基督教被奉為羅馬國教以前，仍然受到政府的迫害，傳播範圍極其有限。四世紀末基督教成為羅馬國教以後，羅馬皇帝開始在高盧地區強制推行基督教，停止其他宗教信仰，這促使基督教很快在高盧取得了統治地位。高盧被羅馬當局劃分為若干教區，主教通常由高盧－羅馬貴族擔任，享有羅馬當局饋贈的土地。主教不僅負責整個教區的宗教生活，而且還掌握城市的經濟、政治和法律大權。他們直接對羅馬當局負責，成為政權體系中的顯赫人物。

高盧羅馬化的過程，實際上就是落後的高盧社會接受先進的羅馬文明走向繁榮昌盛的進程。在羅馬化的進程中，高盧社會的各方面都有了長足的進步：長期內戰結束，政治相對穩定，經濟發展迅速，社會文化繁榮。然而，作為帝國的一個行省，高盧的

命運與羅馬帝國緊密相連，它們之間的關係是一興俱興，一衰俱衰。高盧的「太平盛世」依賴於羅馬帝國的強大，而當三世紀羅馬陷入內外交困的重重危機時，高盧的衰敗就難以避免了，並進而導致了羅馬在高盧統治的徹底崩潰。

三、羅馬統治的終結與日耳曼人入侵

　　二世紀末至三世紀末，羅馬帝國出現了全面的政治經濟混亂，城鄉經濟衰退、國庫空虛、政局持續動盪、內戰不斷發生。這場危機很快蔓延到全高盧，造成高盧的手工業衰退，商業行銷範圍縮小，城市生產萎縮，經濟凋敝，土地兼併嚴重，不少自由民和小地主紛紛破產，社會矛盾極其尖銳。整個高盧猶如一堆乾柴，只要落上幾點火星，很快就會燃起熊熊烈火。

　　三世紀中葉，羅馬帝國瀕臨土崩瓦解，各地軍團和行省紛紛擁立自己的統治者，羅馬出現了「三十僭主」的分裂局面。258年，高盧駐軍司令官波斯圖姆 (Postumus) 自稱高盧皇帝，建立起包括高盧、日耳曼、不列顛和西班牙在內的「高盧帝國」。面臨外族入侵的羅馬皇帝不得不容忍這個「眼中釘」的存在。然而，到了 273 年，為了鎮壓國內的武裝起義，高盧帝國的末代皇帝不得不向羅馬求援，其代價就是重新回歸羅馬帝國。這樣，維持了十五年的高盧帝國不復存在。

　　儘管高盧重新歸順了，但是羅馬對高盧的統治依然面臨著巴高達❷運動的衝擊。二世紀末開始的經濟危機激化了社會矛盾，269 年，高盧的奴隸、農奴和部分破產的自由農聯合起來，發動了

規模宏大的武裝起義。這次起義席捲全高盧，沉重打擊了奴隸主和統治階級。在高盧皇帝與羅馬當局的聯合鎮壓下，起義一度轉入低潮。但是十年以後，起義再度爆發，直到 285 年才被鎮壓下去。「野火燒不盡，春風吹又生。」到五世紀時，隨著羅馬帝國危機的加深，巴高達運動東山再起，遍布高盧全境，並得到了一些蠻族的支持。儘管起義軍堅持到 451 年時才被羅馬當局徹底鎮壓，但它沉重地打擊了羅馬帝國政權，成為羅馬帝國解體的催化劑。

不過，最終促使羅馬在高盧統治崩潰的因素，應該是日耳曼人 (Germains) 的大舉入侵。作為西歐最為富庶的地區之一，從西元三世紀開始，高盧每年都會遭到日耳曼各部落的掠奪性襲擊。然而，從 406 年起，日耳曼人對於高盧如潮水般的入侵開始了。是年的 12 月 31 日午夜，羅馬帝國的災禍從天而降。由於從未見過如此密集的蠻族出現在防線的堡壘面前，羅馬守衛部隊簡直不敢相信自己的眼睛。所有的日耳曼民族，攜妻帶子，趕著牲畜，越過萊茵河，進入高盧境內。這是一次真正的大遷徙，是一種無法阻擋的滾滾人流。這些日耳曼部落包括法蘭克人 (Francs)、汪達爾人 (Vanders)、阿拉曼人 (Alamans)、西哥德人 (Wisigoths)、勃艮第人 (Burgondes) 等，他們受到匈奴人 (Huns) 的追擊，被迫大舉湧入並定居在羅馬帝國境內。

最先在高盧建立蠻族王國的是西哥德人，他們越過多瑙河，一度居住在密西亞省 (Masia)，後來洗劫了羅馬城，最終定居在高

---

❷　原文為 Bagaudae，高盧語，「戰鬥者」之意。

盧西南部的亞奎丹。不久又以圖盧茲 (Toulouse) 為首都，建立了包括西班牙在內的西哥德王國。緊隨而來的是勃艮第人，他們占領了整個羅納河流域，並且以里昂 (Lyons) 為中心，建立了勃艮第王國。五世紀中葉，匈奴人也曾越過萊茵河，劫掠高盧北部各城市，後在羅馬與日耳曼軍隊的聯合抗擊下，被迫退出高盧地區。不過，在羅馬帝國大廈將傾之際，日耳曼人中勢力最強的法蘭克人開始入侵高盧北部，並由此改變了羅馬高盧的歷史發展。

第二章 | *Chapter 2*

從法蘭克王國到民族國家

第一節　法蘭克人的國家

一、克洛維建國

　　法蘭克人屬於日耳曼部落中的一支，原來居住在萊茵河下游地區，在入侵高盧以前，法蘭克人還處於氏族公社的解體階段。法蘭克人從小就尚武好鬥，將作戰視為最光榮的職業。從三世紀中葉開始一直到六世紀，法蘭克人開始越過萊茵河，向羅馬帝國大舉入侵，逐漸占領了高盧北部的大部分地區。在大舉西侵的過程中，法蘭克人部落酋長墨洛溫 (Mérovée) 之孫克洛維 (Clovis) 很快脫穎而出，並被推舉為新的部落領袖。

　　481 年，克洛維開創了墨洛溫王朝（481～751 年）。此時，對於法蘭克人最大的威脅是高盧蘇瓦松 (Soissons) 地區 「羅馬人的國王」西阿格里烏斯 (Syagrius)。486 年，在其他法蘭克部落的幫

助下，克洛維率軍一舉攻占蘇瓦松，處死了西阿格里烏斯，奪取了法蘭西島 (Ile de France)，並繼續向高盧南部擴張。496 年，克洛維戰勝了由萊茵河方面入侵高盧的阿勒曼人 (Allemanes)，迫使他們臣服。在班師回朝後不久的聖誕節，克洛維率領三千名戰士在蘭斯 (Reims) 接受洗禮，皈依了基督教。這一舉動對於克洛維和基督教會，是兩全其美的事情。對於羅馬基督教會來說，在西羅馬帝國滅亡以後，已經失去影響力的基督教會和羅馬貴族，急於在新建立的蠻族王國中尋找自己的政治支柱，正在興起的法蘭克王國無疑是其最好的選擇；對於克洛維及法蘭克人來說，在入侵羅馬的諸多蠻族中，如果他能夠率先皈依基督教，那麼自然會博得教會和沒落羅馬貴族的好感，並可能得到其鼎力相助。事實也正是如此。在教會和羅馬貴族的幫助下，克洛維於 500 年征服了勃艮第王國，於 507 年將西哥德人趕出了高盧。此時，高盧絕大部分地區已經被克洛維征服。508 年，拜占庭帝國皇帝授予他執政官的稱號。此時，克洛維已經從法蘭克部落的酋長一躍而成為法蘭克人國家的唯一國王，其部落軍事領袖的權力開始轉變為世襲的王權。

二、「懶王」時代的宮相專權

511 年，克洛維去世以後，其四個兒子瓜分了法蘭克王國的領土，分別建都奧爾良 (Orléans)、巴黎、蘇瓦松和蘭斯。此後，「強大的法蘭克王國」的統一便成了大問題。實際上，在克洛維去世後的二百多年間，法蘭克王國幾乎都處於分裂之中，很少有

全國統一之時。由於每一代國王死後，其國土都要被兒子平分，所以在克洛維之後的二十八位國王中，僅僅有五位國王取得過國家的表面統一，其中有二位又是有名無實、在位短暫的國王，真正有著「全法蘭克國王」稱號的僅為克羅泰爾一世（Clotaire I，558～561 年）、克羅泰爾二世（Clotaire II，613～629 年）和達戈貝爾特（Dagobert，629～639 年），他們總共統一的時間也不到三十年。而在達戈貝爾特之後，墨洛溫王朝走向徹底的衰敗，於是出現了「懶王」主政、宮相專權的局面。

墨洛溫王朝的最後十二位國王，均因年幼登基或愚鈍無能而無力親政，不少國王終日沉迷於酒色和行樂。作為王宮管家的宮相，乘機攫取政治和軍事大權，成為王國的實際統治者。在七世紀下葉，紐斯特里亞 (Neustrie)、奧斯特拉西亞 (Austrasie)、勃艮第的宮相為了爭奪王國統治權而進行了長期的戰爭，最終奧斯特拉西亞的宮相赫斯塔爾·丕平 (Pépin of Herstal) 取得了勝利，成為三國實際的統治者。715 年，丕平之子查理·馬特 (Charles Martel) 繼任宮相以後，繼續致力於法蘭克王國的統一事業。他先後率軍平定了王國內普羅旺斯 (Provence) 和亞奎丹公爵的叛亂，粉碎了外族對法蘭克王國的入侵。為了強化王權，查理·馬特還改變了克洛維所開創的土地無條件分封給貴族和親兵的辦法，決定實行采邑制。這是一種有條件的土地占有形式，接受采邑者必須履行一定的義務，主要是服兵役，采邑只能終身享用，不得世襲。采邑制的實施，一度加強了王權對於貴族的控制，不過，由於受封的地主貴族也紛紛採用這種分封形式，從而最終導致了地

方勢力的增強以及王權的削弱。

在查理‧馬特去世後不久,其子矮子丕平 (Pépin le Bref) 繼任宮相。此時,義大利北部的倫巴底人正侵襲羅馬教皇的領地,教皇向矮子丕平求援。丕平趁機表達了稱王的要求,落難之中的教皇當即表示支持,於是在 751 年,矮子丕平公開宣布廢黜墨洛溫王朝末代國王西爾代里克(Childeric,743～751 年),自己擔任法蘭克國王,由此而開創了卡洛林王朝(752～987 年)。為了回報教皇的支持,754 和 756 年,矮子丕平兩次出兵義大利,打敗了倫巴底人,迫使其將所侵占的羅馬地區諸城市以及拉文那 (Ravenne) 總督區交給教皇統治,這在歷史上稱為「丕平的捐獻」,一個世俗的有著自己領土的教皇國由此而建立起來。

三、查理曼時代及其後

丕平死後,按照法蘭克人的習俗,其子查理和卡洛曼 (Carloman) 平分國土,不過,771 年卡洛曼早逝以後,查理成為高盧唯一的統治者。查理的一生,大部分時間是在戎馬倥傯中度過,一共進行了多達五十三次對外擴張戰爭。查理遠征倫巴底,並將其併入法蘭克王國的版圖;對薩克森人 (Saxons) 用兵三十餘年,迫使其表示臣服;出兵巴伐利亞 (Bavière),建立起對當地的統治權威;與阿拉伯人 (Arabies) 長期爭奪西班牙,並占領了西班牙北部地區。經過一系列的征戰,到九世紀初,法蘭克王國的版圖大大地擴張,東起易北河 (Elbe) 與多瑙河,西至大西洋,南起庇里牛斯山和義大利,北至北海,其疆域之廣闊,簡直可與昔日

的西羅馬帝國相匹敵。戰場上
的節節勝利，個人威望的與日
俱增，促成查理走上了稱帝之
路。800 年的聖誕節，當查理
在羅馬的聖彼得 (Saint-Peter)
大教堂作祈禱時，教皇利奧三
世 (Léon III) 突然把一頂古代
羅馬皇帝的金冠戴到查理頭
上，並振臂高呼：「查理奧古
斯都 (Augustus)，這位偉大的、
帶來和平的羅馬人皇帝，永遠
勝利，萬壽無疆！」經過這戲

圖 5： 為法蘭克王國開疆拓土的查理曼

劇性的一幕，查理正式稱帝，改稱「查理曼 (Charlemagne)，即查
理大帝之意」，於是古代羅馬皇帝又有了一位法蘭克的繼承人，法
蘭克王國也變成了新的「羅馬帝國」。

　　查理曼不僅能從馬背上得天下，而且也善於治理天下。為了
強化對地方的統治，查理曼將全國分為數百個伯爵區，分派諸多
伯爵執掌各地權柄；為防止伯爵專權，查理曼建立了巡按使制度，
定期派出特使巡行各地，替皇帝監督和調查地方政務。為鞏固帝
國之統一，查理曼還投身於繁瑣的立法工作，試圖為國家的政治
和社會生活制訂出全國統一的法規。此外，查理曼還積極整肅教
會，重視教士的文化教育和品德培養；文化教育事業在查理曼當
政時期也得到了良好的發展。

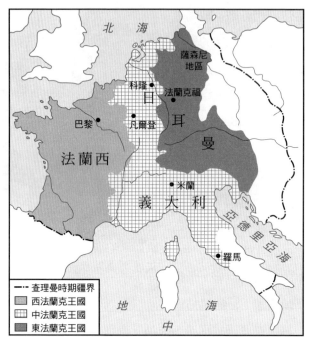

圖 6：查理曼帝國與其分裂

　　然而，在武力征服基礎上建立起來的帝國，隨著查理曼的去世而很快陷入危機和分裂之中。查理曼之子虔誠者路易（Louis le Pious，813～840 年）繼位以後，其生性軟弱和優柔寡斷使得地方勢力迅速崛起，各地叛亂不斷，路易的三個兒子也為領地的爭奪而發生內訌。在 843 年，路易去世後，其三個兒子在凡爾登 (Verdun) 簽訂條約，瓜分了其祖父所創立的「法蘭克帝國」：長子洛泰爾（Lothaire，843～855 年）雖然承襲帝位，不過僅管轄北義大利以及東西法蘭克之間的一塊狹長土地，稱中法蘭克王國，

其領地的南部後來發展成為義大利；萊茵河以東歸日耳曼人路易（Louis le German，843～876 年），稱東法蘭克王國，後發展成為德意志；萊茵河以西歸禿頭查理 （Charles le Chauve，840～877 年），稱西法蘭克王國。〈凡爾登條約〉的簽訂是法蘭西獨立建國的標誌，真正意義上的法國史，應該是從這個時候才開始的。

四、卡洛林王朝的終結

西法蘭克王國長期處於分裂和混戰之中，無力抵禦外族，特別是諾曼人 (Normans) 的入侵。諾曼人是九～十世紀侵略法國的北歐各國以及愛爾蘭海盜的總稱。在近一個世紀中，他們對西法蘭克王國開始了多達四十七次入侵。面對強敵入侵，法蘭西開國君主禿頭查理應變乏力、懦弱無能，只用供奉白銀的做法來收買諾曼人使其收兵。與此同時，國內封建貴族勢力日漲，諸侯領地紛紛出現，王權落入豪門顯貴之手。禿頭查理駕崩後的三位國王結巴路易 （Louis le Bègue，877～879 年）、路易三世 （Louis III，879～882 年）、卡洛曼二世 （Carloman II，882～884 年） 皆平庸而短命，王權進一步走向衰落。

884 年年幼無能的天真漢查理 （Charles le Simple，898～922 年） 繼位以後，國家再次面臨外敵入侵的威脅。一時無計可施的貴族們，遂推選東法蘭克王國胖子查理 (Charles le Gros) 為監國攝政。但胖子查理依然是採用繳納重金的辦法來解巴黎之圍，甚至還允許諾曼人越過塞納河進入勃艮第。這一喪權辱國的行為令貴族們失望和憤怒，於是他們廢黜了胖子查理，並擁立在巴黎保衛

戰中聲名大震的巴黎伯爵厄德 (Eudes) 為國王 。雖然厄德領導民眾在抗擊諾曼人的戰爭中節節勝利，但一些貴族仍然不承認王位的合法性，並繼續擁立卡洛林王朝的後裔天真漢查理為國王。兩派貴族為王位繼承權展開了長達六年的內戰，雖然天真漢查理最終獲勝，但是日益衰敗的國家已無力抗拒強大的諾曼人。911 年，查理被迫與諾曼人首領羅洛 (Rollon) 簽訂條約，以諾曼人臣服為條件，賜予羅洛公爵稱號，並將塞納河下游沿岸土地割讓給他。這一地區便易名為諾曼地 (Normandy)，諾曼地公國由此而形成。

　　在天真漢查理統治末年，王權式微，內訌不斷。923 年，法蘭西公爵羅貝爾 (Robert) 被西部貴族推選為王，並與天真漢查理的擁護者展開了激戰。雖然羅貝爾本人戰死疆場，但輕信敵手的查理也遭到囚禁 ，羅貝爾的女婿魯道夫 (Rodolphe) 被推選為國王。十三年後，羅貝爾之子——法蘭西公爵于格‧加佩 (Hugues Capet) 攫取了王位。不過工於心計的于格‧加佩卻寧願退居幕後，自己則充當幕後宮相的角色。直到 987 年，卡洛林王朝末代國王路易五世（Louis V，986～987 年）撒手人寰後，于格‧加佩才在貴族和僧侶的擁護下戴上王冠，法國由此進入了加佩王朝（987～1328 年）的統治時期。

第二節　封建時代的諸侯割據

一、封建領主制的形成

　　法蘭克人征服高盧以後，早期的封建制度逐漸確立。起初，法蘭克人大多居住在分配的土地上，過著農村公社（馬克）的生活。馬克是原始公有制到私有制這一過渡時期的土地所有制，土地、森林、水源等皆為公有，馬克成員皆為自由農。到六世紀下半葉，馬克內部的貧富分化加劇，自由農的破產和土地的集中化趨勢，表明封建化過程已經開始。在這一過程中，自由農逐漸轉化為農奴或依附農，土地占有者成為封建地主和貴族。

　　與此同時，隨著法蘭克人的征服，大片土地作為采邑被分封給貴族、親兵和教會。這些受封者遂成為封建地主，他們通過層層分封的形式，最終將土地交給失去人身自由的農奴或依附農來耕種。到八～九世紀，法蘭克的封建土地所有制已經確立起來，全國已經「沒有無領主的土地」，自由的馬克制已經徹底被封建莊園所取代。教會和世俗的大封建主往往在留下一份土地歸自己領有後，將其餘土地分給下級封建主。經過層層受封以後，形成了金字塔形的封建等級制。國王位於金字塔的頂端，以下依次為公爵、伯爵、邊地侯、子爵、男爵、騎士等，壓在金字塔下的是廣大的農奴階層。

　　在成千上萬的封建莊園中，一種自給自足的經濟建立起來。

莊園裡的農奴耕種自己的份地，在土地、人身和法律上都處於對領主的依附地位，隨土地分封而轉移，不得擅自遷徙。耕種份地的農奴要擔負繁重的勞役地租以及履行各項義務，處境十分悲慘。不堪忍受壓迫和剝削的農奴為改善自身處境而進行了長期的鬥爭，但幾乎全部遭到封建主的嚴酷鎮壓。

二、城市的興起以及封建地主制的確立

十世紀以後，隨著農業經濟和商品經濟的發展，西羅馬帝國滅亡後走向衰落的城市開始復興，工商業也逐漸發展起來。到十一世紀末十二世紀初，法國的城市得到迅速發展。南部比較繁榮的城市有馬賽、蒙彼利埃 (Montpellier)、波爾多 (Bordeaux)、圖盧茲等，紡織、造船、皮革等行業比較發達；南部的法蘭德斯 (Flandre)、香檳 (Champagne)、皮爾卡迪 (Picardie)、法蘭西島等也很興盛，吸引了歐洲各地的商人雲集於此開展貿易。然而，這些新興的城市仍建立在封建領主的土地上，有的城市甚至有多個領主，城市中的手工業者和商人仍然要遭受封建領主苛捐雜稅和勞役的盤剝。為此，從十一世紀開始，法國各城市市民為了奪取城市自治權而與封建領主展開了長期的鬥爭，並得到了希望限制地方割據勢力的王權幫助。經過幾個世紀的努力，到十四世紀時，各城市或通過武裝鬥爭，或通過贖買的方式，相繼享有自治權，但自治權限的大小在各城市有所不同。

隨著城市居民內部的分化，市民和平民這兩大階級產生了。市民以工商業者為主體，包括手工業者、商人、高利貸者等，他

們在經濟上比較富有，在政治上擁有對城市的管理權；幫工、學徒、短工以及失業居民構成了平民階層，他們處於政治上無權、經濟上貧困的地位。城市工商業通常以手工業行會和商人公會作為組織形式，這些行會不僅為各行各業的發展制訂具體規範，而且還與城市政府合作，行使城市的管理職能。

到十二世紀後，城市商品經濟的發展開始滲入農村，由此引起農村生產關係的變革。土地占有和使用方式發生明顯的改變，封建領主制逐漸向封建地主制轉變。這種轉變體現在：除了局部地區尚保存農奴制以外，絕大多數地區的農奴都獲得了人身自由。他們或成為擁有永久租佃權、繳納固定地租的佃農，或成為定期租佃、按照收益繳納地租的佃農；而原來的封建領主也搖身一變而成為靠收取租稅為生的封建地主。貨幣地租已取代實物地租而成為地租的主要形態。不過，有著人身自由的農民不僅要向地主繳納租稅和服勞役，而且還要向國家繳納鹽稅、戶口稅和人頭稅，另外還要向教會繳納什一稅。農民的負擔依然繁重。

三、法蘭西島的國王

加佩王朝的建立沒能挽回王權衰落的頹勢，王朝的前四位君主均平庸無能，根本無力遏制地方封建割據勢力的增長。當時雖然有著一位公認的君主，但法蘭西實際上處於四分五裂之際，全國分裂為大大小小數十個公國和伯國，其中較大的有：北部的諾曼地公國、東北部的法蘭德斯伯國、西北部的布列塔尼公國、南部的亞奎丹公國、東部的勃艮第公國以及南部的圖盧茲伯國。這

些公爵和伯爵們，雖然表面上承認國王為宗主，但實際上卻完全獨立。除了與國王保持著領主和附庸的關係以外，他們儼然是自己領地上的君主。在領地上，他們擁有頒布法律、作戰媾和、徵稅及司法等大權。國王實際上已無法控制他們，而在動用軍隊保衛邊境時，國王還不得不依賴這些封建領主們，這使得這些地方勢力在行使權威時更加有恃無恐。

與此相對應的是，作為一國之君，加佩王朝初期的幾位國王，儘管名義上擁有法蘭西全境四十五萬平方公里的領土，不過其實際控制區域是以法蘭西島為中心，從塞納河到羅亞爾河 (Loire) 之間一些分散的土地，面積還不到三萬平方公里。因此，名義上的法蘭西國王，其實際影響與控制力，僅限於法蘭西島的王室領地，故獲得了「法蘭西島的國王」之稱。當時的全法蘭西境內城堡林立，各地大小封建主紛紛建造並占據城堡，設置關卡，勒索錢財。在王室領地內，單單從巴黎到奧爾良就要經過許多這類城堡領主的領地，通過重重關卡才能到達目的地。

在這種諸侯割據的時代，封建領主各自為政，國王已有名無實。法蘭西作為國家，既沒有系統的行政管理機構，也沒有完善的稅收制度，割據和分裂狀況長期持續。儘管如此，作為一國之君，王冠所帶來的威望和價值是任何一個領主都無法比擬的。在一個分裂的王國中，王冠對於民眾起了凝聚的作用，這種凝聚力為後來王權的加強提供了基礎。

四、王權的逐步加強

　　進入十二世紀以後，隨著路易六世（Louis VI，1108～1137年）的登基，加佩王朝的王權開始增強，國家統一的進程也開始展開。路易六世致力於王室領地內部的治理，他進行了無數次的出征，拆毀了大量封建領主的城堡，改變了王室領地內分權獨立的局面。為抑制全國大封建貴族的勢力，路易六世斷然改組了由國王、國王的封臣與宮廷官吏組成的御前會議，吸收了若干忠於國王的市民、教士和中小封建領主參加。此外，他還試圖通過聯姻的方式，企圖將南部亞奎丹公國的領地置於自己的控制之下。

　　路易七世（Louis VII，1137～1180 年）上臺後，繼續推行其父加強王權的政策。他親自參與了第二次十字軍東征，同時為了收回英國安茹 (Anjou) 王朝君主兼法國安茹伯爵亨利二世 (Henry II) 在法國的領地，而與英王展開了長期的爭奪。路易七世之子腓力二世（Philippe II，1180～1223 年）繼位以後，英法之間的鬥爭進入一個新的階段。腓力繼續鼓動英國的王位繼承紛爭並坐收漁翁之利，到十三世紀初，腓力成功地剝奪了英王約翰在法國諾曼地、安茹、都蘭 (Doullens)、曼恩 (Maine) 的領地，為法蘭西的統一邁出了堅實的一步。路易七世之孫路易九世（Louis IX，1226～1270 年）繼位以後，法國王權更進一步加強。路易九世在內政方面推行了一系列改革：在司法方面，王室敕令的頒布以及高等法院的成立，使得司法審判權收歸中央；在經濟方面，他統一全國貨幣；在軍事方面，政府開始招募騎兵，不斷擴大軍事力量。

圖 7：1302 年，法王腓力四世首次召開三級會議。

這些政策促使法國經濟與社會出現了全面的繁榮，為王權的加強奠定了深厚基礎。

法國王權在腓力四世（Philippe IV，1285～1314 年）統治時期又有了進一步的加強，統一大業有所進展。在經濟上，他通過建立各級稅收制度，增加王室收入；在政治上，他建立並完善一整套中央集權的機構，強化對地方勢力的監控和治理；在國土統一方面，他通過聯姻兼併了香檳伯爵的領地，並與英王爭奪在加斯貢尼 (Gascogne) 和法蘭德斯的領地。為解決徵收新稅問題，1302 年，腓力四世首開先河，召開由高級教士、世俗貴族和城市市民共同參加的三級會議。三級會議的召開，昭示著法國的封建政權形式已發展到一個新的階段，封建等級君主制由此確立起來，它促進了王權的發展和國家的統一。

第三節　百年戰爭與民族國家的形成

一、百年戰爭的爆發

到 1328 年，加佩王朝因為男嗣斷絕而告終結。此時，來自瓦洛亞 (Valois) 家族的腓力六世 （Philippe VI，1328～1350 年） 繼承王位，並由此開創了瓦洛亞王朝 （1328～1589 年）。然而，作為腓力四世的外孫，此時的英王愛德華三世 (Edward III) 也提出繼承法國王位的要求，但遭到法國三級會議的拒絕。這樣，一場以法國王位繼承問題為導火線的英法百年戰爭爆發了。

不過，除了王位繼承糾紛以外，這場戰爭還有著其他更為深

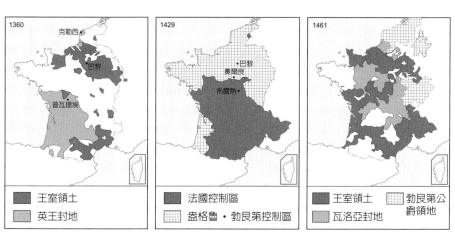

圖 8：英法百年戰爭時期的法國

刻的原因。首先就是英法兩國的領土糾紛。英國諾曼王朝和安茹
王朝的開國之君,都是來自法國的封建領主,在法國大陸擁有大
片領地。英國王室希望在法國攫取更多的領地,甚至想兼併法國。
在王權日趨增強之際的法國君主,也千方百計地收回英國王室在
法國的領地,以加速國家的統一進程。致使兩國關係惡化的另一
因素是法蘭德斯問題。法蘭德斯是當時歐洲經濟最富庶的地區之
一,尤其以毛紡織業而著稱。該地與英國的經濟往來密切,市民
在政治上傾向於英國,英王有意向此擴張勢力。但作為法國國王
的附庸,法蘭德斯伯爵要聽命於法王的號令,從經濟上拼命搜刮
市民,而引發了市民起義。法王和伯爵聯合鎮壓起義之後,法蘭
德斯被置於法王的直接統治之下。為了報復,英王宣布終止對法
蘭德斯的羊毛出口;而法王針鋒相對,宣布沒收英王在法國的領
地。以上諸多因素交織在一起,終於導致了這場曠日持久戰爭的
爆發。

　　1337 年 11 月,英、法兩國正式宣戰。在戰爭之初,雖然英
王是勞師遠征,且軍事力量弱於法國,不過,由於英國海軍占據
優勢地位,再加上法國內部封建領主之間內訌不斷,戰局向著有
利於英國的方向發展。1340 年,英國海軍以少勝多,擊敗了法國
艦隊主力,一舉控制了英吉利海峽。在 1346 年的克勒西 (Crécy)
戰役中,英軍大敗素稱「法蘭西之驕傲和花朵」的法國騎士團,
隨後又趁勝占領了法國重鎮加萊 (Calais),獲得了一個優良的貿易
港口和軍事據點。此時,黑死病傳入歐洲使交戰雙方元氣大傷,
無力再戰,兩國息兵罷戰八年左右。1355 年戰火又重新燃起。在

圖 9：有著「法蘭西之驕傲和花朵」之稱的法國騎士團

次年的普瓦提埃決戰中，法軍全軍覆沒，法王約翰二世（John II，1350～1364 年）及其幼子腓力以及諸多伯爵、騎士淪為階下囚，年僅十九歲的法國王太子查理臨危受命，擔任監國攝政，領導法國民眾繼續作戰。

二、巴黎起義與扎克雷起義

　　戰場上的失敗加劇了法國國內的社會矛盾，為擺脫困境，1356 年王太子查理召開了三級會議。意氣消沉的貴族推舉代表不多，結果城市市民代表占據半數以上。市民們提出由三級會議推選二十八名代表與太子共掌國政，當即遭到太子的拒絕，巴黎於是騷動起來。迫於壓力，在翌年召開的三級會議上，查理根據三

級會議通過的決議，頒布了限制王權的〈三月大敕令〉，但不久反悔，並一再拖延實施。這樣，在 1358 年 2 月，由巴黎商會會長艾田‧馬賽 (Etienne Marcel) 領導的市民武裝起義爆發，查理以及部分王公貴族倉惶逃出巴黎。

巴黎起義爆發後，全國各地很快騷動起來。戰火的蔓延與黑死病的猖獗，進一步惡化了法國農民的生存狀況。當年 5 月，在北部博韋 (Beauvais) 地區，由吉約姆‧卡爾 (Guillaume Cale) 領導的農民起義——扎克雷❶起義爆發。數千名義軍攻打城堡、燒毀莊園、殺死領主，並燒掉登記封建義務的簿冊。驚慌失措的封建領主們被迫停止內訌，採取卑鄙的誘捕手段，殺害了吉約姆‧卡爾。群龍無首的起義軍陷入內部混亂，隨後被封建領主勢力各個擊破。起義最終被鎮壓下去，犧牲的農民不下兩萬人。趁著鎮壓農民起義的餘威，封建領主們又開始集中全力圍攻巴黎。7 月底8 月初，由於寡不敵眾，巴黎失守，艾田‧馬賽被殺，市民起義因而被鎮壓下去。

三、聖女貞德與戰爭的結束

1364 年被俘法王約翰二世病逝以後，太子查理繼位，稱查理五世 （Charles V，1364～1380 年）。查理五世隨即進行了一系列改革，整頓經濟秩序，加強軍事力量。受到起義衝擊的封建領主們也開始聚集在他的周圍，在舉國一致的英勇奮戰下，法國的大

---

❶　原文為 Jacquerie，意為「鄉巴佬」。

部分領土被收復。然而，到十五世紀初，由於君主的軟弱無能，國內封建主之間內訌又起，以勃艮第公爵為首的勃艮第派與以奧爾良公爵為首的阿曼雅克 (Armangnac) 派❷，為爭奪王權而展開了長期的爭奪。英國伺機加強攻勢，一舉占領了法國北部，拿下了巴黎，踐踏了法國的半壁河山，並圍攻南部重鎮奧爾良，企圖吞併全法國。在此民族危亡之際，法蘭西民族英雄「聖女貞德 (Jeanne d'Arc)」開始登上了歷史舞臺。她以自己的壯舉激起了法國人民的愛國熱情和鬥志，不僅使奧爾良轉危為安，而且扭轉了整個戰局。

1429 年，當奧爾良危在旦夕之際，年僅十七歲的貞德主動請纓，率領一支數千人的軍隊直奔奧爾良。貞德的到來使得城中軍民士氣大振。經過幾天血戰，被圍困了二百零九天的奧爾良終於在 5 月 8 日脫困。趁勝追擊的法軍隨後連克數城，並解放了蘭斯。貞德的聲譽迅速上升，這引起了國王查理七世 (Charles VII，1422～1461 年) 周圍的貴族和大臣們的嫉妒和不滿。1430 年 5

圖 10：百年戰爭中的法蘭西民族英雄「聖女貞德」

❷　奧爾良公爵的岳父為阿曼雅克公爵，故稱。

月，貞德率領的軍隊在貢比涅 (Compiègne) 戰鬥中撤退回城時，卻被守城法軍拒之門外，結果貞德被與英軍勾結的勃艮第公爵軍隊俘獲，出賣給英國人。1431 年 5 月，英國人組織的宗教法庭以「女巫」的罪名判處貞德火刑，這位法蘭西的民族英雄最終被活活燒死在火刑柱上。

貞德雖然壯烈犧牲了，但是她忠勇愛國的獻身精神，大大地激勵了法國軍民的愛國熱忱。在隨後的戰爭中，他們踏著貞德的腳印，英勇殺敵，光復國土，巴黎、里昂、諾曼地等先後被收復。到 1453 年英法簽訂條約而結束戰爭時，法國收回了除加萊港以外的所有領土。從百年戰爭的結果來看，英國無疑是失敗者，因為除了北部港口加萊以外，英王失去了法國的所有領地，從此與法國再無任何瓜葛；對於法國而言，雖然戰火的蔓延對於社會經濟造成了災難性的影響，不過，法國成功地收回了英王的領地，王權也在戰爭中得到加強，為統一民族國家的形成奠定了基礎。

四、法蘭西民族國家的形成

收回英國的王室領地，排除了法國領土統一的最大障礙，不過國內仍然有不少封建領主的領地處於相對獨立的狀態，而消除地方分裂勢力的統一大業，在查理七世之子、有著「國土聚合者」之稱的路易十一（Louis XI，1461～1483 年）統治時期才得以完成。為了對抗王權，以勃艮第公爵為首的封建領主們結成了「公益同盟」，公然分裂。陰險狡詐的路易十一通過外交和戰爭手段交替並用的方式，最終挫敗了「公益同盟」，收回了勃艮第公爵領地

以及皮爾卡迪。隨後，阿朗松 (Alençon) 公爵、阿曼雅克公爵、
普羅旺斯伯爵等封建領主的領地逐步被收回；到查理八世
（Charles VIII，1483～1498 年）繼任時，又通過聯姻的方式合併
了布列塔尼。至此，法國領土的統一大業基本完成，近代法國的
版圖輪廓初步確立。

　　在走向領土統一的進程中，法國境內各地區之間的經濟聯繫
也進一步增強。封建地主制的確立極大地提高了農民的生產積極
性，農村社會經濟有了長足的發展。在各城市中，隨著商品經濟
的發展以及城市的繁榮，各地區、城市之間的經濟往來更加密切。
塞納河、羅亞爾河、瓦斯河 (Vassy) 沿岸城市的商業往來尤為密
切，巴黎成為全國的經濟中心。經濟的發展與經濟聯繫的密切，
為統一的民族國家之形成奠定了經濟基礎。

　　在語言方面，以法蘭克人為主的日耳曼各部落入主高盧以後，
接受了高盧人的語言——拉丁語。不過，這種拉丁語經過長期蛻
化以後，逐漸融合了一些日耳曼語彙，最終於八世紀形成了一種
新的語言——羅曼語。今天的法語、義大利語、西班牙語、葡萄
牙語均屬於羅曼語系。法語是王室領地法蘭西島的語言，但僅僅
是法國各地方言中的一種。十四～十五世紀，隨著王權的加強以
及王室領地的擴大，法蘭西島逐漸成為全國政治生活的中心，而
法語也越來越重要，流行於越來越多的地區，從而最終取代其他
方言而成為法蘭西民族的通用語言。語言的統一成為民族國家建
立的一個重要標誌。

　　從政治上看，百年戰爭以後，法國王權的發展也進入了一個

嶄新的階段。在長達百年的戰火中，地方領主勢力大為削弱，有些領主或貴族戰死疆場，這就為王權的擴張掃清了障礙。為了國防的需要，法國在戰爭中建立了常備僱傭軍，包括騎兵、步兵與海軍等，軍隊的創建使得國王在國家危難之際不必再仰人鼻息。十五世紀中期，三級會議批准了國王永久徵收交易稅、鹽稅以及財產稅的權力。路易十一統治時期，從中央到地方的各級法院開始建立，實權在握的國王也注意從社會中下層選拔賢哲為官，進一步削弱了大貴族的勢力。這樣，到了十六世紀後，法國君主專制開始建立起來。

　　國土的統一、經濟的發展以及經濟聯繫的密切、法語作為民族語言地位的確立、王權的強化以及中央集權的確立，這些因素共同促進了法蘭西民族國家的形成。這個偉大的民族，這個新興的國家，即將在歐洲的歷史舞臺上扮演極其重要的角色。

走向顛峰的君主專制

第一節 戰火中成長的專制王權

一、南征義大利

　　法蘭西民族國家形成以後，隨著中央集權的加強，法國君主與貴族們開始尋求歐洲的霸權，並對於其南部鄰國義大利展開了長達六十五年的征服戰爭。首先點燃這把戰火的是路易十一之子查理八世。1494年，查理八世宣稱自己有權繼承那不勒斯(Naples)王位而率軍三萬入侵義大利，亞平寧半島上四分五裂的狀況使法軍幾乎不費吹灰之力就奪取了那不勒斯。但好景不長，法國的入侵行為招致了義大利各城邦的抵抗以及一些歐洲國家的不滿，威尼斯(Venice)、米蘭(Milan)、佛羅倫斯(Florence)等城邦、羅馬教皇、西班牙、神聖羅馬帝國等迅速結成同盟，聯合對付法國占領軍。幾番廝殺後，法國軍隊被迫全部撤出所占領土。

新君路易十二（Louis XII，1498～1515 年）繼位以後，開始了對
義大利的新一輪征服。1499 年入主義大利後，路易十二先後占領
了米蘭、那不勒斯。然而，與羅馬教皇關係的惡化再一次決定了
其失敗的命運。在法國人被教皇宣布為「宗教分離者」以後，教
皇國、威尼斯、亞拉岡 (Aragon)、瑞士和英國等結成了反法「神
聖同盟」，最終挫敗了法軍在義大利立足的企圖，法國的軍事冒險
又以失敗而告終。

繼任者法蘭西斯一世（Francis I，1515～1547 年）是一位有
著冒險精神的「騎士國王」，義大利戰火遂重新燃起。通過 1515
年的馬里納努 (Marignano) 戰役，法軍奪取米蘭公國。但四年以
後，法蘭西斯一世在與哈布斯堡 (Habsburg) 家族的查理競選神聖
羅馬帝國皇帝頭銜失敗，獲得這一頭銜的西班牙國王查理五世進

圖 11：1515 年 9 月的馬里納努戰役

一步提出了獲得勃艮第領地的要求。於是，法蘭西斯一世與查理五世之間展開一場曠日廢時的鬥爭，義大利遂成為二人爭奪霸權的主戰場之一。由於英國對於查理五世的支持，戰場上的法軍連連失敗，1525 年在帕維亞 (Pavie) 戰役中大敗的法蘭西斯一世竟成了查理五世的俘虜，並以簽訂放棄義大利領地、勃艮第公爵領地的城下之盟的代價而獲得自由。不甘失敗的法蘭西斯一世後來又挑起了戰爭，雙方亦互有勝負，不過到 1547 年他去世時，法國雖然保住了勃艮第，但卻被完全逐出了義大利。

法國和西班牙的爭霸戰爭在亨利二世（1547～1559 年）時期繼續進行，雙方之間互有勝負，到 1559 年，法國不僅從英國手裡奪回了加萊，並且還繼續持有梅斯 (Metz)、圖爾和凡爾登三個主教轄區，但最終放棄了對於義大利的領土要求，曠日持久的對義大利征服戰爭終告結束。

義大利戰爭是法國爭奪歐洲霸權的第一次嘗試。在半個多世紀的戰爭期間，法國的王權進一步加強，國王已經凌駕於御前會議和司法機構之上，並建立了龐大和行之有效的行政機構，地方貴族勢力進一步受到削弱，中央集權得到強化；不過，作為一把雙刃劍，戰爭耗費了大量資財，人民負擔加重，社會矛盾激化，一些不滿的貴族乘機挑起戰亂，這對於剛剛建立的君主專制構成了嚴峻威脅。

二、宗教改革與胡格諾戰爭

進入十六世紀以後，人文主義思潮在法國開始興起，並從世

俗的角度對當時的教會和神學權威發生重大衝擊；與此同時，德意志的馬丁·路德 (Martin Luther) 宗教改革思想也傳播到了法國，對這個傳統上信仰天主教的民族產生了深遠影響。雖然在法國也有不少路德教信徒，不過，1536 年喀爾文 (Calvin) 在瑞士創立喀爾文教以後，喀爾文教的影響力在法國迅速擴大。作為新教的一種，喀爾文教反對天主教的繁文縟節，要求取消偶像崇拜和朝聖、齋戒等，倡導建立不依附於世俗政權的獨立、自治的教會組織，因而深得新興的資產階級和下層民眾的支持。法國的喀爾文派教徒被稱為「胡格諾派 (Huguenot)」，1562 年全國以胡格諾派為主的新教團體有二千多個，信徒占全國人口的四分之一。

到十六世紀中葉，天主教的衰落、新教的興起以及兩大教派之間的鬥爭，使得法國的封建貴族形成了兩大互相對立的集團：一個是以王室近親吉斯 (Guise) 公爵和洛林 (Lorraine) 紅衣主教查理為首的天主教陣營，勢力主要分布在北部和東部，並得到王權的支持；另一派是以納瓦爾 (Navarre) 國王安托萬、孔代 (Condé) 親王路易和海軍上將克呂尼 (Cluny) 為首的新教陣營，勢力主要分布在西部和西南部。從外部環境看，英國支持新教集團，而西班牙支持天主教集團。從 1562 年起，這兩大集團之間因為宗教對立和爭權奪利而展開了長達三十餘年的戰爭，史稱「胡格諾戰爭」。

戰爭首先由天主教陣營挑起，1562 年 3 月，吉斯公爵率部突襲了在瓦西鎮 (Wassy) 舉行宗教儀式的胡格諾教徒，造成一百多人的死傷，開啟了全國天主教徒大肆屠殺胡格諾教徒的序幕。被

激怒的胡格諾派教徒面對屠刀，也開始了暴力抗擊。在宗教戰爭
爆發的頭十年間，雙方的主要首領大多死於非命。1572 年 8 月
24 日夜，傳統的聖巴托羅繆節 (Saint-Barthélemy)，信奉新教的納
瓦爾王子亨利與公主瑪格麗特 (Marguerite) 的婚禮在巴黎舉行。
然而，在王后卡特林 (Catherine) 和國王查理九世 (Charles IX) 的
縱容下，吉斯家族的亨利率領天主教徒對巴黎全城的新教徒進行
了大屠殺。一夜之間，二千多名胡格諾教徒在睡夢中慘死於屠刀
之下。隨後，全國各大城市先後效仿，又有兩萬多名新教徒慘死。
不久，查理九世之子亨利三世 (Henry III)、吉斯公爵亨利和納瓦
爾國王亨利三者之間，又開始了長達十多年的戰爭。到 1589 年，
國王亨利三世被刺身亡，納瓦爾國王亨利遂繼承法國王位，稱亨
利四世 （Henry IV，1589～1610 年），法國開始進入波旁

圖 12：1572 年 8 月 24 日聖巴托羅繆節大屠殺

(Bourbon) 王朝統治時代。

圖 13：開創法國波旁王朝的亨利
四世

由於教派衝突仍在繼續，新教國王亨利四世花五年時間才確立了對全國的權威。基於大多數法國人仍然信奉天主教的這一現實，1594 年，這位新教君主排除了種種阻力，頒布了〈南特敕令〉，宣布天主教為法國國教，同時又規定法國全境享有信奉新教的自由，強調天主教徒和新教徒在擔任國家公職方面擁有完全平等的權利。〈南特敕令〉的頒布，標誌著法國新舊教派勢力的正式和解，胡格諾宗教戰爭由此終結，這使得此後的法國統治者能夠有精力去鞏固在戰爭中削弱的專制王權。

三、君主專制的鞏固

波旁王朝的開創者亨利四世是一位強權人物，在解決國內的宗教紛爭後，他立即採取一切措施來恢復和強化中央集權的君主專制。在政治上，他停止召開三級會議，要求巴黎高等法院將其敕令當作法律來登記；同時排斥王室議政會中的反對派大貴族，派遣監督官和專員赴各省協助和監視各省行政長官，以達到控制地方三級會議和市政機構的目的。為了復興因戰爭而滿目瘡痍的經濟，在財政總監蘇利 (Sully) 的幫助下，亨利四世對於經濟的發

展也做出重要貢獻。在財政上，他改革稅制，杜絕偷稅漏稅，要求各級部門先預算、後支出，使國庫收入大為增加；在農業發展上，招募流民，安頓生產，興修水利，開闢荒田，引進新的農作物和耕作技術，鼓勵畜牧業的發展。此外，亨利四世還推行重商主義政策，扶植與發展工商業，並開始了海外殖民活動。在此期間，法國的絲綢、亞麻、玻璃、陶瓷等行業逐步發展起來，海外貿易和殖民活動也拉開了序幕，東印度公司開始組建，北美的魁北克殖民地也建立起來。凡此種種，使得法國逐漸恢復了元氣，並向歐洲一流強國邁進。

　　亨利四世之後，年僅九歲的路易十三 （Louis XIII，1610～1643 年）繼位，由治國無方的母后麥第奇 (Médicis) 家族的瑪麗 (Marie) 攝政，封建分裂勢力趁機抬頭。直到 1624 年紅衣主教黎世留 (Richelieu) 受命擔任宮相並成為國家的實際統治者後，形勢才開始發生轉機。針對國內的貴族陰謀以及新教叛亂，黎世留採取了嚴厲的鎮壓措施。他先後挫敗了以王弟加斯東 (Gaston) 為首的多次叛亂，粉碎了王太后瑪麗的顛覆陰謀，處死了數十名涉嫌叛亂的王公貴族，令圖謀不軌的貴族們膽戰心驚。對於國內日益蔓延的新教徒地方割據和武

圖 14：路易十三時期的宮相──紅衣主教黎世留

裝叛亂，黎世留也痛下殺手，1628 年占領了胡格諾教徒的軍事據點拉羅舍爾 (La Rochelle)，隨後頒布〈恩典救令〉，剝奪了新教徒除擔任國家公職以外的一些軍事和政治特權，這有利於局勢的穩定與法國的統一。在政治上，黎世留在中央設立各部大臣，在宮相領導下直接處理行政大事；由國王直接向地方派駐享有實權的總督，監督地方的行政、司法、財政和軍事工作，強化了中央對地方的控制。在經濟方面，黎世留大力推行扶植工商業、海外貿易和推動殖民擴張的政策。在發放補助金、減免租稅、授予特權等措施的鼓勵下，資本主義工場手工業得到進一步發展；在海外貿易和殖民方面，法國與英國、荷蘭等國展開了競爭和爭奪。為了維護和奪取法國的海外權益，黎世留對海軍建設極為重視，在其任內，法國陸軍和海軍進一步擴充，海軍艦隊也幾乎從無到有地被建立起來。軍事力量的強大確保了法國在歐洲「三十年戰爭」中的優勢地位，並利用戰爭成功地推翻了哈布斯堡王朝在歐洲的霸權，為法國國際地位的提高奠定了基礎。

路易十四 (Louis XIV，1643～1715 年) 年僅五歲繼位後，馬扎然 (Mazarin) 成為黎世留的忠實接班人，並繼續推行黎世留時期的內外政策。在王權不斷強化、政府官僚機構日益膨脹以及對外戰爭連年不斷的情況下，法國財政狀況日益惡化，稅收的增加更是觸犯到諸多社會階層的利益，這樣，1648～1653 年間，法國爆發了反對馬扎然和專制王權的「福隆德運動」❶。福隆德運動

---

❶ 原文為 Fronde，原指兒童用於遊戲的一種投石器或彈弓，當局曾明令

分為兩個階段，第一階段為 1648 年開始的高等法院福隆德運動。巴黎高等法院聯合各地法院，以整肅財政為名提出二十七項主張，要求國王撤回派駐各地的總督，新稅收和財政法必須經過高等法院登記，不能任意逮捕任何人等等。在遭到馬扎然的拒絕後，巴黎隨即爆發了起義，其他各省紛紛聲援。雖然國王一度被迫逃離巴黎，但起義很快被鎮壓下去。然而，一場大貴族發起的福隆德運動隨即興起，孔代親王聯合孔蒂 (Conti)、貢蒂 (Gondi)、朗格維爾 (Longueville)、波福爾 (Beaufort) 等顯貴，於 1650 年發起了一場暴動，密謀推翻馬扎然政府。這些顯貴們一度占領了巴黎，控制了政權。但是由於內部分裂以及缺乏社會中下層的支持，這場貴族反叛到 1653 年終被鎮壓下去。福隆德運動的爆發，只不過是法國專制王權在強化進程中必然遭遇到的一些抗拒而已，運動的失敗也標誌著大貴族的沒落，同時也預示著絕對君主專制時代的到來。

第二節　路易十四時代

一、路易十四時期的內政

　　1661 年馬扎然去世以後，路易十四親政。此後的五十五年間，宮相職位被廢除，王權得到空前強化，法國由此進入了君主

禁用。這裡用來指破壞秩序、反對當局的一場叛亂。

專制的鼎盛時期，史稱「路易十四時代」。

　　從政治方面看，自詡為「上帝在人間的代表」並被朝臣們稱為「太陽王」的路易十四，自年幼時就崇尚君權神授的觀念，其著名的治國名言是「朕即國家」，即他的意志就是法律。正是在這一原則指導之下，從中央到地方的龐大官僚機構，都成為君主之意志付諸實施的工具。具體來看，路易十四取消了巴黎高等法院對於國王旨意的異議權，更換了一批敵視王權的法官；停止召開三級會議，根據自己的意志來隨意徵稅以及頒布法律。為了加強對於外省的控制，他恢復了福隆德運動期間被取消的向外省派遣負責稽查司法、治安、財產的監督官制度，將地方顯貴和長官置於自己的嚴密控制之下。為體現君主的權威，使宮廷真正成為國

圖 15：「太陽王」路易十四

家政治中心，他還大興土木、歷時十年而在巴黎郊外修建了富麗堂皇的凡爾賽 (Versailles) 宮，將大批權貴延攬入宮，賜予功名利祿，讓他們過豪華奢侈的生活，從而逐漸喪失對抗王權的能力。

　　路易十四還加強了對宗教的控制和利用，他不顧羅馬教廷的反對而頒布敕令，規定國內所有主教均由國王授職，從而確立了王權對於教權的統治地位。為了形成法蘭西「一種信仰、一部法律、一位國王」

局面，路易十四自詡為「天主教保護者」和「篤信基督的國王」，於 1685 年廢除〈南特敕令〉，派兵進駐新教地區，要求新教徒或者改宗，或者流亡。這些措施，促成了法國天主教一統天下的局面，從而強化了政治統一和中央集權。

從經濟方面看，路易十四任命柯爾柏 (Colbert) 為財政總監，全力推行重商主義政策，主要體現在：通過國家出資和貸款的方式，保護與扶植國內工場手工業的發展；對內撤銷關卡，實行商品自由流通，對外推行關稅保護政策，對英國、荷蘭、西班牙等國的商品課以重稅；保護法國對外貿易，先後重建和組建了東印度公司、西印度公司、北非公司等；重視農業生產，改良農作物品種，興修農田水利。這些舉措，極大地推進了法國資本主義經濟的繁榮昌盛。

從思想文化方面來看，路易十四時代也是法國古典文化蓬勃發展的顛峰時代。由於國王的重視，法國宮廷成為文人學士薈萃之地，古典主義文化的發展堪稱歐洲之最。笛卡爾 (Descartes) 的理性主義哲學衝破了經院哲學的束縛；高乃依 (Corneille)、莫里哀 (Moliére)、拉辛 (Racine) 等人的戲劇作品享譽一時；拉封丹 (La Fontaine) 的寓言詩家喻戶曉；費內隆 (Fénelon)、拉羅什富科 (La Rochefoucauld)、貝洛 (Bellot)、波瓦洛 (Boileau) 等人在文壇上的成就影響深遠。思想文化上的諸多成就，使得路易十四時代成為法國歷史上最偉大的時代之一。

二、路易十四的對外戰爭

　　如果說路易十四的國內政策是為了強化王權，那麼其軍事和外交政策的出發點，則是為了提高法國的國際地位，謀求法國在歐洲的霸權。為了達到這一目標，路易十四在大力擴充軍備的同時，還不遺餘力地發動對外戰爭。在其親政的五十四年中，國家竟然有三十一年處於交戰狀態。

　　國民經濟的發展以及財政實力的日益雄厚，為路易十四擴充軍隊奠定了基礎。路易十四不斷擴充軍隊，1703 年時，經過擴充的法國陸軍達到了四十萬人，海軍人數早在 1677 年就達到四萬人，另外還有二百艘戰艦，七千門大炮，法國由此而向一個軍事大國邁進。正是有了這些強大的軍隊，才使路易十四在晚年為爭霸歐洲而窮兵黷武，連年發動對外戰爭。

　　1665 年西班牙國王腓力四世去世後，年幼多病的查理二世 (Charles II) 繼位。路易十四以其王后瑪麗是西班牙公主為由，要求分享西班牙的一部分土地。當這一要求遭到拒絕後，路易十四宣布同西班牙開戰。戰爭的結果是，法國從西班牙取得了勃艮第、法蘭德斯的一些要塞。1672 年，法國又出兵荷蘭，並同荷蘭、西班牙、瑞典等國組成的反法聯盟展開了長達七年的戰爭。結果法國不僅獲得了富饒的弗朗什－孔泰 (Franche-Comté)，而且還占領了南尼德蘭的一些城市。

　　為了阻止法國在萊茵河東部地區的擴張，1688 年，奧地利、英國、荷蘭、西班牙、瑞典等國締結奧格斯堡 (Augsbourg) 聯盟，

並同法國展開了為期十年的戰爭，戰敗的法國被迫撤離萊茵河東岸一些土地，但仍然保留斯特拉斯堡 (Strasbourg) 要塞。1700 年，西班牙的查理二世去世，王位出現了真空。路易十四企圖合併西班牙，引起了英國、荷蘭、奧地利等國的不安，由此雙方開始了長達十三年的西班牙王位繼承戰爭。戰爭的結果是，雖然西班牙王位落入法國的波旁家族，但法國和西班牙不得合併，法國還得將一些領土割讓給奧地利與荷蘭。

　　連年的對外戰爭，非但沒有達到稱霸歐洲的目的，反而耗費了大量錢財，引發了國家財政危機。路易十四不得不通過加重徵稅的方式來緩解危機，由此而加重了人民的負擔，使社會矛盾日益激化，農民起義連年爆發，這預示著達到顛峰的君主專制開始走下坡路了。1715 年路易十四駕崩，「太陽王」隕落，封建專制制度開始出現深刻的危機。

三、路易十五與君主專制的沒落

　　年僅五歲的路易十五 （Louis XV， 1715～1774 年） 繼位之初，由奧爾良公爵擔任攝政而統治國家。面對因連年對外戰爭而多達二十五億鋰❷的國債以及國內的財政虧空，王公顯貴們一籌莫展。此時，一位來自蘇格蘭的銀行家約翰‧勞 (John Law) 獻出了錦囊妙計：成立與英國類似的銀行，根據金銀庫存來發行一定數量的紙幣，加快貨幣流通，促進消費和生產；發幣銀行還可以

---

❷　法國波旁王朝時期使用的貨幣單位。

利用存款投資，以獲得紅利，從而用以還清鉅額國債。這一做法在法國實施後，確實起到了預想的效果。紙幣的大量發行確實使國家迅速償清了債務，不過由於銀行沒有足夠的金銀，在擠兌高潮來臨時銀行很快破產，由此而造成貨幣貶值，物價飛漲。金融資產階級和人民大眾深受其害，聲名狼藉的奧爾良公爵在人民的唾罵聲中死去。

危難之際，紅衣主教弗勒里 (Fleury) 受命擔任首相，這位年已七旬的老人開始治理法國達十五年以上。弗勒里認識到：要促進經濟的發展，就必須平息國內的紛爭，重建被攝政王的寵臣們破壞的國家，不惜一切代價維護歐洲和平，為法國的經濟發展創造良好的環境。正是在弗勒里的努力下，法國的財政狀況一度好轉，工商業出現了全面繁榮，對外貿易也在不斷增長。然而，王室和宮廷貴族的揮霍無度以及法國難以避免地捲入對外戰爭，再次造成了國內的財政危機。

1743 年弗勒里去世後，三十三歲的路易十五親政。雖然路易十五因在戰爭中驍勇善戰、在和平時溫和克制而深得民心，不過他確實缺乏治國之術，整天關注的是騎馬狩獵和追逐女色。荒淫無度的國王只知道與情婦們一起尋歡作樂，對於大臣們的改革要求置若罔聞，其名言是：「在我死後，哪怕洪水將至！」為了維持窮奢極欲的宮廷生活，路易十五不得不多次加重稅收，由此而加重了新興資產階級和人民的負擔，不滿情緒開始在社會上蔓延。

在外交方面，路易十五還一次次地將國家拖入戰爭狀態。1733～1735 年間，路易十五發動了波蘭王位繼承戰爭，得到俄國

支持的波蘭軍隊打敗了法軍，法國所支持的列琴斯基 (Leczenski) 被迫放棄王位，但取得洛林和巴爾 (Bar) 兩處領地作為補償，後來這兩處領地轉歸法國。 1740～1748 年間，法國又捲入了奧地利王位繼承戰爭，雖然法國在陸戰中取得節節勝利，但在海戰中卻敗給了英國，雖然耗費鉅資，卻幾乎一無所獲。1756～1763 年間，為了同英國爭奪在北美和印度的殖民地，法國與英國開始了「七

圖 16：年輕英俊的路易十五，其名言是：「在我死後，哪怕洪水將至！」

年戰爭」。這是一場遠離歐洲的殖民地爭奪戰，海軍力量的強大與否直接決定著戰局。在北美和南亞戰場上，法國被打得落花流水。根據 1763 年簽訂的〈巴黎和約〉，法國在北美失去了加拿大、俄亥俄 (Ohio) 河流域、路易斯安那 (Louisiane) 等殖民地，南亞地區除保留五個重要據點外，印度法屬殖民地也全部割讓給英國。這場戰爭使法國喪失了絕大部分海外殖民地，在歐洲開始淪為二等國家。

　　更為嚴重的是，連年的戰爭以及戰敗的結局，嚴重耗費了法國的財政收入，增加了人民的負擔，激化了國內的社會矛盾。1774 年，路易十五在怨聲載道中一命嗚呼，由於其政策的不得人心，所以他的遺體只能在夜間悄悄下葬。路易十五走了，他留下

了一個面臨深刻社會危機的法國與瀕臨滅亡的君主專制。的確如他生前所說，「滔天的洪水即將滾滾而來」，這股洪水將埋葬已經不適應時代發展潮流的君主專制。

　　法國君主專制盛極而衰，反映了任何一種事物的發展規律。但從根本上而言，這是因為新興資本主義的發展要求突破其桎梏的結果，是啟蒙運動的興起並要求進行社會變革的結果。

第三節　資本主義的發展與啟蒙運動

一、資本主義興起的歷史背景

　　十五世紀中下葉以後，法國的經濟發展進入到一個全新的階段。在封建社會的母體內，資本主義的幼芽破土而出並不斷成長。經過幾個世紀的發展，到十八世紀末的法國大革命前，資本主義迅速成長和壯大起來，對於腐朽的封建制度構成了嚴峻的挑戰。那麼，在短短的三個世紀中，資本主義在被譽為「歐洲封建制度堡壘」的法國為什麼能夠迅速發展起來呢？

　　第一，農村中封建領主制向封建地主制的過渡，為資本主義的發展提供了大量自由勞動力。封建領主制的發展，本身就是商品貨幣關係滲入到農村的產物。在這種制度下，農民經濟上相對獨立，擁有一定的人身自由。隨著土地兼併的增強，越來越多的農民成為失去土地的自由勞動力，不得不湧入城市成為手工工場的自由勞工。

　　第二，地理大發現以及對外殖民掠奪的加劇，成為法國資本原始積累的重要途徑。從十六世紀中葉開始，法國開始了對外殖民擴張，同荷蘭、英國等搶奪海外殖民地，到十八世紀中葉，法國的殖民地已經遍及北美、南亞、東非以及印度洋各島國。通過壟斷與殖民地的貿易以及參與罪惡的奴隸貿易等方式，法國殖民者從殖民地國家掠奪了大量財富，完成了資本原始積累的過程。

　　第三，君主專制的確立及其採取的某些措施，有利於資本主義的發展。從十五世紀下半葉起，法國王權不斷得到強化，走向專制的王權致力於鏟除貴族反叛勢力，取締或削減地方貴族設立的關卡與關稅，加強領土與政治的統一，這有利於商品的自由流通以及資本主義經濟的發展。此外，重商主義作為資本主義發展早期的一種經濟理論，被法國的封建專制政權長期推行。從十五世紀下半葉的路易十一開始，經歷了亨利四世、黎世留，再到路易十四時期的柯爾柏、弗勒里，重商主義政策在法國日益發展與完善。重商主義政策的核心是保護關稅、開展對外商業和殖民活動、組建殖民貿易公司、由國家扶植與鼓勵工商業的發展等等。這些政策推行的目的，雖然是為了增強專制王權的根基，但在客觀上卻促進了新興資本主義的發展。

二、資本主義的興起及發展

　　從十五世紀末開始，在法國經濟從戰爭的陰影中走出來並迅速恢復之際，資本主義生產關係開始萌芽並很快發展起來。當時最為令人矚目的現象是，在呢絨、紡織、印刷、玻璃、製陶等行

業中出現了資本主義手工工場，並且大有取代傳統的家庭手工業之勢。不同的城市，以不同行業的手工工場而著稱。這些數目繁多、五花八門的手工工場，大體上可以分為三類：第一種是分散型手工工場，主要集中在麻布製造業和花邊編織業，其特點是實行包買制，由商人向手工業者提供原料和工具，並回收成品或半成品，這樣的手工工場在普瓦圖 (Poitou)、皮爾卡迪、奧爾良、勃艮第等地極為流行。第二種是混合型手工工場，主要分布在製呢業，製呢商將羊毛分發給家庭手工業者去紡織，而呢絨的擀製、染色和加工則在呢絨製造商的工場中來完成。第三種是集中型手工工場，它是生產技術的改進和生產規模擴大的結果，主要分布在紡織業、採礦業、鑄造業、造紙業等部門；一般有相對集中的場地，並且有數目不等的雇傭工人，從早期的上百人到十八世紀的數千人不等。如十八世紀里昂城的一個毛織業資本家的手工工場裡面，就雇用了三千多名工人，其工場規模可見一斑。

　　手工工場的興起以及新航路的開闢，促進了法國商業的迅速繁榮。法國的呢絨、亞麻布、絲綢、錦緞、地毯、花邊、葡萄酒等產品不僅行銷全國，而且還源源不斷地輸往西歐各國、地中海東部以及美洲、甚至印度。里昂不僅成為手工業中心，而且成為各國商人薈萃的貿易和金融中心；地中海沿岸的波爾多、南特、拉羅舍爾等城市，也因其有利的地理位置而日益成為繁忙的海外貿易和航海運輸中心。商業的發展帶動了對外貿易的增長，從十八世紀的情況來看，1720～1789 年間，法國出口商品總額從一億七千萬鋰增加到四億六千萬鋰；1775 年，僅在歐洲就與十七個國

家或地區有貿易關係，進出口總額達到三億八千九百萬鋰。

　　在工商業迅速發展的同時，資本主義生產關係也逐漸滲透到農村，從而加速了大地主制的建立過程。商品貨幣關係進入農村，加劇了農村的經濟分化，土地開始出現集中化趨勢。賦稅的加重以及市場的影響，使得一些農民境遇每況愈下，最終放棄土地而成為自由勞動力；另一方面，一些地主巧取豪奪，拼命侵占農民的土地，成為大地主。還有一些已經發財致富的資產階級也加入了地主的行列。地主們開始雇用農業勞工來耕種土地，這些農業勞工與以往的租佃勞動力有所不同，他們有自己的人身自由，通過向雇主出賣勞動的方式獲取工資以維持生存，這是農業資本主義萌芽的初級形態。

　　資本主義生產關係的發展，促使新興資產階級與封建貴族的社會地位和力量對比發生變化，這就是「穿袍貴族」的崛起與「佩劍貴族」的沒落。一些殷實的資產階級開始花錢購買爵位，成為貴族化的資產階級，即「穿袍貴族」；而那些舊的世襲貴族，即「佩劍貴族」過時的土地經營方式使得他們在經濟上捉襟見肘，有些貴族出賣土地、城堡，甚至出賣爵位，由此而走向沒落。

　　雖然專制王權的建立在一定時期內和一定程度上確實採取了利用和保護資本主義生產的措施，但是，作為兩種從本質上而言截然相對的生產關係，當專制王權逐漸走向強盛時，在很多方面又嚴重地壓抑和束縛著資本主義生產關係的發展。農村中小農經濟的殘餘仍然帶有自給自足的性質，這對資本主義發展所需的勞動力、原料和市場都有很大限制；城市工商業中的行會制度，對

於工資、價格、生產等要素的人為規範，對資本主義的發展構成嚴重束縛；為維持龐大的官僚機構和王公貴族們的奢侈開銷，以及對外戰爭的費用，國家不斷加重捐稅，這也不利於新興資本主義的發展。這樣，到十八世紀末，一度促進資本主義發展的專制王權，已經成為資本主義發展的嚴重桎梏；推翻專制王權，為新興資本主義的發展鬆綁，已經成為新興資產階級肩頭的一項重任；而這場反對專制王權的鬥爭，首先在思想領域拉開序幕，這就是影響深遠的啟蒙運動。

三、思想領域的革命——啟蒙運動

進入十八世紀後，在思想領域，首先開始了一場反對專制王權和封建制度的革命，這就是啟蒙運動。在這場波瀾壯闊的思想解放運動中，啟蒙思想家們以科學和理性為武器，去揭露宗教蒙昧主義，反對宗教狂熱、迷信，反對專制主義特權和黑暗統治，並由此給人類帶來民主與科學之光。啟蒙運動從興起到發展幾乎涵蓋整個十八世紀，並成為法國大革命的先導。

啟蒙時代的法國，可謂人才輩出，群英薈萃，一大批思想文化巨匠在這個時代脫穎而出，並以其新思想、新觀念而著稱於世。在啟蒙運動的興起階段，孟德斯鳩 (Montesquieu) 和伏爾泰 (Voltaire) 成為具有代表性的兩大思想家。出身於貴族世家的孟德斯鳩天生就具有反叛精神，他通過著書立說來表達和宣揚其政治和社會主張。孟德斯鳩首先猛烈攻擊君主專制，認為君主具有無限權力、為所欲為是非常危險的，是缺乏人性的，這種制度應該

被擯棄。對於英國式的君主立憲制，孟德斯鳩極為推崇和讚揚。在此基礎上，他提出了行政、司法和立法三權分立的主張，這一原則對於後來的歐美資產階級革命及其建立起來的政體產生了深遠的影響。

伏爾泰是比孟德斯鳩更富盛名的啟蒙思想家。出身富裕資產階級家庭的伏爾泰，用手中犀利的筆無情地揭露了宗教蒙昧主義的荒謬、教權主義的罪惡以及專制政權造成的種種後果。伏爾泰從自然神論出發，認為教會是建立在「最下流的無賴編造出來的最卑鄙的謊言」基礎之上，是「最卑鄙的混蛋所做出的各種最卑劣的欺騙」的產物，是「分裂、內戰和罪惡」的根源；「踩死敗類」成為他號召人們行動起來向天主教會發動總攻的口號。在政治方面，伏爾泰對於君主專制深惡痛絕，但對於共和制度也持否定態度。他把改革舊制度的希望寄託在思想開放、頭腦理智的君主身上，進而提倡建立一種開明君主制，以達到消滅特權的目標。

1750 年代後，啟蒙運動進入高潮，新一代啟蒙思想家誕生，並提出更加徹底和激進的主張，其中最著名的是以狄德羅(Diderot) 為代表的百科全書派以及提出「主權在民」思想的盧梭(Rousseau)。百科全書派是指雲集在以狄德羅為主編的 《百科全書》周圍的一批啟蒙思想家，他們以自由、平等為奮鬥目標，以理性為旗幟，以無神論和人性論為武器，對於專制政權、倫理道德以及宗教神學進行嚴厲批判和徹底否定，大力宣傳唯物主義和無神論，號召人們行動起來，無情地摧毀宗教迷信和打擊暴君。儘管他們並不希望以暴力方式來建立資產階級統治，但百科全書

圖17：伏爾泰、狄德羅等啟蒙思想家在晚餐會上交流哲學思想。

派的思想對於推動法國大革命的爆發仍然具有積極意義。

　　在啟蒙時代，提出最為激進的政治思想並產生最大影響力的思想家無疑是盧梭。卑賤的出身以及長期來自社會下層的經歷，造就了盧梭與眾不同的激進思想。盧梭從人類不平等的起源出發，提出了「天賦人權」的理論，論證了自由、平等的重要性。在盧梭看來，私有財產的出現造就了不平等，國家的出現加劇了不平等，專制暴君的出現則意味著不平等達到頂峰。盧梭否定了君權神授學說，提出了「主權在民」的思想。他認為，君主的權力是人民通過簽訂「社會契約」的方式而授予的，國家的最高主權屬於人民而非君主，當人民認為君主違背了契約時，就可以行動起來推翻專制暴君。盧梭的這一思想，直接為法國大革命提供了理論旗幟。

　　以上思想家的啟蒙思想，在法國資產階級和群眾中得到廣泛

傳播，這些思想孕育了一大批政治活動家和革命家，羅伯斯比爾 (Robespierre) 、丹東 (Danton) 、拉法耶特 (Lafayette) 等革命領導人，皆是在啟蒙思想的哺育下成長起來的；啟蒙思想在社會下層中也具有深遠的影響力，尤其是盧梭的「主權在民」思想早已深入人心，它推動著法國人民大眾以前所未有的熱情和精力，投入到即將到來的推翻專制王權、建立共和國的大革命之中。

第 II 篇

現代政治制度的確立

大革命、督政府與拿破崙帝國

第一節 「巴黎發生革命了」

一、三級會議的召開

1774 年，路易十六（1774～1792 年）繼承法國王位。這位有著「鎖匠國王」之稱的新君，既不專橫獨斷，也不貪圖享樂，甚至還有一些治國的良好願望。然而，生性愚鈍和意志薄弱，使得路易十六成為一個為權臣左右而幾乎無所作為的國王。面對其祖輩留下的爛攤子，尤其是當時日益嚴峻的財政危機，路易十六先後任命杜爾哥 (Turgot)、卡隆 (Calonne)、布里安 (Bourrienne)、內克爾 (Necker) 為財政總監。這四位財政總監雖然試圖採取不同的改革措施來刺激經濟增長，以緩解國家財政危機，然而在教士、貴族等特權階級免於徵稅的情況下，他們的努力皆以失敗告終。王公貴族的奢侈消費以及連年戰爭的軍費支出，使得國家財政收

支出現了嚴重不平衡。到 1789 年時，國家債務總額已經增至四十五億鋰，每年支付債務的開支就占三億鋰，相當於財政總支出的一半左右，國家財政瀕臨崩潰的邊緣。此時，除了調整捐稅政策，向特權等級徵稅以外，幾乎別無選擇。

然而，開徵新稅的方案遭到顯貴會議和巴黎高等法院的反對，他們提出召開三級會議以決定是否同意徵稅的要求，同時也寄望於即將召開的三級會議能夠對國王的專制權力加以限制。顯貴們的這一要求得到資產階級和人民大眾的強烈支持，不少地方還發起了抗稅暴動。面對這一聲勢浩大的反對浪潮，路易十六被迫宣布將在 1789 年 5 月召開早已中斷的三級會議，試圖解決國家的財政危機。

自 1614 年最後一次召開以來，三級會議已經中斷了一百七十五年。1789 年初，三級會議代表的選舉工作拉開帷幕。教士與貴族代表通過直接選舉產生，他們分別選出了二百九十一和二百七十名代表，而占總人口 98% 的第三等級的代表通過複選產生，共產生五百七十八名代表。5 月 5 日，人們期盼已久的三級會議在凡爾賽宮召開。在開幕詞中，路易十六只要求會議同意徵收新稅，解決國家財政危機，而拒絕實施任何改革。三級會議的代表，尤其是第三階級感到非常失望。此時，在會議的召開方式以及投票方式上，特權階級與第三階級之間產生了直接的對立。特權階級要求按照傳統的方式分別開會，表決時按照階級投票；而第三階級主張三個階級一起開會，共同進行資格審查，按照人數進行投票表決。在這一問題上，雙方爭執了一個多月，不可避免的分裂

終於來臨。

6月17日，躊躇滿志的第三階級決定單獨審查自己的代表資格，並宣布他們代表全體國民，組成了國民議會，並賦予其批准稅收的權力。兩天以後，教士階級以微弱多數通過決議，加入了國民議會。第三階級的做法令路易十六大為惱火，他於20日封閉了國民議會的會場，憤怒至極的第三階級遂轉移到附近的網球場繼續開會，並一致舉手通過了〈網球場宣言〉：「在王國憲法制定出來以前決不解散。」國民議會的行動使王室非常震驚，在23日三個階級代表參加的御前會議上，路易十六要求解散國民議會、三個階級分別開會的命令，遭到第三階級的嚴厲拒絕。在一部分貴族的建議下，國王不得不做出決定，要求尚未加入國民議會的特權階級代表全部加入國民議會。國王讓步的消息傳來後，凡爾賽一片歡騰，這標誌著第三階級的鬥爭取得了初步勝利。

7月9日，已經取代三級會議的國民議會改名為制憲議會，試圖通過制定憲法的方式來限制王權、實現改革的目的。如果這一目標能夠實現的話，那麼，法國將走一條英國式的憲政道路。然而，以路易十六為首的保守勢力暗地裡卻不願意屈服，並決心頑抗到底。從6月下旬開始，國王和一些保守的貴族開始秘密調遣軍隊，準備圍困凡爾賽和巴黎，巴黎的市民開始騷動起來。7月11日，財政總監內克爾被解職。雖然內克爾在對抗王權問題上態度曖昧，但在人們心中他仍然是一名改革者。內克爾被免職的消息更加激怒了情緒不滿的巴黎市民，一場革命由此而爆發了。

二、攻陷巴士底獄

糧食奇缺、物價飛漲早已使巴黎民眾極度不滿，內克爾被免職的消息被認為是國王準備鎮壓改革派的信號，它猶如一點火星，頓時引燃了整個火藥桶。憤怒的市民紛紛走上街頭遊行，沿途隊伍不斷壯大，並與前來阻止的騎兵隊發生了衝突。7月13日早晨，巴黎市政廳和各教堂的鐘聲齊鳴，更多的市民開始拿起短刀、斧頭等武器，湧向大街和廣場，並且組織起民兵隊伍，進而占領和控制了市內各主要地區。翌日，市民們又衝進了榮譽軍人院，奪取了三萬多枝步槍和十二門大炮，因而迅速將自己武裝起來。

然而，象徵著專制統治堡壘、關押著政治犯的巴士底(Bastille)獄，此時仍然由國王的軍隊守衛著，而且其大炮正對準聖安托萬街的市民。人民被激怒了，喊出了「到巴士底去」的口號。從上午九時許，武裝民兵就將巴士底獄團團圍住，並同負隅頑抗的一百多名守軍進行了激烈交火。四個小時後，民兵們終於以死傷二百人的代價，攻克了這座象徵君主專制的堡壘，釋放了所有的政治犯。巴黎人民英勇攻克巴士底獄的革命行動，標誌著法國大革命的開始，也是法國人民擺脫專制王權、獲得自由與新生的開始。自此以後，7月14日就被定為法國的國慶日。

「巴黎發生革命了！」這一消息很快傳遍全國，巴黎以外的各城市和鄉村，也紛紛爆發了反對專制王權的起義。一些城市市民也以巴黎為榜樣，掀起革命浪潮，奪取政權；廣大農民也踴躍拿起武器，搗毀貴族莊園，焚毀地契，奪取土地和糧食，革命浪

圖 18：1789 年 7 月 14 日，象徵封建統治堡壘的巴士底獄被攻陷。

潮由此席捲全國。革命的初步勝利激勵了制憲議會和全國人民，
然而，對於以國王為首的保守勢力該如何處置，國家將何去何從，
這是沉浸在喜悅之中的革命者所面臨的一個重大難題。

第二節　君主立憲制的破產

一、〈八月法令〉與〈人權宣言〉

　　巴黎起義的消息令國王驚慌失措，在制憲議會的壓力下，路
易十六被迫做出妥協。7 月 17 日，他從凡爾賽宮來到巴黎，宣布
召回內克爾，撤離軍隊，對制憲議會表示信任，同時從巴黎市長
手中接受了象徵革命的紅白藍三色徽帽，批准了新選出的官員。
以上舉動表明，國王已經做出了妥協，承認了革命造成的既定事
實，這為法國君主立憲制的嘗試提供了前提。

　　7 月 14 日革命後，制憲議會成為革命的領導機構和國家立法機關。在制憲議會中掌權的是那些大資產階級和自由貴族❶。他們主張制定憲法，限制王權，實行君主立憲制度，因而稱為君主立憲派，代表人物有拉法耶特、米拉波 (Mirabeau)、巴那夫 (Barnave) 等。

　　面對巴黎革命後全國各地愈演愈烈的農民起義浪潮以及第三階級的迫切要求和壓力，8 月 4～12 日，制憲議會經過激烈的討論，通過了解決農民問題的〈八月法令〉。該法令宣布，將徹底廢除農奴制度、教會什一稅和領主法庭等封建特權，取消特權階級的免稅特權；但對於農民所關心的土地貢賦，法令規定在領主同意下由農民贖買。這雖然反映了該法令的保守性，但是它畢竟從根本原則上廢除了封建制度，為資本主義制度的建立創造了條件。

　　8 月 26 日，制憲議會又通過了資產階級革命的綱領性文件——〈人權和公民權宣言〉，又稱〈人權宣言〉，從而將啟蒙思想家們所宣揚的政治學說以法律形式肯定下來。這份共有十七個條款的宣言，莊嚴宣布公民最為基本和不可侵犯的權利：「人權是自然的、不可剝奪和神聖的」；「在權利方面，人生來而且始終是自由和平等的」；「私有財產、安全和反抗壓迫是天賦不可剝奪的人權」；「人民享有言論、信仰、著述和出版的自由」；「法律是公

---

❶　這是相對於頑固保守的舊貴族而言的。那些頑固的舊貴族在國王對革命做出妥協以後，紛紛流亡國外，隨後進行了大量的反革命活動，包括挑起內戰、勾結外國勢力干涉法國革命等。

共意志的體現，在法律面前人人平等……」。從其條款來看，宣言的核心內容是「人權」與「法治」，強調用以法律為標誌的國家權力來取代以君主為代表的封建特權，將封建特權改造為非人格化的法律的權力，這是近代法治國家的基本原則。〈人權宣言〉的頒布，激發了人民群眾的政治熱情，鼓舞他們將革命不斷推向激進；宣言成為資產階級奪取並鞏固政權

圖 19：1789 年 8 月 26 日 〈人權宣言〉發表

的利器，宣告了一種全新的政治制度的誕生。

　　面對制憲議會通過的〈八月法令〉和〈人權宣言〉，路易十六卻採取了消極抵抗的方式，遲遲不願意批准，同時還進行秘密的王權復辟活動。10 月初，國王在凡爾賽宮宴請法蘭德斯反動軍團的軍官。這一消息經報紙披露以後，飢餓的群眾對於「國王陰謀」的怒火再一次被點燃。以大批巴黎婦女為首浩浩蕩蕩的群眾隊伍開進國王所在的凡爾賽宮，他們與制憲議會的代表一起，要求國王批准〈八月法令〉和〈人權宣言〉，保證巴黎的糧食供應，並將王宮遷往巴黎。一群激進的示威者還衝進了王宮，殺死了兩名國王衛兵。事態的惡化使得路易十六被迫屈服，在答應了示威者的

全部要求後，以國王為首的王室成員和制憲議會在示威群眾的密切護衛下，遷往巴黎的杜伊勒宮 (Tuileries)。這表明，國王已經成為革命的囚徒，處於巴黎革命者的嚴密監視之下。

二、《1791 年憲法》

「十月事件」之後，巴黎成為名副其實的首都。巴黎的政治生活空前活躍起來，各種政治俱樂部如雨後春筍般湧現出來，構成了法國大革命中一道亮麗的風景線。其中最為著名的當屬雅各賓 (Jacobin) 俱樂部，其以推翻專制、實行憲法為宗旨，故又稱「憲法之友社」。俱樂部成員複雜，既包括現在執掌政權的以拉法耶特為首的資產階級君主立憲派，又包括資產階級革命民主派，其中革命民主派又分為以布里索 (Brissot) 為首的右翼吉倫特派 (Gironde) 和以羅伯斯比爾為首的左翼山岳派。雅各賓俱樂部對於大革命影響很大，但隨著革命的形勢的發展，內部屢次發生分裂。僅次於此的是科德利埃 (Cordeliers) 俱樂部，以維護人權、監督政府官員為宗旨，故又稱「人權之友社」，參加者多為懷有激進主張的下層市民，很少有制憲議會代表，其主要領導人有丹東、馬拉 (Marat)、埃貝爾 (Hébert) 等。該俱樂部對大革命一步步走向激進發揮了一定的影響力。

在革命熱情日益高漲的情勢下，制憲議會為改造舊制度而繼續採取一系列措施。1790 年，制憲議會通過了相關法令，包括：全國重新進行行政區劃，建立新的各級行政與司法體系；廢除國內關稅和入市稅，取消行會制度以及限制工商業發展的各種法規；

從財產和榮譽方面廢除貴族特權和封建等級制；沒收教會財產，
打擊教會勢力，讓教士宣誓效忠於新憲政，使教會完全從屬於國
家。所有這些措施，都沉重地打擊了封建制度，有利於資本主義
制度的建立。在制定和推行以上法令的同時，制憲議會還在緊鑼
密鼓地進行新憲法的討論和起草工作。但各派之間因為意見分歧
而一再拖延未決。正是在這個關鍵時刻，卻發生了國王出逃的「瓦
倫 (Varennes) 事件」。

　　雖然在革命形勢下國王做出了妥協，但是各項反封建法令、
〈人權宣言〉以及即將推行的新憲法都是路易十六難以接受的。
在國內外保守勢力的秘密支持和策劃下，1791 年 6 月 20 日午夜，
路易十六一家經過化裝以後秘密逃出巴黎，但翌日在離邊境線不
遠的瓦倫鎮，國王一行被人認出，頓時又被蜂擁而來的群眾押回
巴黎。國王出逃的消息傳開以後，激起了人們的極大憤怒，在科
德利埃俱樂部的領導下，全國各地掀起了一場轟轟烈烈的要求廢
除君主制、建立共和國的民主共和運動。巴黎的群眾不僅四處張
貼反對王權的標語，而且還衝進了王宮。灰頭土臉返回巴黎的路
易十六為局勢的發展所驚呆了，很快向制憲議會表示了「歉意」。

　　在如何處置國王的問題上，各政治派別之間分歧嚴重。面對
共和主義者要求廢除王位、建立共和國的要求，以拉法耶特為首
的君主立憲派千方百計地為其開脫，說國王不是有意出逃，而是
被人「劫持」的。隨後，他們操縱的制憲議會通過決議，恢復國
王的職權。這一決議使雅各賓俱樂部發生了分裂，以拉法耶特為
首的君主立憲派退出俱樂部，另外組建了斐揚派 (Feuillants) 俱樂

部。恢復王權的決定也激怒了巴黎市民，7 月 17 日，成千上萬的群眾雲集馬爾斯校場 (Champ-de-Mars)，要求廢黜國王、實現共和，結果遭到拉法耶特率領的軍隊所鎮壓，死傷百餘人。這表明，君主立憲派已經成為維護王權的保守勢力，不可能再引導革命進一步發展。

在斐揚派的保護下，路易十六勉強保住了王位。作為交換條件，驚魂未定的國王於 9 月 13 日批准了制憲議會通過的憲法，這就是《1791 年憲法》。這是法國歷史上第一部憲法，它以〈人權宣言〉作為序言，在正文中宣布法國是君主立憲制國家；國家主權屬於人民；國家實行立法權、行政權和司法權三權分立原則；國王的行政權不能夠超越法律；年滿二十五歲的男子享有公民權，公民依據財產多少劃分為有選舉權的「積極公民」和無選舉權的「消極公民」，這實際上剝奪了全國近三百萬公民的選舉權。新憲法的頒布，將前一階段反專制的成果通過國家根本大法的形式確立下來，維護了大資產階級所建立的政權，因而具有進步的歷史意義。新憲法頒布以後，制憲議會結束了其歷史使命，讓位於即將選舉產生的立法議會。然而，令斐揚派沒有料到的是，革命形勢的發展，尤其是外國武裝干涉的威脅，使得剛剛確立的君主立憲制猶如曇花一現，很快走向終結。

三、君主立憲的終結

新的立法議會於 10 月 1 日正式開始工作，其構成與制憲議會有很大差別，擁護專制的教士和貴族階級的代表已經被排除在

外。立法議會內部又分為三派：右翼是掌握政權的斐揚派，擁護君主立憲制度；在政治上搖擺不定的中間派；左翼是雅各賓俱樂部內的山岳派，主張實行共和制，富有戰鬥力。立法議會一開幕就面臨著國內外的諸多困難。從國內來看，財政危機的加劇使得城市和農村的暴亂蔓延，一些教士更是鼓動不滿的農民發動反革命叛亂。從國外來看，革命爆發以後，一些逃亡貴族開始糾集反動勢力，集結邊境，加強王權復辟活動；歐洲一些國家，如普魯士、奧地利、俄國、西班牙等國的保守君主對於法國的革命事態發展也深感恐懼，企圖進行武裝干涉。奧地利和普魯士還發表聯合宣言，要求法國恢復王權，解散議會，否則將直接出兵。

相對於國內的經濟社會問題而言，國外的形勢則嚴峻許多。面對外來武裝干涉的威脅，立法議會內部展開了激烈的辯論。斐揚派害怕喪失革命成果，反對開戰，主張維持現狀；山岳派認為「攘外必先安內」，反對倉促開戰；只有吉倫特派主戰意志最為堅決，認為法國不僅能夠戰勝敵軍，而且可以藉機輸出革命。心懷鬼胎的路易十六對於外來武裝干涉暗自高興，認為實力大為削弱的法軍在與歐洲列強的戰爭中必然不堪一擊，到時候他就可以借助外國的刺刀復辟專制王權，因此國王也極力主張開戰。1792 年 3 月，別有用心的路易十六解散反戰的斐揚派內閣，以布里索為首的吉倫特派組成新政府，戰爭已是箭在弦上。4 月底，法國先後向奧地利和普魯士宣戰，一場抵抗侵略、維護革命成果的民族戰爭由此展開，它在客觀上加速了君主立憲制瓦解的進程。

戰爭並沒有像吉倫特派所希望的那樣能速戰速決，法軍在戰

爭之初反而一再失利，節節敗退。這是因為，一方面法軍軍官大多為原來的貴族，他們不服從內閣的調遣，故意按兵不動；另一方面在於王后故意將作戰計畫透露給奧地利。為了扭轉戰局，吉倫特派宣布解散由貴族領導的王室近衛軍，建立一支由各郡調來的後備軍，但遭到國王的拒絕。不僅如此，路易十六還改組內閣，一些斐揚派大臣進入內閣。戰局的發展越來越糟糕，普魯士軍隊和流亡貴族率領的軍隊已經越過法國邊境，戰火在法國本土燃燒。7 月 11 日，立法議會發布「祖國在危急中」的公告，要求所有公民行動起來，保衛祖國。短短幾天之內，巴黎就組織起一支一萬五千人的義勇軍，各地的義勇軍也紛紛開赴首都，其中馬賽的義勇軍一路高唱《馬賽曲》❷ 進入巴黎，投入到巴黎市民廢除王權的共和運動之中。

群眾的愛國熱情持續高漲，在共和主義者，尤其是山岳派的宣傳鼓動下，許多人認識到，不推翻目前的君主政體，不廢黜國王，就不能扭轉目前的局勢。此時，普奧聯軍卻發表宣言，稱如果不保證法國國王和王室的安全，那麼他們將血洗巴黎。這一威脅使巴黎民眾更加怒不可遏。7 月底 8 月初，巴黎各區開始醞釀推翻君主政體的起義，在全市的四十八個區中，有四十七個區通過了廢黜國王的決議。8 月 10 日，起義爆發，起義軍占領了市政廳和王宮，建立了巴黎公社❸。在武裝群眾的壓力下，立法議會

---

❷ 1792 年 4 月由青年軍官盧熱・德・里爾 (Rougetde Lisle) 創作，1879 年被正式確定為法國國歌。

圖 20：一張印著《馬賽曲》的明信片上，唱
著歌的部隊正在闊步前進。

通過決議，宣布停止國王職權，將路易十六當做因犯押送至監獄
等待審訊；撤換各部大臣，召開由普選產生的國民公會。

　　在慶賀巴黎起義的歡呼聲中，法國延續千年之久的王權被徹
底傾覆了，與之一起垮臺的還有君主立憲派，即斐揚派的統治，
它們從此退出了法國的歷史舞臺。這次起義也結束了法國的君主
立憲制度，它把吉倫特派推上了法國革命的政治舞臺。從此，法
國革命將沿著一條不斷上升的激進道路向前推進。

---

❸　自從中世紀以來，公社成為法國得到自治權的城鎮政府機關的通稱，
　　巴黎公社即巴黎的市政府，1871 年的巴黎公社名稱即由此而來。

第三節　走向激進

一、吉倫特派的統治

　　吉倫特派是一個相對激進的政治派別，代表工商業資產階級的利益。雖然吉倫特派控制了立法議會而掌握了政權，不過此時法國還有一個權力機關在與之對峙，這就是由更加激進的山岳派控制的巴黎公社。兩大權力機關之間的衝突不時發生，不過，在日益逼近的外來威脅面前，共和主義者聯合了起來。9月2日，普奧聯軍進占凡爾登，巴黎面臨淪陷的危險，市內的反革命勢力蠢蠢欲動。此時，巴黎公社號召人民迅速武裝起來，並組織起一支六萬多人的義勇軍隊伍。在開赴前線之前，他們處死了監獄中約一千名涉嫌反革命的叛亂分子。9月20日，法軍與普奧聯軍在凡爾登以南的瓦爾密 (Valmy) 展開激戰，結果擊潰了強大的敵軍，這極大地鼓舞了法國人民的鬥志。

　　9月21日，國民公會正式開幕。在七百五十個議席中，吉倫特派占一百六十席，山岳派占八十席，其餘五百一十席為中間派，又稱「平原派」或「沼澤派」。中間派傾向於吉倫特派的主張，因而確保了吉倫特派掌握政權。國民公會於次日通過決議，廢除王政，成立共和國，這就是法蘭西第一共和國。然而，在共和國成立以後，吉倫特派和山岳派之間便出現了無止境的衝突和鬥爭。吉倫特派大肆攻擊巴黎公社，將山岳派稱為無政府黨；而山岳派

指責吉倫特派只代表富人利益，反對其獨占統治。正是在這種激烈的鬥爭中，雅各賓俱樂部發生了第二次分裂，吉倫特派退出了俱樂部，山岳派遂成為雅各賓俱樂部的唯一主人，從此山岳派改稱雅各賓派。

　　雅各賓俱樂部的分裂，標誌著曾經為建立共和國而共同作戰的兩大政治派別走上了公開決裂的道路，而二者在對於如何處置路易十六的問題上更是分歧嚴重。雅各賓派認為，國王是專制反動勢力的總代表，是國內外反革命勢力的罪魁禍首，堅決要求對他進行審判；吉倫特派卻擔心審判國王會招致更嚴重的外國武裝干涉，並可能會引起國內動亂，因而一再為國王開脫罪責。不久，人們從王宮的壁櫥裡發現了國王賣國通敵的信件，這引起了巴黎人民的極大憤恨。吉倫特派已經山窮水盡，只得同意將路易十六

圖 21：1793 年 1 月，路易十六被推上斷頭臺。

送上審判臺。1793 年 1 月 21 日，國民公會通過投票表決，宣判國王的死刑。在革命者的歡呼聲中，路易十六終於被推上斷頭臺。

正如吉倫特派所擔心的那樣，處死國王迅即加劇了本已嚴峻的國內外形勢。路易十六被斬首的消息傳到歐洲各國後，各國專制君主十分恐懼。很快，在英國的積極鼓動下，包括英國、普魯士、奧地利、葡萄牙、西班牙、薩丁 (Sardaigne) 王國、那不勒斯王國等在內的國家組成了第一次反法聯盟，試圖剿滅新生的法蘭西共和國。與此同時，法國國內的社會經濟問題卻日益突出。一方面，國內的反革命分子與國外勢力相勾結，多次密謀和發動反革命暴亂；另一方面，連年國內局勢的動盪以及對外戰爭，造成了通貨膨脹、物價飛漲、商品奇缺，一些奸商趁機囤積居奇，哄抬物價。雅各賓派以及此時湧現的更加激進的代表城鄉下層群眾利益的忿激派 (Enragés) 堅決要求限制物價，嚴懲奸商。這一要求得到廣大群眾的支持，但吉倫特派為維護工商業資產階級的利益，不僅堅持自由貿易政策，反對干涉經濟生活，而且還打擊忿激派和雅各賓派領導的巴黎公社。5 月 18 日，國民公會成立了全部由吉倫特派組成的「十二人委員會」，藉調查巴黎公社的「無政府」活動之名，逮捕了公社領導人埃貝爾。這一舉動表明，吉倫特派已經公開背叛了人民，背叛了革命，勢必將被革命的洪流所湮沒。

在各激進派別的號召下，5 月 31 日，巴黎聖母院的鐘聲敲響了，近十萬群眾集結起來，擁護新當選的巴黎公社，並包圍了國民公會。當擁護公社的國民自衛軍用大炮對準國民公會並要求逮捕吉倫特派領袖時，國民公會最終屈服。這樣，吉倫特派的統治

宣告垮臺，法國革命進入了其最高、最激進階段，即雅各賓專政階段。

二、雅各賓專政

雅各賓派當政以後，面對內憂外患的危急局面，採取了一切打擊反革命、保障人民利益的激進措施，來維護革命成果。雅各賓專政是法國大革命的最高階段，在這一階段中，以羅伯斯比爾為首的雅各賓派，通過以下幾個方面的措施將革命不斷推向激進。

首先就是《1793 年憲法》的頒布。為了應付危急形勢，雅各賓派當政後成立了救國委員會，起草了一部新憲法，並於 6 月 24 日被國民公會通過，這部憲法又被稱為「共和元年憲法」或「雅各賓憲法」。新憲法包括〈人權宣言〉三十五條，其最後條款為：「當政府侵犯人民權利時，人民有起義權」，這更加突出了主權在民的思想。憲法正式文本一百二十四條，規定法蘭西為統一不可分割的共和國，實行三權分立原則，立法權屬於立法議會，行政權屬於行政會議，司法權屬於高等法院；每個公民都享有人身、信仰、出版、請願、結社等廣泛的自由權利；年滿二十一歲的男性公民享有普選權。《1793 年憲法》是雅各賓派以民主、自由原則改造國家的總綱領，不過由於當時形勢嚴峻，憲法暫緩執行。

為了將廣大農民群眾團結在自己的周圍，6～7 月間，雅各賓派控制下的國民公會還接連頒布了三個土地法令，解決了農民極為關心的土地問題。這些法令的內容包括：將逃亡者土地分成小塊出售，允許貧農在十年內分期償付地價；按照人口平均分配農

村土地；無償廢除一切封建權利和義務，所有封建契約一律銷毀。這些法令的頒布，使得雅各賓政權與廣大農民結成了堅實的同盟，擴大了政權的根基，為走向專政準備了條件。

　　儘管雅各賓派採取了一切措施，但是 1793 年夏天，法國的形勢仍在急劇惡化。從外部環境看，歐洲大多數國家對法國宣戰，以英國為首的聯軍已經對法國形成合圍之勢，共和國岌岌可危。從國內情況來看，由吉倫特派分子和保守的王黨分子製造的叛亂迅速蔓延，當時全國八十三個郡中大約有六十個郡捲入了叛亂。此外，英國的封鎖以及國內的叛亂使糧食供應十分困難，投機商囤積居奇，造成物價飛漲，通貨膨脹率高居不下。在這種嚴峻的形勢下，廣大人民群眾和一些激進的革命者強烈要求採取極端手段，來打擊反革命勢力，維護革命成果。為了適應這種需要，國民公會將救國委員會確定為臨時政府，握有全部行政權力，羅伯斯比爾成為政府領導人。隨後，雅各賓派政府在軍事、經濟和政治等方面採取一系列嚴厲措施，走上了公開的恐怖統治路線。

　　首先是軍事恐怖，政府頒布〈全國總動員令〉，積極徵募和改組軍隊，並且將國家一切物資都用於戰爭。這樣，到 1794 年春，法國擁有十三個軍團，兵員總數近百萬，這就為戰場上的勝利準備了條件。其次是經濟恐怖，具體表現在實行全面限價、無償徵發軍用物資、嚴格控制貿易和股票交易等，違反者將予以嚴懲，嚴重者可以判處死刑。最後是給人留下最深刻印象的政治恐怖。7 月 13 日，革命領導人馬拉被刺。雅各賓政府遂於 9 月 17 日頒布〈懲治嫌疑犯條例〉，授權救國委員會將那些與政府為敵、或者

對政府不滿的人，一概當作嫌疑犯加以逮捕。這樣，從當年 10 月起，雅各賓派利用這一法令，將自己的敵人不分青紅皂白地一律逮捕並處死。自從聖巴托羅繆節之夜以來，法國歷史上還從未有過如此大規模的政治屠殺，巴黎的協和廣場上每天都血流成河。根據初步統計，至 1794 年 5 月，全國被逮捕的嫌疑犯總數達三十萬之多，這些嫌疑犯有的經過簡單審訊就被處死，更多的則未被審訊就被推上斷頭臺，總計被處死的人數在四萬左右。雖然被逮捕並處死的大多是反革命分子，不過也有相當一部分無辜群眾被捲入其中，因此弄得人心惶惶，從而加速了這種極端專政的終結。

　　雅各賓派的這種恐怖專政，是危急形勢下挽救革命的一種權宜措施，它確實在應對國內叛亂以及外國武裝干涉方面取得了明顯效果。國內的叛亂一個個被粉碎，物價也趨於平緩，反擊外來武裝干涉的戰爭也取得節節勝利。從 1793 年底開始，法軍已經掌握戰場上的主動權，將戰線轉移到國境線以外，到翌年 7 月，法軍在多次擊敗普、奧、荷軍隊以後，占領了整個萊茵河左岸地區。

　　然而，在國內外局勢好

圖 22：1793 年 7 月 13 日，著名革命家馬拉在浴室中被刺身亡。

轉的情況下，雅各賓派內部的派系鬥爭開始尖銳化。雅各賓派內部明顯地分為左中右三派，各派都想執掌政權，其鬥爭中心是要不要繼續實行嚴厲限價政策和採取恐怖措施。以埃貝爾為首的左派是城市下層激進群眾的代表，他們控制著巴黎公社，要求繼續採取打擊反革命的恐怖政策；以丹東等為首的右派反對繼續實行恐怖政策，要求在經濟和政治方面推行更加寬容的政策；受到左右兩派夾擊的是以羅伯斯比爾為首掌握實權的中間派，其政策搖擺不定，根據形勢的發展而忽左忽右。面對左右兩派的夾擊和指責，中間派決定推行更加極端的恐怖政策。1794 年 3～4 月間，羅伯斯比爾決定鎮壓「左」、「右」兩個反對派，埃貝爾、丹東等領導人先後被推上斷頭臺，巴黎公社也被徹底改組。政府的權力更加集中到中間派手中，但是專政的群眾基礎由此喪失，羅伯斯比爾派陷入孤立和困境。

　　面對日益喪失的群眾根基和日益增加的敵對勢力，羅伯斯比爾試圖通過樹立個人崇拜的方式來重新鼓動群眾的熱情。6 月 8 日，巴黎舉行了盛大的將羅伯斯比爾尊奉為「最高主宰」的儀式，這標誌著其權力已經達到頂峰。但不少群眾對此反應冷淡，一些議員也發出「暴君」、「獨裁者」的責罵聲。又急又惱的羅伯斯比爾隨後又促使國民公會通過〈牧月法令〉，該法令進一步簡化了審判程序，並且將懲罰一律定為死刑。這樣，在熱月政變前的一個半月內，因對羅伯斯比爾表示反對或不滿而被處死者多達一千三百七十六人，一種恐懼感籠罩著巴黎全城。

　　羅伯斯比爾的恐怖政策，促使國民公會以及各委員會中準備

推翻其統治的各反對派勢力聯合起來，其人數在不斷增長，羅伯斯比爾無疑也認識到了這一點。7 月 26 日（熱月 8 日），羅伯斯比爾在國民公會發言，指責政敵們在搞陰謀活動，但沒有得到議員們的響應。第二天，反對派開始反攻了。經過密謀策劃，國民公會迅即被反對派控制，在「推翻暴君」的一片呼喊聲中，羅伯斯比爾、聖茹斯特 (Saint-Just) 等人被當場逮捕，次日就被推上斷頭臺。這就是「熱月政變」，它推翻了雅各賓派的極端統治，標誌著法國大革命高潮階段的終結。

第四節　輝煌一時的拿破崙帝國

一、熱月黨人與督政府

　　熱月黨並不是一個政黨，而是對熱月政變時聯合起來反對羅伯斯比爾的那些國民公會議員的習慣性稱號。熱月黨代表的是那些在革命期間靠投機活動、盜賣國有財產而起家的暴發戶資產階級，在政治方面相對溫和。熱月政變，標誌著革命政權已經從資產階級民主派手中轉移到了溫和派手中。此後，溫和派採取了種種措施來結束民主派的恐怖統治、恢復與建立資本主義的正常秩序。在政治方面，熱月黨廢除了〈懲治嫌疑犯條例〉，釋放大批不符合法律程序而被捕的人。雅各賓當政時期各類反對派和政敵得到寬容和赦免，一些吉倫特派議員又恢復了席位，大多數放下武器的叛亂分子也被恢復財產和公民權。此外，雅各賓時期建立或

強化的專政機器，或被廢除，或被削弱，國民公會以及各委員會實施了徹底改組，雅各賓派的殘餘勢力被根除。在經濟方面，熱月黨人致力於消除經濟恐怖，廢除了全面限價和終止貿易的法令，推行經濟自由政策。所有這些措施，都是為了維護資產階級的利益，目的在於恢復資本主義正常的政治和經濟秩序，以進一步鞏固大革命的成果。

　　然而，熱月黨人面臨的形勢依然十分嚴峻。自由經濟政策的推行導致了市場的混亂，投機坑騙極為盛行，下層人民水深火熱，由此而導致了 1795 年 4 月 1 日（芽月 12 日）和 5 月 20 日（牧月 1 日）巴黎市民起義的爆發，但起義隨即被分化和瓦解。政局的動盪進一步激勵了那些試圖復辟的王黨叛亂分子。6 月，數千名王黨叛亂分子在英國的支持下，擁立路易十六的弟弟普羅旺斯伯爵為王，稱路易十八 (Louis XVIII)，在布列塔尼掀起叛亂。不過，在基貝隆 (Quibéron) 半島一役中，叛軍遭到共和國軍隊的毀滅性打擊，叛亂隨即被鎮壓下去。

　　巴黎起義的鎮壓與王黨叛亂的平定，使熱月黨的政權基礎趨於穩固。為了確立新的統治秩序，1795 年 8 月 22 日，國民公會通過一部新憲法，即《共和三年憲法》。這是一部恢復 1789 年原則、確立大資產階級統治秩序的憲法，它沿襲了原來的三權分立原則，規定立法權屬於兩院制的立法團，兩院由五百人院和元老院組成，其成員每兩年改選三分之一；為了防止獨裁，行政權將交給由五人組成的督政府，每年改選一人，主席由五人輪流擔任；司法權仍然保持獨立。

為確保熱月黨人的實際統治權，一項特別法令被頒布，規定國民公會原有議員中必須有三分之二被選入新的兩院，這一做法引起了王黨分子的不滿，也使他們通過合法渠道改變政權的希望落空。於是，10月5日（葡月13日），約有二、三萬名王黨叛亂分子包圍了國民公會，年輕的軍事將領拿破崙‧波拿巴特 (Napoléon Bonaparte) 調集炮兵，迅速將叛亂鎮壓下去，因而贏得了「葡月將軍」的美稱。隨後，根據新憲法選舉產生了新的立法機構，並組建了督政府，督政府時代由此開始。

然而，躊躇滿志的督政官們很快發現自己處於左右夾擊中，因而不得不採取左右搖擺的雙重政策。一方面，新誕生的督政府仍然無力解決國內的社會經濟危機，法國財政空虛、物價飛漲、人民生活水準日下而暴發戶大發橫財的狀況沒有改變，下層民眾的不滿在四處蔓延，來自左翼的威脅於是產生了。1796年5月，一位激進的革命家格拉古‧巴貝夫 (Gracchus Babeuf) 著手組織了「平等派」和起義委員會，準備發動一場有一萬七千人參加的起義，推翻大資產階級領導的督政府。由於叛徒告密，起義在萌芽狀態就遭到鎮壓，巴貝夫本人被推上了斷頭臺。較之左翼，來自右翼保王黨人的威脅則更大。1797年3～4月間，保王黨人在立法團的選舉中大獲全勝，從而控制了兩院，其勢力直接威脅到督政府，王權復辟的威脅近在眼前。根據督政府的授意，9月4日（果月18日），拿破崙的軍隊進入議會兩院，宣布新當選的一百九十八名王黨分子議員資格無效，這就是「果月政變」。然而，第二屆督政府很快又面臨以新雅各賓派為代表的左翼民主派的威

脅。在 1798 年 4 月的立法團選舉中，左翼民主派獲得勝利。督政府不得不故伎重演，5 月 11 日（花月 22 日），他們借助軍人的刺刀，又宣布一百零六名當選的民主派議員資格無效，從而摧毀了民主派對政權的威脅，這就是「花月政變」。

左右開弓的兩次政變，雖然暫時保住了政權，但它是以破壞共和國賴以生存的憲法為代價，嚴重地侵蝕了共和國的合法性；另外，督政府對左派和右派的先後鎮壓，更加速民心的流失，日益孤立的督政府實際上處於風雨飄搖狀態。與此同時，新的外來武裝干涉的威脅也在日益臨近。在督政府統治前期，戰場上的法軍一度扭轉了戰局，與奧地利簽訂了停戰和約，占領了整個義大利，成功地瓦解了第一次反法聯盟；但是到 1798 年 12 月，英國又組織起包括俄國、奧地利、土耳其、那不勒斯等在內的第二次反法聯盟。1799 年春，法軍在戰場上節節敗退，各附庸國相繼滅亡，戰火即將蔓延到本土。此時，督政府已經處於內憂外患的緊急狀態，其地位越來越不穩固。在這種情況下，法國的大資產階級迫切需要建立一個強有力的政權，來緩解內部的經濟、政治危機與外部的軍事威脅，這就為在督政府與立法團鬥爭中嶄露頭角的軍事將領拿破崙的崛起鋪平了道路。

二、拿破崙的崛起與執政府

政局的動盪使得新任執政官西哀耶斯 (Sieyès) 認識到，必須找到一位強有力的人物來穩定局面，而在反擊英國的土倫 (Toulon) 戰役以及果月和花月政變中出盡風頭的拿破崙成為最佳

人選。國內局勢的惡化令在東方征戰的拿破崙躊躇滿志，1799 年 10 月，拿破崙率領五百精兵回到巴黎，當即受到沿途群眾和顯貴名流的熱烈歡迎。拿破崙很快被元老院任命為巴黎衛戍區司令，一個以西哀耶斯和拿破崙為核心的政變集團開始形成。11 月 9 日（霧月 18 日），在經過精心策劃以後，一場政變鬧劇拉開序幕。當兩院聯席會議在巴黎近郊的聖克魯 (Saint-Cloud) 召開時，拿破崙率領軍隊進入會場，宣布解散立法議會，並驅散議會代表。當晚，部分議會代表舉行會議，宣布解散督政府，建立臨時執政府，由拿破崙、西哀耶斯、羅歇‧迪科 (Roger Ducos) 擔任共和國執政，由兩院分別推選二十五人組成憲法委員會，負責新憲法的制定工作。這就是拿破崙輕鬆攫取政權的「霧月政變」。這種政變以議會方式開始，用武力手段完成，最後又戴上合法的面具，成為近代政變的一種典型方式。霧月政變改變了法國革命的進程，是法國歷史發展的一次重大轉折，共和國由此向軍事獨裁方向邁進。

　　執政府成立後的當務之急就是制定一部新憲法，以尋求自身的合法性。很快，一部根據拿破崙的意志擬定的《1799 年（共和八年）憲法》頒布了。這是一部中央集權式的憲法，它規定行政權高於一切，第一執政拿破崙享有全權，第二、第三執政僅有諮詢和建議權，第一執政有權提出法案、頒布法律、任命官員、決定宣戰與媾和等等；立法權遭到分割，分屬參事院、保民院、立法院和元老院，每一院都無法單獨立法，立法的最後決定權屬於第一執政；司法制度也有所改變，各級法官不再由選舉產生，而是由第一執政通過任命產生；普選權雖然被保留下來，但是受到

層層遴選的限制。新憲法的頒布，確立了一種以個人專權為特徵的制度，從而為拿破崙的個人獨裁鋪平了道路。

　　到了年底，以拿破崙為首的中央集權的執政府正式成立，並從以下幾個方面採取措施來緩解嚴峻的形勢。為了加強中央集權，拿破崙首先改革地方行政制度，將全國劃分為八十八個郡，郡長和市長由其直接任命，從而確立了中央對地方的絕對權威。為維護社會的穩定，拿破崙還採取鎮壓與安撫相結合的辦法，以對付雅各賓分子和王黨分子的叛亂活動。對於路易十八復辟的企圖，拿破崙予以嚴厲拒絕；對於雅各賓分子掀起的暴動，拿破崙則予以堅決鎮壓，從而穩定了國內的統治秩序。為緩解國內的宗教紛爭，爭取教皇以及教會對於新政權的支持，經過一年多的艱苦談判，拿破崙與教皇在 1801 年 7 月簽訂了〈教務專約〉，承認天主教是大多數法國人的宗教，規定主教由第一執政任命，由教皇授職；廢除什一稅，教士薪金由國家支付。為體現宗教平等，政府正式承認了路德教、喀爾文教等新教的地位，猶太教也受到政府保護。這樣，國內難得的宗教和平終於建立起來。為緩解國內的經濟危機，拿破崙還大刀闊斧地推行財政改革，實施貿易保護政策，大力推動資本主義工商業的發展。經過一番整頓，法國財政狀況有所好轉，經濟開始復蘇。

　　在內政方面，政府的另一項重要舉措在於《民法法典》的制定。經過近四年的起草與討論，1804 年 3 月，資本主義世界最早的一部民法法典出爐了。這部共有二千二百八十一條的法典，內容豐富，它確立了資產階級的私有財產原則，確立了契約自由的

原則，確立了損害賠償的原則，確立了自由、平等的原則，並且還對婚姻、家庭、繼承等方面做了具體規定。這部法典對於摧毀歐洲封建秩序、推動資本主義經濟的發展起到了積極作用，成為歐美各國制定法典的藍本。

在對外政策方面，執政府成立之初，正面臨英、奧、俄第二次反法聯盟的威脅。在提出的停戰建議遭到拒絕以後，拿破崙決定採取分化瓦解政策，首先全力擊敗奧地利，最後再對付海上強敵英國。1800 年 6 月，拿破崙率軍在義大利的馬倫哥 (Marengo) 大敗奧軍；到了年底，奧軍在萊茵戰役中又受到重創，被迫求和，法奧兩國於是簽訂〈呂內維爾 (Lunéville) 和約〉。隨後，拿破崙利用英、俄之間的矛盾，成功地與俄國簽訂了〈巴黎和約〉，致使英國進一步孤立。到 1802 年 3 月，受到孤立的英國也坐到了談判桌前，與法國簽訂〈亞眠和約〉，這標誌著第二次反法聯盟的瓦解，歐洲終於實現了普遍的和平。

國內局勢的穩定和對外和平的來臨，使得拿破崙的個人威望迅速上升。為了表彰其功績，經元老院提議並通過公民投票，1802 年 8 月，拿破崙被元老院宣布為「終身執政」；隨後根據元老院的提議，憲法又做了修改，新的《共和十年憲法》頒布了。它規定第一執政可以指定自己的繼承人，締結和約與盟約，任命第二和第三執政以及元老院候選人。這表明，拿破崙的絕對權力進一步得到憲法的承認，從而在扼殺共和、走向帝制的道路上邁出了重要一步。1803 年英法的重新開戰以及王黨陰謀活動的加劇，則加劇了執政府向帝國邁進的步伐。

　　〈亞眠和約〉帶來的和平是極其短暫的，英國拒絕從馬耳他島撤出以及法國拒絕從荷蘭撤出，成為雙方破壞和約的藉口。英法兩國爭奪歐洲霸權的行動必然會引發新的衝突，1803 年 5 月，英國向法國宣戰，戰火再一次點燃。與此同時，國內受到英國暗中支持的王黨叛亂分子的密謀活動也日益加劇，針對拿破崙的暗殺事件接二連三地發生。這就為早有稱帝野心的拿破崙及其支持者提供了一個很好的口實，他們想徹底打破波旁王朝復辟的幻想，建立波拿巴特王朝，使第一執政完成其不朽大業。根據拿破崙的授意，元老院在 1804 年 5 月 18 日修改憲法，宣布拿破崙為「法蘭西人的皇帝」，這一決定在隨後的公民投票中以絕對優勢獲得通過。12 月 2 日，在羅馬教皇的主持下，拿破崙的加冕儀式在巴黎聖母院隆重舉行。拿破崙從教皇手中接過皇冠為自己戴上，並自稱「拿破崙一世 (Napoléon I)」。從此，法蘭西第一共和國被法蘭

圖 23：1804 年拿破崙一世的加冕典禮

西第一帝國所取代，輝煌的拿破崙時代由此開始。

三、拿破崙帝國的盛衰

第一帝國是在強敵壓境的形勢下建立的，帝國要想維持生存，首先就必須贏得戰場上的勝利。1805 年 4 月，英國鼓動俄、奧、瑞典、那不勒斯等組成第三次反法聯盟。拿破崙認識到，要想擊潰反法聯盟，擊敗英國無疑是首要的目標。為此，他一度在英吉利海峽沿岸集結二十餘萬軍隊，一千多艘駁船，準備跨海入侵英國。然而，由於法國的主力艦隊被英國海軍封鎖在西班牙的加的斯 (Cárdiz) 港，使得侵英計畫嚴重受阻；更為不幸的是，10 月 21 日，法國和西班牙聯合艦隊在特拉法加 (Trafalgar) 海角遭到英國海軍的毀滅性打擊，這無疑宣告了對英國的登陸作戰計畫徹底破局。不過，在歐洲大陸的幾場戰役中，拿破崙卻取得節節勝利。10 月 20 日，拿破崙率軍在烏爾姆 (Ulm) 要塞大敗奧地利軍隊，迫使奧軍統帥麥克 (Mack) 宣布投降。12 月 2 日，即拿破崙加冕的一週年紀念日，法軍與俄奧聯軍在奧斯特里茨 (Austerlitz) 展開著名的三皇會戰。這次戰役充分展示了拿破崙的軍事天才，法軍取得了輝煌勝利。俄、奧兩國被迫向法國求和，統治奧地利等地的神聖羅馬帝國宣告瓦解，拿破崙在此基礎上建立了伯格大公國和萊茵聯邦，第三次反法聯盟終於瓦解。

1806 年秋，一個以英國出資、以普魯士與奧地利為中心的第四次反法聯盟形成了。對拿破崙在歐洲擴張早已不滿的普魯士，在與俄軍聯合以前就迫不及待地投入戰鬥，結果在耶拿 (Jéna) 會

戰和奧爾斯塔特 (Auerstaedt) 會戰中，普軍被拿破崙親自指揮的軍隊打得落花流水，首都柏林 (Berlin) 也被法國占領。狼狽出逃的普王拒絕議和，寄希望於俄軍的反擊。結果在 1807 年 2 月 8 日的艾勞 (Eylau) 會戰與 6 月 14 日的弗朗德蘭 (Flandrin) 會戰中，俄軍遭到重創，被迫同拿破崙求和。這樣，7 月 7～9 日，拿破崙分別與俄普簽訂了〈提爾西特 (Tilset) 和約〉。這一苛刻的和約，使得普魯士喪失了近一半的人口和領土，另支付法國一億法郎的賠款，失去強國地位的普魯士淪為一個小邦；對俄國的和約相對寬容，除了承認拿破崙在歐洲的權威以外，俄國並未有任何實際上的損失，甚至還獲得了波蘭的一部分領土。至此，第四次反法聯盟徹底瓦解。拿破崙領導下的法國已經成為歐洲大陸命運的主宰，一個龐大的法蘭西大帝國已經形成。

隨著戰場上的勝利和法蘭西疆域的不斷擴大，拿破崙在國人中的聲望日益增加，法蘭西帝國政權由此呈現出君主獨裁的特點。隨著官僚機構的擴大，法國行政權越來越集中，立法機構形同虛設，司法也失去了原來的獨立性，拿破崙的個人集權達到頂峰。與此同時，在大革命中人民爭取而來的各項民主與自由權受到很大限制，新聞出版、言論等自由喪失殆盡；拿破崙在打擊王黨復辟勢力的同時，還積極與舊貴族妥協，並且將在戰爭中功績卓著的軍官冊封為帝國貴族，為此還建立了一整套宮廷官制，波拿巴特家族演變為波拿巴特王朝。

然而，帝國制度與戰爭緊密相連，戰爭的勝負決定著帝國的盛衰。雖然第四次反法聯盟被打敗，但組織者英國卻毫髮未損。

為了對付英國，在渡海作戰條件不成熟的情況下，拿破崙決定在經濟上打擊英國。1806 年 11 月，拿破崙頒布了〈大陸封鎖令〉，禁止歐洲國家與英國的貿易和商業往來，同時沒收大陸英國商人的財產。這一做法在一段時期內確實給英國經濟以沉重打擊，並刺激了法國工商業的發展；然而，它嚴重地損害了諸多歐洲國家的利益，尤其是葡萄牙和西班牙兩國經常縱容英國商品從伊比利 (Ibérica) 半島走私進入歐洲，這引起了拿破崙的不滿。1807 年 11 月，法國出兵占領葡萄牙；翌年 2 月，二十萬法軍一路燒殺劫掠，終於占領了西班牙，強迫西班牙波旁王室將王位讓給拿破崙的長兄約瑟夫 (Joséph)。

　　拿破崙的野蠻行徑激起了西班牙人民的不滿，從當年 5 月起，武裝起義不斷爆發，並多次打敗法國占領軍，拿破崙軍隊不可戰勝的神話被打破，這極大地鼓起了戰敗國的勇氣，尤其是燃起了奧地利復仇的欲望。1809 年 1 月，英國和奧地利組成了第五次反法聯盟。5 月 21～22 日，奧軍主力在埃斯林 (Ethrin) 與法軍展開大會戰，結果法軍敗北，損失二萬餘人。不過，在 7 月 4～6 日的瓦格拉姆 (Wagram) 戰役中，拿破崙以傷亡慘重的代價換得了決戰的勝利，迫使奧地利又一次簽署了割地、賠款的和約，法國疆域進一步擴大，第五次反法聯盟由此被粉碎。此時，法蘭西帝國已經達到強盛的頂點，拿破崙直接或間接地統治了大部分的歐洲，帝國領土從原來的八十八郡擴大到一百三十郡，「法國人」增加到四千三百萬人。拿破崙對於歐洲各國的占領，一方面給當地人民帶來了無窮的災難，另一方面他又積極傳播法國革命原理，

宣傳民主自由原則，摧毀封建勢力，廢除貴族特權，消除各邦割據，推行資產階級性質的改革，這些為當地資本主義的發展奠定了基礎。

　　然而，在帝國強盛的外表下，卻孕育著深刻的危機。長期的戰爭影響到國內經濟的發展，人民的苦難日益加重，動搖了帝國的統治基礎。占領區的建立和擴大，遭到了當地人民的反對，民族解放戰爭在各占領區興起，並日益匯成一股摧毀拿破崙帝國的強大洪流。拿破崙統治後期，開始積極與舊制度妥協，向舊的封建王朝看齊，這種政治上的反動明顯違背大革命的基本原則，促成了帝國危機的加深。然而，加速帝國崩潰的導火線卻是法俄矛盾的激化以及 1812 年拿破崙對俄國戰爭的爆發。

　　法俄矛盾激化首先是由於大陸封鎖政策引起的，雖然俄國一度加入對英國實施封鎖的行列，但是經濟上的損失促使俄國從 1810 年起恢復了與英國的商業與貿易，這種行為使得拿破崙怒不可遏；此外，戰場上的勝利進一步刺激了拿破崙征服歐洲、稱霸世界的野心，為了達到目標，拿破崙決心先打敗俄國，然後全力征服英國，成為世界霸主。正是在這種野心的驅使下，經過精心的籌備以後，1812 年 6 月 24 日，拿破崙做出了一生中最具致命性的舉措。他親自率領六十一萬大軍，越過涅曼河 (Nem)，對俄國不宣而戰。俄軍全線退卻，法軍勢如破竹。8 月 17 日，法俄兩軍在斯摩棱斯克 (Smolensk) 進行決戰，法軍獲勝；9 月 7 日，法軍以巨大的傷亡換來了博羅迪諾 (Borodino) 戰役的勝利；為保存實力，俄軍採用退卻戰術，9 月 14 日，拿破崙占領了俄軍留下的

莫斯科 (Moscow) 空城。拿破崙曾三次向沙皇議和，均遭拒絕。進入 10 月的冬季以後，嚴寒的氣候條件影響到法軍的後勤補給，俄軍則乘勢發起一次次反攻，一無所獲的拿破崙不得不率軍從莫斯科撤退，沿途多次遭到俄軍和哥薩克騎兵的襲擊，傷亡慘重。到 12 月中旬，法軍主力只有三萬人回國，侵俄戰爭以拿破崙慘敗而告終。

　　侵俄戰爭的失敗注定了帝國覆滅的命運，1813 年 3 月，俄、英、普、西、葡、瑞士等國組成了第六次反法聯盟，並集中優勢兵力向法軍發起猛攻。10 月 16～19 日，十六萬法軍與三十二萬聯軍在柏林以南的萊比錫 (Leipzig) 決戰，法軍敗北，法蘭西大帝國開始瓦解；隨後，戰火燃燒到法蘭西本土，各路聯軍直接進軍巴黎。1814 年 3～4 月，巴黎被以沙皇為首的聯軍攻破，無力回天的拿破崙被迫求和。在簽署了退位詔書後，拿破崙又與奧、普、俄簽訂了〈楓丹白露 (Fontainebleau) 條約〉，隨即被流放到地中海上的厄爾巴 (Elba) 島上，昔日的皇帝成為「囚徒」，路易十八（1814～1830 年）繼承的波旁王朝在法國全面復辟。

　　波旁王朝復辟以後，全面復辟舊制度，大批逃亡貴族和僧侶返回法國，資產階級和農民的利益受到侵害。這種倒行逆施，激起了法國人民的滿腔仇恨，一種對拿破崙的懷舊情結四處蔓延。獲悉此情以後，1815 年 3 月，拿破崙率領幾百衛兵偷偷離開厄爾巴島，在法國南部登陸，立即得到民眾的響應和支持，連派去征剿的內伊 (Ney) 元帥也投入到拿破崙的懷抱。3 月 20 日，拿破崙進入巴黎，路易十八倉惶出逃，拿破崙重登王位，開始了對法國

一百天的重新統治 。 拿破崙的復辟以及捲土重來 ， 令在維也納
(Vienna) 舉行會議的歐洲各國君主大驚失色， 他們暫時擱置了在
分贓問題上的紛爭，迅速組織起第七次反法聯盟。6 月 18 日，近
百萬盟軍在比利時的滑鐵盧 (Waterloo) 與拿破崙組織起的五十萬
軍隊展開激戰。儘管法國士兵英勇異常，但由於寡不敵眾，拿破
崙終於再一次嘗到了失敗的滋味。6 月 22 日，在簽訂了退位詔書
後，拿破崙被放逐到大西洋上的聖赫勒拿 (Saint-Hélène) 島上，法
蘭西第一帝國最終覆滅。在歐洲各國的刺刀護衛下，路易十八及
其波旁王朝又一次復辟了。

重演的歷史：復辟、共和與帝國

第一節　波旁復辟王朝

一、捲土重來的波旁王朝

　　1814 年拿破崙帝國傾覆之際，路易十八在歐洲各國軍隊的扶持下回到了巴黎，波旁王朝開始了第一次復辟。作為復辟君主，路易十八認識到，要想全面恢復 1789 年大革命前的舊制度已根本不可能，最為現實的政策是使貴族的利益與大資產階級的利益取得妥協，向資產階級君主制轉變。

　　6 月 4 日，路易十八正式簽署了《1814 年憲章》，這標誌著舊制度與產生於 1789 年革命的新社會實施了妥協。一方面，憲章基本上維持產生於 1789 年革命的社會，接受《拿破崙法典》，承認自由、平等和私有財產神聖不可侵犯的原則，確認了大革命造成的財產變動；但另一方面，憲章在諸多方面又表現出對大革命的

反動和倒退：雖然路易十八接受了君主立憲制，但是憲章規定國王具有至高無上的權力，可以參與立法、解散議會，任命國家機關和陸海軍的高級官員，甚至可以否決議會通過的議案。此外，選舉權的財產資格限制和年齡限制相應提高。總體而言，憲章所建立的是一種相對保守的政治制度，不過，大革命和帝國帶來的一些新變化畢竟維持下來了。為此，在復辟王朝時期，憲章成為資產階級自由派反對極端保王派的有力工具。

復辟之初，路易十八的倒行逆施引起了人們的恐懼和憤怒，終於導致了第一次復辟的終結以及拿破崙的重新執政。經歷了滑鐵盧戰敗以後，拿破崙帝國徹底傾覆，流亡的路易十八迫不及待地在坎布雷 (Cambrai) 發表聲明，允諾尊重憲章的原則，寬恕「走入迷途的法國人」。1815 年，在反法聯軍的護送下，路易十八回到巴黎，再一次登上國王的寶座，波旁王朝開始了第二次復辟。

二、保王派與自由派的政治鬥爭

以路易十八為首的反動勢力，在復辟以後對大革命和帝國同情者瘋狂地反攻倒算，白色恐怖的陰影一直籠罩著法蘭西。在民間，復辟使得保王派死灰復燃並逐漸得勢，狂熱的保王派分子對共和派和拿破崙軍隊的官兵大開殺戒，洗劫財物；天主教組織對於各地的革命者和新教徒進行瘋狂迫害。從官方來看，波旁王朝利用國家政權有計畫有步驟地推行反動政策：設立軍事法庭和特別法庭，審訊大批革命者以及反對專制王權的「政治犯」；議會通過一系列法律，懲治那些對波旁王朝不滿的人；從中央到地方的

行政機構都進行了大改組，三十八個省長、一百十五個副省長被免職，數以萬計的官吏被撤換，不少人被處死、判刑或流放。

　　正是在這種反動恐怖統治下的 8 月，法國舉行了議會選舉，結果當選的四百零二名議員中，三百五十名為貴族、上層教士等極端保王派。路易十八欣喜若狂地叫道：「如此議會，舉世無雙」，因此這屆議會又有「無雙議會」之稱。10 月 17 日議會開幕以後，組建了以黎世留公爵❶為首相的政府。此後，極端保王派控制的議會立即要求控制一切職位，並為他們在軍隊中設立六百個將軍職位，公開的宗教巡遊儀式以及各教團也先後恢復。黎世留雖然也敵視革命，反對拿破崙，但是在統治策略上表現溫和，不主張全面恢復舊制度，因此議會與政府之間在諸多重大問題上發生了衝突。在難以協調的情況下，1816 年 9 月 5 日，路易十八解散了「無雙議會」，這昭示著極端保王派的失敗。

　　由於以黎世留公爵為首的政府對各地郡首施加了壓力，10 月份新的議會選舉產生了截然不同的結果。在當選的二百三十八名議員中，極端保王派只獲得了九十二席，其餘的一百四十六個席位為支持政府的資產階級自由派所獲得。這樣，在新議會的支持下，1816～1820 年間，法國開始了君主立憲制的自由主義嘗試。其間，議會通過《新選舉法》，規定今後議會選舉在各省省會進行，而不是像極端保王派所要求的那樣在各區首府進行，此舉無疑使城市資產階級在選舉時處於優越地位 。 1818 年議會通過的

---

❶　路易十六時期任首相的紅衣主教黎世留的後裔。

《古維翁－聖克里 (Couvion Saint-Cry) 法》，規定未當過兩年下級軍官或未經過軍事學校考試畢業者不能當軍官，資產階級子弟在中籤後可以代人服役，這使得貴族恢復軍隊指揮權的幻想破滅。在宗教方面，拿破崙時期的〈教務協議〉被延長了，教皇對法國教會的影響得到限制；此外，一個自由主義的《出版法》也被內閣通過。與此同時，資產階級自由派進行的議會鬥爭十分活躍，1817～1819 年間，其所獲席位逐年增加。1819 年，德卡茲 (Decazes) 執掌了首相權柄，並組織了一個非常寬容的資產階級自由派政府。

　　然而，君主立憲制的自由主義嘗試好景不常，1820 年 2 月 13 日晚，馬鞍匠盧維爾 (Louvel) 在巴黎歌劇院將有可能繼承王位的阿圖瓦 (Atois) 伯爵次子貝里 (Berry) 公爵刺死。這一企圖使波旁王朝斷嗣的舉動，引起了極端保王派的恐慌和反擊行動。他們指責德卡茲負有責任，迫使其辭職，黎世留公爵再度執政。議會隨後在保王派的操縱下，通過了一系列反動法令：規定任何被控犯有危害國家安全罪的嫌疑犯，不必送交法庭審判，就可以拘留三個月；加強書報檢查制度；通過《雙重投票法》，規定最富裕的選舉人有權兩次投票選舉議員。在當年及次年的選舉中，依據新的選舉法，極端保王派取得節節勝利，態度溫和的黎世留公爵在保王派的譴責聲中辭職，繼任首相是圖盧茲伯爵維萊爾 (Villèle)。維萊爾內閣致力於在議會中確保極端保王派的多數席位，1824 年選出的議會中，自由派人士寥寥無幾，隨後保王派控制的議會通過法律，將立法議會的任期延長至七年；同時授權內閣放手鎮壓

革命勢力；加強對各級學校的監控，白色恐怖氣氛瀰漫在法國的上空。

1824 年 9 月 16 日，路易十八駕崩，其弟阿圖瓦伯爵繼承王位成為查理十世（Charles X，1824～1830 年）。這位極端君主派的領銜人物，極端仇視君主立憲制。他曾宣稱：「寧可鋸樹也不能按英王那種方式進行統治。」繼位之初，查理十世在蘭斯大教堂舉行了十分隆重的加冕典禮，同時不遺餘力地恢復舊制度：頒布《褻瀆聖物法》，規定對褻瀆聖體者處以死刑，盜竊宗教物品者處以終身苦役；頒布一項法令，補償流亡貴族十億法郎，使得流亡貴族得到其原收入約二十倍的補償；企圖恢復「長子繼承權」；提出《正義和仁愛法》，意欲對所有出版物課以重稅。極端保王派的反動進一步侵蝕了其群眾根基，反而造就了有利於資產階級自由派的政治形勢，從而壯大了自由派在議會中的力量。在 1827 年 11 月的選舉中，自由派以二百五十對二百個席位的優勢戰勝了保王派，查理十世被迫免去維萊爾的首相職務，勉強召集自由派領袖馬蒂尼亞克（Martignac）組閣。馬蒂尼亞克採取的自由主義措施引起了國王和保王派的不滿，在查理十世的暗中策劃下，1829 年 8 月，馬蒂尼亞克內閣倒臺，國王的親信、原來的流亡貴族波利尼亞克（Polignac）奉命上臺組閣，但自由派控制議會的局面仍然成功維持著。這樣，保王派內閣與自由派議會之間的衝突不斷加劇，由此加速了波旁王朝的崩潰。

三、「光榮的三日」

　　在波旁王朝政治危機不斷加劇的同時，經濟危機也接踵而至。自從 1825 年英、法兩國同時爆發第一次資本主義經濟危機後，法國的工商業、金融業和農業遭到沉重的打擊。人民生活水準急劇下降，社會上的不滿情緒持續增加，極端保王派政府成為眾矢之的。由於保王派內閣的倒行逆施，議會與民眾對波利尼亞克的抨擊持續不斷。1830 年 3 月 18 日，議會向國王遞交了一份二百二十一名議員簽名的〈致詞〉，公開要求政府必須與議會大多數意願保持一致。這一歷史文獻明確地表明了人們要求推翻一個不得人心的政府的意願，提出了建立代議制政府以取代查理十世及其追隨者力求復辟等舊制度的要求。然而，不聽勸告的查理十世竟然解散了議會，但在隨後的 6～7 月的新議會選舉中，內閣擁護者徹底失敗，自由派議席從原來的二百二十一席增加到二百七十四席。這一結果令查理十世目瞪口呆，他決定不顧一切地與資產階級自由派對抗下去。7 月 25 日，國王簽署了四項敕令，史稱「七月敕令」。其內容是：查封報刊；解散議會；改變《選舉法》，規定只有地主才有選舉權，商人繳納的財產稅不算選舉的財產資格；確定下次選舉在 9 月份舉行。從內容來看，「七月敕令」的目的在於逐步拋棄君主立憲制，最終推行君主專制。但是，其效果卻適得其反，敕令的頒布引起了資產階級、工人、學生和群眾的強烈不滿，人民的怒火在燃燒，一場革命由此而爆發。

　　為了反對敕令，7 月 26 日，巴黎的一些學生和群眾舉行了聲

勢浩大的遊行示威，並且高喊「打倒波旁王朝！」、「自由萬歲！」
等反政府口號。27 日，示威群眾和前來鎮壓的國王軍隊之間發生
了直接的衝突，巴黎由此而爆發了武裝起義。這場推翻波旁王朝
的起義持續了三天，法國歷史學家稱其為「光榮的三日」。約有八
萬多人參加這次起義，他們搶占了巴黎的各街區，並且在巴黎聖
母院的鐘樓上升起了象徵革命的三色旗。國王派來鎮壓的軍隊中，
許多人紛紛倒戈，加入到起義軍的行列。當起義軍攻占羅浮宮
(Louvre) 與杜伊勒宮時，查理十世倉惶出逃到巴黎郊外的聖克魯
宮。波旁王朝在七月起義的風潮中被推翻了。

圖 24：法國畫家德拉克洛瓦的畫作「自由引導人民」
描繪 1830 年「七月革命」的情形。

起義勝利以後，大資產階級（指資產階級中最富有的人，包括企業家、大地主等等。）很快竊取了起義的勝利果實。當諸多激進的起義者正在為建立共和國而奮鬥時，大資產階級卻在忙於尋找新的王位繼承人。8 月初，波旁王朝的後裔、在大革命中曾經舉過三色旗的奧爾良公爵路易‧菲利普 (Louis Philippe) 被擁立為國王，查理十世被迫流亡英國。當新的國王在議會中舉行了加冕儀式以後，一個新的王朝——七月王朝由此誕生了，統治法國長達二百四十多年的波旁王朝，至此畫上了句號。

第二節　風雨飄搖的七月王朝

一、不甘虛職的「平民國王」

在巴黎七月起義中登上王位的路易‧菲利普，其外表穿著非常資產階級化：穿禮服，戴禮帽，喜歡手持雨傘上街溜達，並不時與途中相遇的平民握手，因而贏得了「平民國王」的美稱。然而，雖然是依靠大資產階級扶植上臺的，但這位外表平民化的國王，在骨子裡決不甘心成為英國式的那種「統而不治」的虛君。他非常欣賞基佐 (Guizot) 說過的「王位不是一把空椅子」的名言，並時時刻刻都在考慮加強個人權力。

儘管七月王朝與波旁王朝同屬君主立憲政體，但與後者相比，七月王朝時期，法國的政治體制呈現出二元制的特徵，即存在著國王和議會兩個權力中心。路易‧菲利普的權限與前朝君主不可

同日而語，兩種稱謂的改變就是明證：君主的稱呼已經由「法國的國王」變成了「法國人的國王」，原先的「臣民」也被「公民」所取代。根據新憲章，國王要宣誓運用法律來實行統治，雖然國王有任命內閣成員的權力，但仍然不敢明目張膽地對抗議會。

　　新王朝建立以後，舊制度的殘餘被逐步清除：三色旗被確定為法國國旗；報刊預先審查制度被取消；天主教又從「國教」改為「大多數法國人的宗教」，宗教平等原則得以推行。這表明，波旁復辟王朝時期推行的反動政策已被匡正，與此同時，資產階級在國家政權中的作用越來越大。貴族院成員的世襲制被廢除，那些不願意效忠新制度的貴族院成員遭到驅逐，大資產階級通過國王任命可以進入貴族院；眾議院的變化反映在選舉資格上，選舉權的財產資格限制大大降低，選民的範圍擴大了，有利於中小資產階級參與政權。

　　從總體來看，七月王朝時期，完全的議會制並未實行。由貴族院與眾議院組成的議會，成為權力的一極，國王組成了權力的另一極，二者之間互相制約。不過，由於資產階級各政治派別之間的矛盾衝突較為激烈，這就為路易‧菲利普偶爾利用時機、擴大權力提供了有利的條件。

二、從「運動派」到「抵抗派」

　　把持七月王朝歷屆政府的資產階級君主立憲派，並非鐵板一塊，而是分成兩股政治力量。其一是「運動派」（即改革派），代表人物是拉菲特 (Laffitte) 和巴羅 (Barrot)，他們把 1830 年革命看

做民主化運動的起點，對內主張擴大選舉權，對外主張廢除 1815 年條約，積極支持歐洲革命運動；其二是「抵抗派」（即反改革派），代表人物為佩里埃 (Perier)、基佐、布洛伊 (Broglie) 公爵等，認為《1830 年憲章》是一個終點，堅決維護建立在該憲章基礎上的「秩序」，鎮壓來自左右兩派的反抗力量。

在 1830 年 11 月建立的新王朝首屆內閣中，「運動派」占據上風，拉菲特出任首相。拉菲特推行了一系列改革，如擴大選舉權，通過《市政選舉法》，規定市議會由富裕市民選舉產生，國民自衛軍士兵有權選舉軍官等。然而，由於國內經濟形勢的持續惡化，社會局勢動盪不安，1831 年 3 月 12 日，一籌莫展的拉菲特被迫辭職，七月王朝政權從此落入「抵抗派」手中。

繼任首相佩里埃曾任法蘭西銀行總裁，組閣後迅速推行左右開弓、全面鎮壓的鐵腕政策。在維護「秩序」的幌子下，他一方面削減舊貴族勢力的影響，另一方面又大肆鎮壓革命勢力：整頓行政機關，解散部分國民自衛軍，封閉部分報刊；其中最引人注目的是血腥鎮壓 1831 年里昂絲織工人武裝起義。1832 年 5 月，佩里埃死於當時在法國流行的一場瘟疫。從佩里埃暴卒到 1836 年初，內閣更換頻繁，首相如同走馬燈一般變換，不過，真正把握政局的依然是「抵抗派」中的三大顯赫人物：布洛伊公爵、梯也爾 (Thiers) 和基佐，被稱為「三駕馬車」。在此期間，1834 年里昂絲織工人的第二次武裝起義遭到鎮壓，全民義務教育得以實現。

七月王朝建立後，立即受到來自正統派和共和派的左右夾擊。正統派是指那些希望復辟波旁王朝的舊貴族，以貝里埃 (Berryer)

和夏多布里昂 (Chateaubriand) 為代表，在鄉村和外省城市中頗有影響力。1832 年 4 月和 11 月，正統派曾密謀在法國南部發動推翻七月王朝的武裝起義，結果遭到嚴酷鎮壓，舊勢力對新王朝的威脅由此消除了。然而，對於政府構成真正威脅的，無疑是代表中小資產階級利益的共和派，以卡爾雅克 (Cavaignac)、馬拉斯特 (Marrast)、拉斯帕伊 (Raspail) 為代表。他們斥責現政府正日趨保守，主張實現普選，建立共和。1832 年 5 月，共和派在巴黎領導了一場數萬人參加的武裝起義，結果被鎮壓下去。隨後，共和派又組建了秘密組織「人權與公民權協會」，簡稱「人權社」，傳播共和思想。1834 年，共和派積極組織與參加了里昂絲織工人的第二次武裝起義，結果失敗。1835 年 7 月 28 日，冒險分子菲厄斯希 (Fieschi) 企圖刺殺國王路易・菲利普，結果失敗。首相梯也爾藉機加強了對共和派的鎮壓，議會通過臭名昭著的〈九月法令〉，嚴厲懲處冒犯國王、反對政府的行為，禁止傳播共和思想，並查封了三十多種報刊。在政府的高壓政策下，共和運動轉入低潮。

三、基佐政府的內外政策

從 1830 年代中期開始，內心一直想既統又治的路易・菲利普越來越公開地干預和操縱內閣。他利用「抵抗派」內部的矛盾和衝突，來排斥與他意見相左的大臣。1836 年 2 月～1840 年 10 月，梯也爾、莫萊 (Molé)、巴羅和蘇爾特 (Soult) 成為法國政壇上的活躍人物。在此期間，梯也爾與莫萊曾交替組閣，利用手中的權勢排斥異己。1840 年 10 月，梯也爾領導的第二屆內閣垮臺，

經常宣稱君主要既統又治的基佐成為國王最為倚重的「左右手」。在 10 月 27 日組成的新內閣中，擔任首相的雖為年邁的蘇爾特元帥，但掌握內閣實權的卻是身為外交大臣的基佐；到 1847 年 9 月蘇爾特因老朽不堪而辭去首相職務以後，基佐終於名副其實地登上首相寶座。但不到半年後，二月革命的爆發徹底終結了基佐時代。

　　基佐把持政權長達八年，在此期間，從內政方面看，為維護大資產階級的政治優勢，基佐極力歌頌七月王朝的政治制度，大言不慚地宣稱法國人正「生活在前所未有的最自由的社會環境中」，為此多次斷然拒絕關於選舉制和議會制的改革建議。在社會政策方面，基佐政府推行有利於大資產階級，尤其是金融資產階級的政策，忽視中小資產階級和工人、農民的利益，從而激化了原有的社會矛盾。在對外政策上，此時的法國正面臨著阿爾及利亞 (Algérie) 的殖民地問題和與英國的關係問題。基佐以強硬方式，通過戰爭手段，武力征服了整個阿爾及利亞；而在處理與英國的關係，特別是英法兩國發生外交爭執和殖民地糾紛時，基佐總是屈膝求和，但英法兩國建立協約關係的願望還是落空了。

　　到 1840 年代中後期，基佐政府的內外政策日益保守和反動。在基佐看來，「秩序」是高於一切的目標，其施政綱領就是一味地維護現存「秩序」，反對任何社會變革，社會日趨停滯。這樣，人們覺得越來越難以忍受基佐政府的統治，尤其是共和派通過各種方式對政府頻頻發難，反對政府的各項抗議運動席捲全國，其中尤以「宴會運動」最受矚目。反對七月王朝的各派社會力量，以舉行宴會為活動方式，抨擊朝政，要求擴大選舉權，改變金融資

產階級控制政權的局面。雖然參加者多為普通群眾，但也包括不少社會名流和議員。這一帶有明顯政治色彩的運動，預示著七月王朝已經陷入嚴重的政治危機。

四、工業革命的推進與經濟危機的爆發

與英國相比，法國的工業革命表現出遲緩和漸進的特徵。當十九世紀初英國正在向「世界工廠」地位邁進時，法國正處於第一帝國時代，工業革命才剛剛起步；七月王朝時期是法國工業革命的蓬勃發展階段；到了第二帝國時期，法國工業革命才趨於完成。

在七月王朝時期，工業革命的發展最顯著地體現在工業產量的逐年遞增上：1840 年代煤炭、鋼鐵、棉紡織品等產品的產量遠遠超過十九世紀初的水準。在工業革命中湧現的各項發明專利，1834 年僅為五百七十六項，到 1847 年增加到二千一百五十項。與機械化相連的是蒸汽機使用數量的上升：1815 年，全國只有二百臺蒸汽機，1839 年猛增到二千五百四十臺，1847 年則達到四千八百五十三臺。應用蒸汽機的部門，也從採煤、紡紗推廣到煉糖、紡織絲綢和紡毛。工業的發展帶動交通運輸的進步。在公路與運河路線大為改進以後，1823 年，法國的第一條鐵路建成，到 1848 年，全國鋪設鐵路一千三百二十公里。

在工業革命推進的同時，法國的農業仍在持續發展。據統計，在復辟王朝時期，農業總產量增長 29.8%；在七月王朝時期增長 37%。農業在國民經濟中一直占據重要地位，直到 1880 年，法國

的工業產值才超過農業產值；從就業人口來看，1845～1850年間，農業勞動人口是工業與手工業勞動人口的兩倍之多。

隨著工業革命的緩慢發展，法國社會結構發生了深遠變化：舊的貴族階級日益沒落，大資產階級，尤其是金融資產階級興旺發達，中小資產階級則發生分化，工人階級隊伍日益壯大，但處境卻每況愈下，由此而造成社會矛盾更加尖銳。1840年代中後期，一場經濟危機的爆發加速了七月王朝的瓦解。1845～1846年間，法國糧食歉收，糧價上漲，市場購買力降低；1847～1848年間，工商業危機全面爆發，中小資產階級紛紛破產，工人階級的生活境遇持續惡化，各地的遊行示威、罷工和暴動不時爆發，七月王朝已處於風雨飄搖之中。然而，統治階級仍然沒有意識到末日即將來臨，他們拒絕了共和派與民眾的改革要求。這樣一來，經濟危機與政治危機一起，將一切不滿社會、反對政府的力量匯集起來。當人們的憤怒不斷淤積、而政治民主的正常渠道被完全封堵起來時，一場推翻舊制度的革命的爆發就難以避免了。

第三節　曇花一現的第二共和國

一、二月革命中誕生的共和國

從1847年開始，農民暴動、工人罷工運動此起彼伏，嚴重地動搖著七月王朝的統治基礎；然而，真正成為革命導火線的，卻是在全國各地流行的「宴會運動」。隨著越來越多的工商業資產階

級的加入，「宴會運動」的聲勢日大。基佐政府見勢不妙，決定對此採取禁止和鎮壓手段，資產階級自由派和人民群眾為此憤恨萬分，決心投入武裝鬥爭。

1848 年 2 月 22 日清晨，就在路易‧菲利普斷言「人們不會在冬天鬧革命」之後，數千名巴黎的工人、學生、手工業者冒著大雨，走上街頭，舉行遊行示威。示威者占據了協和廣場和馬德蘭廣場，並高喊「改革萬歲！」、「打倒基佐！」等口號。他們衝向波旁王宮，並與保安警察和政府軍發生了衝突，起義由此而爆發。次日，起義者再次湧上街頭，提出「基佐辭職」、「改革議會」等要求，並築起街壘，準備同政府軍進行巷戰。基佐一面調集政府軍鎮壓，一面要求國民自衛軍予以配合。然而，大部分國民自衛軍拒絕執行命令，其中一部分還加入起義者的行列。巷戰的加劇以及國民自衛軍的倒戈，令國王驚恐不安，於是不得不採取捨卒保車的辦法，解散了基佐內閣，任命在自由派中頗有聲望的莫萊組閣。

這一消息傳出後，資產階級自由派歡欣鼓舞，四處勸阻人民群眾停止戰鬥。然而，手持武器的起義軍不願偃旗息鼓，拒絕接受莫萊內閣，而是繼續同政府軍作戰。24 日，國王又解散了莫萊內閣，召喚梯也爾和巴羅聯合組閣，這一做法仍未平息起義者心中的怒火，革命仍在向前發展。當日上午，起義軍逼近杜伊勒宮，國王路易‧菲利普倉惶出逃，後輾轉到達英國。起義軍隨後占領了杜伊勒宮和波旁王宮，宣布解散議會，並高喊「共和萬歲！」的口號。這樣，在人民的革命風暴中，風雨飄搖的七月王朝土崩

圖 25：1848 年「二月革命」的情形

瓦解。

　　當二月革命取得勝利之際，以拉馬丁 (Lamartine)、賴德律‧羅蘭 (Ledru Rollin) 等為首的一批資產階級共和派頭面人物手舉三色旗，來到巴黎市政廳，宣布組建臨時政府。十一名政府成員大多為資產階級代表，只有小資產階級社會主義者路易‧勃朗 (Louis Blanc) 和機械工人阿爾伯 (Albert) 作為工人代表進入政府。很顯然，工人群眾通過浴血奮戰而來的二月革命的勝利果實，此時已落入到資產階級手中。

　　然而，革命勝利以後，法國是繼續推行君主立憲制，還是推行共和制？這一問題在臨時政府內部引起了爭論。為防止重蹈1830 年七月革命的覆轍，起義群眾耐不住了。25 日，老資格的革命家拉斯帕伊率領工人代表團來到市政廳，威脅說如不立即成立共和國，他將帶領二十萬人前來「質問」。鑑於工人群眾手中仍有

強大的武裝，當天下午，臨時政府終於宣布成立共和國，「自由、平等、博愛」的標語出現在巴黎的各處牆壁上。共和國的成立，使全國人民沉浸在勝利的喜悅之中，人們廣種「自由樹」，為來之不易的共和國而祈禱。然而，很少有人能預料到，新生的共和國猶如曇花一現，它實際上只是成為路易‧波拿巴特 (Louis Bonaparte) 專權並稱帝的一塊奠基石而已。

二、從聯合到分裂

　　七月王朝的推翻，有賴於資產階級共和派與廣大工農群眾結成聯盟，並肩戰鬥。因此，集立法權與行政權於一身的臨時政府成立以後，不敢忽視廣大工農群眾的利益。從 2 月 24 日至 5 月 10 日，在臨時政府存在的短短七十六天中，由溫和的共和派代表拉馬丁掌權的政府，推行了一系列有利於工人大眾的政策：建立新的國家體制，改善工人待遇，解決緊迫的社會問題。

　　成立之初，臨時政府推行的政策包括：廢除舊王權，取消貴族頭銜；明確建立共和國，確定三色旗為國旗；解散舊議會，召開新的制憲議會，並將其作為全國最高立法機構；廢除政治犯的死刑；廢除殖民地的奴隸制與奴隸貿易；完全恢復新聞自由和集會自由；規定所有公民都可以參加國民自衛軍；廢除選民的財產資格限制，實行普選權，使得選民人數一下子從二十三萬猛增到九百三十萬。

　　除了上述措施之外，臨時政府還專門實施了改善工人待遇、提高工人社會政治地位的一些措施：力量巨大的工人群眾有了自

己正式的稱謂──「工人階級」；承認並積極維護工人的勞動權，縮短工人的勞動日，開辦「國家工廠」，大量接納失業工人；應廣大工人群眾的要求，成立解決勞資糾紛的仲裁機構──「政府勞動委員會」。不過，需要指出的是，臨時政府採取的這些政策，是在工人階級的強大壓力下不得已而為之；當時機成熟、自己的陣腳日益穩固以後，當權的資產階級就會撕去溫和的面具，對工人階級實施陰險毒辣的進攻政策，從而與工人階級徹底決裂。

　　為儘早實現其統治地位的合法化，資產階級控制的臨時政府剛一成立，就決定在 4 月 9 日舉行制憲議會的選舉，而廣大工人階級主張將選舉日期推遲至 5 月 31 日。在雙方爭執不下之際，工人階級反對臨時政府的鬥爭開始了。3 月 17 日，工人階級政治力量中的布朗基 (Blanqui) 派在巴黎領導了十五萬人的遊行示威，迫使臨時政府同意將選舉日期延期兩週。4 月 16 日，十多萬工人再次走上街頭示威，要求討論國民自衛軍總部的改選問題。在面臨軍隊鎮壓的情況下，示威者被迫解散。3 月 17 日與 4 月 16 日事件，使得隱藏已久的工人階級與資產階級之間的矛盾凸現出來，並且日益激化；當資產階級通過選舉建立自己的獨斷統治而大舉排擠與迫害工人階級以後，工人階級所能做的只能是訴諸又一場革命了。

　　4 月 23～26 日，制憲議會的選舉拉開帷幕，結果資產階級共和派中的溫和派獲得壓倒性的勝利，在八百八十個總席位中占據五百五十席，小資產階級民主派獲得一百席，工人代表僅獲得十八席。新制憲議會隆重開幕後，宣布成立共和國，這就是法蘭西

第二共和國。這雖然看似有點多此一舉，可實際上議會試圖藉此表明，共和國不是在街壘巷戰中，而是在議會選舉中所產生的，從而為自己排斥工人階級、建立獨斷統治披上「合法」的外衣。5月10日，完成歷史使命的臨時政府宣告解散，取而代之的是通過選舉產生的新政府——「執行委員會」，溫和的共和派把持了政府，工人代表無一人入閣。

　　新政府的成立，加速了資產階級與人民大眾決裂的進程。5月15日，在制憲議會就是否支持波蘭的民族解放運動而展開討論時，十五萬巴黎工人群眾湧上街頭遊行示威，要求政府立即支持起義的波蘭人民。隨後，示威群眾還衝進議會會場和市政廳，並宣布成立由小資產階級和工人代表組成的臨時革命政府。此時，磨刀霍霍的資產階級開始行動了，政府迅速調集軍隊前往鎮壓，大多數示威領導人被捕入獄。

　　5月15日事件，標誌著工人階級與資產階級共和派的徹底決裂。此後，資產階級向工人階級步步緊逼：解散國家工廠；將工廠內十八到二十五歲的單身工人轉入軍隊服役，其餘工人組織去外省從事土木工程勞動。這一決定將十餘萬國家工廠的工人逼入絕境，成為巴黎六月起義的導火線。

　　6月22日，被逼無奈的工人開始奮起反抗，數千名工人走上巴黎街頭遊行示威，反對解散國家工廠，要求解散國民議會。在城區東部，工人們還築起了六百多座街壘，準備同政府展開戰鬥。23～26日，法國工業社會中兩大對抗階級開始了第一場決戰。激烈的戰鬥從23日凌晨打響，參加戰鬥的工人群眾達四、五萬之

多。在為期四天的戰鬥中，起義的工人群眾一度占據絕對優勢，先後攻克了巴黎第八區和第九區，市政廳危在旦夕。從 25 日起，增援的政府軍紛紛到達巴黎，並向工人據守地區發動了反攻。以卡芬雅克為首的劊子手，不惜調集重兵，動用大炮對工人階級的街壘和陣地猛轟。在這種血腥鎮壓下，巴黎六月起義以失敗而告終。隨後，卡芬雅克繼續採取鎮壓措施，槍殺工人一萬一千之多，逮捕、流放、判刑者多達三萬以上。

六月起義之後，卡芬雅克被議會批准為「法蘭西共和國政府的首腦」，先後籌組了兩屆資產階級共和派內閣，不顧一切地推行多項反動政策。值得注意的是，雖然卡芬雅克領導的內閣依然屬於共和派，但是在其第二屆內閣中，出現了兩名君主派人士，這預示著共和派政府的大門已經向君主派勢力敞開，開始為路易‧波拿巴特的崛起並重建帝國鋪平了道路。

三、通往帝國之路

六月起義後，為了從法律上鞏固自己的統治，資產階級共和派加快了制憲的進程。經過幾個月的緊張修改和討論，1848 年 11 月 4 日，《第二共和國憲法》被議會通過並正式頒布。憲法規定法國為議會制共和國，議會實行一院制，享有無上權力，有立法、媾和、批准條約等權力；總統不得解散議會，也不得廢除議會通過的決議；總統也獲得了相當於國王的權力，作為國家元首和政府首腦，總統享有任免部長、官吏和法官以及支配軍隊、領導外交的權力，總統權力不受議會約束；總統由普選產生，四年

改選一次，不得連選連任；憲法重申了成年男子的普選權，並保障人民的各項民主和自由權利。從憲法的內容可以看出，法國從此出現了兩個互不隸屬的權力中心——總統和議會，二者之間隱藏著不可克服的矛盾，這就孕育著對共和國的嚴重危機。

憲法通過以後，12 月 10 日的總統選舉令人矚目，結果出人意料：拿破崙一世的侄子路易‧波拿巴特竟然以 75% 的壓倒性優勢，戰勝了志在必得的現任政府首腦卡芬雅克，登上總統的寶座。波拿巴特之所以能在眾多候選人中一舉勝出，雖然出乎預料，但確實也有著主客觀的多方面原因：工人群眾因為六月起義而對共和派不滿，寧願支持波拿巴特，也不願投票給「六月的屠夫」卡芬雅克；共和政府的稅收政策嚴重損害了小資產階級和小農的利益，引起他們的反感；由正統派和奧爾良派組成的君主派，天生對共和國不滿，希望借助波拿巴特的上臺，擴大君主派的政治影響力。可見，各個社會階層出於不同的目的，而把波拿巴特扶上了總統的寶座。當然，波拿巴特的當選，也與他本人採取欺騙、誘惑、收買、恐嚇等種種手段有關。波拿巴特的上臺，是資產階級保守派取代共和派而馳騁法國政壇的開始。

波拿巴特上臺後，法國政壇上出現三足鼎立局面：以卡芬雅克為首的溫和共和派、波拿巴特派與秩序黨。秩序黨實際上是正統王朝派和奧爾良王朝派的統稱，因將「秩序」作為政治主張的核心而得名，代表人物有梯也爾、莫萊、貝里埃等。波拿巴特認識到，要想鞏固自己的權威，建立獨裁統治，必須對另外兩派採取各個擊破的手段。於是，他迅速任命了一個由奧爾良派首領巴

羅組建的內閣，共和派雖然控制議會多數，但無一人進入內閣，這標誌著政府領導權轉移到了秩序黨手中。隨後，秩序黨的尚加爾涅 (Changarnier) 被任命為國民自衛軍最高指揮兼巴黎衛戍區司令，軍權也落入秩序黨手中。現在，該是波拿巴特派與秩序黨通過舉行議會大選而向共和派全面奪權的時候了。 1849 年 5 月 13 日，立法議會的選舉拉開帷幕，秩序黨大獲全勝，在總共七百五十個席位中，秩序黨獲得四百五十席，由小資產階級民主派和社會主義派組成的「新山岳黨」獲得一百八十席，共和派僅獲得八十席。秩序黨由此主宰了整個議會，資產階級共和派共和國自此完全轉變為資產階級保守派共和國。

新立法議會開幕以後，秩序黨在波拿巴特派的支持下，開始了對小資產階級民主共和派，特別是新山岳黨的排擠。這兩派之間最大的分歧體現在外交政策上。 當時在義大利 ，馬志尼 (Mazzini) 等人策動成立羅馬共和國，剝奪教皇的世俗權力，教皇因此向法國求援。新山岳黨堅決反對出兵義大利，而秩序黨與波拿巴特派則不顧憲法的規定，出兵干涉義大利內政。新山岳黨人為此對波拿巴特政府提出彈劾案，在被否決以後退出了議會。 6 月 13 日，他們舉行遊行示威，抗議總統和議會中秩序黨的專權行為，結果遭到秩序黨政府的嚴酷鎮壓。此後，小資產階級民主共和派退出了法國政治舞臺，秩序黨在議會中確立了獨裁權力，波拿巴特的威信也得到提高。現在，法國的政治舞臺上只剩下秩序黨與波拿巴特派了。前者控制的議會與後者控制的政府之間，因為權力的爭奪而展開了長期的拉鋸戰。

　　總統與議會的初次交鋒在內閣更換上表現出來。10 月 31 日，羽翼豐滿的波拿巴特宣布解散秩序黨人巴羅組建的內閣，而任命一個以多特普爾 (d'Hautpoul) 為首的波拿巴特派內閣。控制議會多數的秩序黨雖然表示不滿，但由於依據憲法，總統有任命內閣的大權，因而也無可奈何。不過，1850 年 6 月，議會中的秩序黨人給了波拿巴特一個有力的「回敬」。立法議會拒絕了波拿巴特要求獲得三百萬法郎年俸的要求，只同意一次性撥款二百十六萬法郎作為總統開支。8 月，立法議會休會期間的常務委員會將波拿巴特派完全排斥在外。

　　在與議會的鬥爭中，波拿巴特試圖贏得軍隊的支持。10 月 10 日，波拿巴特在薩托里 (Satory) 閱兵時，許多騎兵高呼「拿破崙萬歲！」、「皇帝萬歲！」然而，根據尚加爾涅的命令，納馬耶 (Neumayer) 將軍的軍隊在檢閱時卻保持沉默。三個月後，懷恨在心的波拿巴特無視議會，撤銷了尚加爾涅對於軍隊的指揮權。不少對此抱持異議的內閣部長宣布辭職，而波拿巴特派乘勢從議會秩序黨手中奪取了行政權和軍權。眼見大勢已去，秩序黨內發生了分裂，有二百二十七名秩序黨議員加入到波拿巴特派行列，秩序黨由此失去了議會中的多數優勢。見此情形，波拿巴特迫不及待地向議會發起了新的攻勢。1851 年 1 月 24 日，波拿巴特藉口議會中不存在一個多數黨，遂組織起一個不屬於議會任何黨派的「超議會內閣」。通過 4 月與 10 月的兩次改組，政府進一步波拿巴特化。

　　雖然在與秩序黨以及議會的鬥爭中連連得手，但波拿巴特面

臨一個非常棘手的難題：根據憲法，總統任期只有四年，且不得連任，要想繼續保持權力，就不得不修改憲法。7月19日，波拿巴特派修改憲法的提案進行表決，結果提案被否決；這樣一來，要想繼續專權，波拿巴特就不得不訴諸武力，發動政變。在經過近半年的精心準備後，到當年冬天，時機終於成熟了。12月2日凌晨，波拿巴特及其親信發動政變：軍隊占領了議會所在的波旁宮，解散了立法議會，秩序黨與共和派的頭面人物紛紛被逮捕，政變公告貼在巴黎街頭。隨後，就政變的「合法性」以及波拿巴特的奪權問題，法國舉行全民投票，結果七百萬人贊成，一百萬人棄權，六十萬人反對。這表明，波拿巴特通過暴力手段奪權得到了民眾的認可。

　　1852年初，波拿巴特頒布了一部新憲法。這部憲法的最大特徵是總統擁有巨大的權力，作為國家元首，總統任期十年，不對國民議會負責，總統具有統率軍隊、任免內閣官員的大權；總統還與元老院、立法團「集體行使立法權力」；議會分為元老院與立法團，元老院可以通過或否決法令草案，總統可以任命元老院成員，立法團由選舉產生；憲法還確認了成年男子的普選權。總體而言，新憲法頒布以後，總統獲得了獨攬一切的大權，普選產生的議會只是成為一種裝飾品。這樣一來，當後來宣布成立帝國時，這部憲法幾乎不用進行根本性的修改，只須將「總統」換成「皇帝」即可。儘管如此，這一時期，法國在政體上仍然保留了共和國的外衣，只不過這一時期的共和國明顯具有過渡性，它只不過是通向帝國之路的一個階梯而已。

隨後，波拿巴特加快了稱帝的步伐。9～10月間，在巡視外省時，波拿巴特不斷暗示建立帝國的必要性和緊迫性，並對工人、農民、資產階級和教會等做出一些保證。輿論準備完成後，11月7日，在波拿巴特的授意下，元老院通過決議，恢復皇帝稱號，立路易‧波拿巴特為「法國人的皇帝」，稱拿破崙三世 (Napoléon III)，帝位可以世襲。在隨後舉行的公民投票中，七百八十

圖26：身著戎裝的皇帝拿破崙三世

萬人贊成帝制，二十五萬人反對，二百萬人棄權。帝國的建立終於水到渠成了。12月2日，帝國正式建立，史稱第二帝國。這樣，短短四年間，曇花一現的第二共和國終於壽終正寢。

第四節　第二帝國的興衰

一、從專制帝國到自由帝國

從1852年路易‧波拿巴特黃袍加身到1870年帝國的轟然倒塌，法蘭西第二帝國延續了近十八年時間。在此期間，帝國的政治制度並非一成不變，而是隨著形勢的發展，經歷了一個發展與演變的過程，即從專制不斷走向自由的進程。總體而言，第二

帝國可以分為兩個時期：1852～1858 年的專制帝國時期與 1859～
1870 年的自由帝國時期。

　　在專制帝國時期，政變後嚴峻的政治氣氛依然如故。拿破崙
三世以穩定國內秩序為藉口，在國內推行地地道道的專制獨裁統
治，這主要體現在以下幾個方面：第一，公然取消「自由、平等、
博愛」等大革命時期的口號，禁止集會、出版、結社自由，取消
一切政治性俱樂部，大力削減全國工會數目；解散國民自衛軍；
確立政治宣誓制度，所有官員都必須明確「宣誓服從憲法、效忠
皇帝」；借助天主教會的力量，加強對各級學校的控制。第二，大
力強化軍隊、警察和官僚機構，將帝國軍隊從四十萬擴充到六十
萬，中央和地方行政官員從四十七萬擴充到六十二萬，警察部門
的人數也有了顯著增加。第三，國家機器得到強化以後，拿破崙
三世實施高壓政策，嚴厲鎮壓了 1850 年代的多起反政府密謀與刺
殺皇帝事件，加強了對社會各階層的控制。特別是 1858 年 1 月 4
日，以奧爾西尼 (Orsini) 為首的三位義大利民族主義者刺殺拿破
崙三世未遂事件後，政府頒布了《安全法》，規定對於一切反政府
分子和不滿分子，可不經審判就監禁或流放，數百名共和派分子
和激進人士由此受到迫害。

　　到 1850 年代末期，拿破崙三世的統治已經非常穩固了。從國
內來看，經過多次打擊，能夠與波拿巴特王朝相抗衡的政治反對
派已不復存在。工業革命的完成在促進經濟增長的同時，也增強
了政府的經濟基礎；從國外來看，克里米亞 (Crimée) 戰爭以及義
大利戰場上的勝利，使得法國重新獲得了歐洲的優勢地位。在局

勢日益穩定之際，為了平息國內反對派對其獨裁專斷的不滿，拿破崙三世決定調整統治策略，實施一系列自由化的政治改革，「專制帝國」由此開始了向「自由帝國」的轉變。

1859 年的政治大赦標誌著政治改革的開始。當年 8 月 15 日，為紀念叔父拿破崙一世的九十誕辰，皇帝發布了〈政治大赦令〉，規定一切政治犯將獲得赦免，流放者和監禁者也得到釋放，流亡國外的反對派人士也可以回國而不受任何處罰。這一舉措明顯緩和了國內緊張的政治氣氛。此後十年間，皇帝又在帝國政治體制本身以及放寬對社會生活的控制方面推行一系列變革，議會權限開始增加，公眾民主不斷擴大。1860 年 1 月 4 日，皇帝以法令形式宣布擴大兩院權力，允許元老院和立法團對皇帝制訂的帝國內外政策陳述意見，這標誌著皇帝的專制權力已經有所鬆動；同時兩院的會議記錄被允許在政府公報上公布 ，民眾權利增加了。1864 年 5 月，元老院頒布法令，允許工人罷工和結社，但仍然不准秘密結社和集會，對批准結社者，政府將免費提供辦公室和必要用品。1868 年 5 月，新的《新聞法》規定，報刊出版可不必經過官方的事先批准，並減少了報刊印花稅；6 月頒布的一項法規規定，今後可不經官方批准即可召開非政治性和非宗教性的公共集會。以上法令表明，政府對於社會生活的控制正逐步放鬆。

1869 年 5 月，帝國最後一次立法團選舉開始了。結果在二百九十二名議員中，官方候選人占一百十八名，反對派占七十四名，雖然仍然是官方獲得選舉的勝利，但是已經失去了議會多數，反對派的力量正在增強。也正是在反對派的壓力之下，帝國後期開

始了新一輪的政治變革。當年 9 月公布的元老院法令規定，立法
團將與皇帝共同擁有立法權；立法團可以選舉產生自己的正副主
席與秘書；元老院與立法團有權對政府提出質詢，元老院還可對
大臣提出起訴。這表明議會的權力，尤其是立法團的權力又有了
擴大。1870 年 4 月 20 日新憲法的制訂，標誌著第二帝國自由主
義改革達到高潮。這項元老院通過的法令，在公民投票中以絕對
優勢通過而被稱為第二帝國的新憲法。它進一步削弱了皇帝的權
力，規定議會兩院與皇帝共享立法權；元老院的權力有所削弱，
不再是憲法的解釋者和捍衛者，一年暫時否決權也喪失了；立法
團與元老院一起討論並通過法令；立法團由普選產生，並可獨立
通過有關稅收的法令；各部大臣既對皇帝負責，也要對議會兩院
負責。新憲法的頒布，標誌著第二帝國已經完成了從「專制帝國」
向「自由帝國」的轉變，而工業革命在法國的完成為帝國的政治
轉變奠定了堅實的經濟基礎。

二、工業革命大功告成

　　第二帝國時期是法國工業革命的完成階段，在此期間，工業、
商業、建築、交通運輸、農業、金融業等部門有了突飛猛進的發
展，工業生產的增長尤為迅速，其產值逐漸超過農業，法國開始
進入一個工業化的社會。

　　工業部門的變化最為突出。首先體現在工業生產的持續增長
上，1850～1855 年間，法國工業生產年增長率為 3.87%，1855～
1860 年間為 3.16%，1860～1865 年間為 3.5%。各種工業產品產

圖 27：十九世紀中葉，法國工業革命時期的城鎮。

量也急劇增加。1851～1870 年間，煤產量從約四百五十萬噸增長到逾一千三百三十萬噸，生鐵產量從約四十五萬噸增長到近一百二十萬噸，鐵軌產量從約二萬七千噸增長到約十七萬噸，鋼產量從 1850 年的二十八萬三千噸增長到 1869 年的逾一百萬噸；1860 年代，法國的生鐵和鋼產量僅次於英國而位居世界第二。

　　機器的廣泛使用和技術的進步是工業發展的另一個標誌。據統計，1850～1870 年間，使用蒸汽機的數目從五千部增加至二萬八千部。棉紡業中的機械化程度也明顯提高，在製糖業、木材加工業、麵粉業和成衣業中，已廣泛地實施技術革新並採用新式機器。1850～1870 年間，法國的工業總產值從六十億法郎增加到一百二十億法郎，翻了一倍，工業生產水準在世界上僅次於英國。

　　交通運輸的重大進步是經濟起飛中最引人注目的成就。法國在第二帝國時期進入了名副其實的「鐵軌時代」，1851～1869 年

間，全國鐵路總長度從三千二百四十八公里增加到一萬六千四百六十五公里，全國鐵路網絡基本完成，巴黎建成十二個火車站，成為世界上最大的交通樞紐之一。水路交通方面成就也非常可觀，許多新運河先後開鑿，國內運河長度從 1847 年的三千七百五十公里增長到 1869 年的四千七百公里，汽船總噸位增加九倍多。水陸交通的發展，改變了各地封閉落後的面貌，加速了商品的流通與貿易的發展。

工業的發展帶動了商業的繁榮，一大批「大商店」或「大百貨公司」紛紛湧現，這些商店一問世，就瘋狂地吞噬著許多小店，並 「掌握著整條街的商店」。當今在巴黎商業中許多著名的大商場，如「春天」、「薩馬利亞人」、「便宜」、「漂亮的女園丁」等就是在第二帝國時代開辦的。

工商業的繁榮帶動了金融業的發展，新的銀行和股票交易所紛紛建立，一些大銀行包括：動產信貸銀行、土地信貸銀行、國家貼現銀行、工商信貸銀行等。這些銀行廣泛收集社會資金，以各種靈活方式向各工業部門投資貸款，滿足了經濟高速發展對於資金的需求。股票交易所的發展速度也十分驚人，其中尤以巴黎股票交易所為最，據統計，1861～1869 年間，其受理的有價證券由一百一十八種增加至三百零七種，價值總額由一百一十億法郎增加至三百三十億法郎。

與工商業的迅猛發展相比較，法國農業的發展稍顯遜色，不過，法國農業的現代化正是從第二帝國時期起步的。在工商業發展的帶動下，再加上政府的大力扶植，法國在農業發展方面也取

得了可喜的成就。耕地面積的擴大是最大成就之一。拿破崙三世曾頒布並實施《墾荒法》和《排水法》，使法國耕地面積擴大了一百五十萬公頃，耕地總面積達到二千六百五十萬公頃，創歷史最高水準。農業耕作技術有了顯著改善，各種新型肥料開始廣泛應用，農產品不斷改良，脫粒機、收割機與割草機逐漸普及，掀開了農業機械化的序幕。據統計，1852～1862 年間，法國農產品的年平均增長率為 3.2%，這在整個十九世紀的法國堪稱鳳毛麟角。

隨著工商業的發展，法國逐漸由一個農業國轉變為工業國，農業人口在全國就業人口中的比例逐步下降：1851 年為 61.5%，1870 年下降到 49%。這表明，工業革命已經取得了成功，法國正步入一個工業化國家的行列。

三、戰爭中的光榮與毀滅

政治上從專制走向自由，經濟上工業革命的完成，理應為第二帝國的存續奠定根基；然而，由於拿破崙三世稱帝以後，立即背棄了此前「帝國就是和平」的許諾，這才導致了帝國的毀滅。為了消除 1815 年維也納會議的恥辱，重樹法國在歐洲大陸的霸權地位，也為了給法國的工業增長尋求原料產地和商品銷售市場，拿破崙很快將國家拖入了長期的對外爭霸戰爭。連年不斷的對外戰爭，既給第二帝國帶來了無上的光榮，但最終又將帝國帶入毀滅的深淵。

帝國剛剛建立後，為爭奪地中海東部的勢力範圍，拿破崙三世迫不及待地參與了 1853～1856 年的克里米亞戰爭。當時，俄國

以鄂圖曼土耳其帝國內部的宗教紛爭為藉口，對土耳其發動侵略戰爭。隨後，英、法兩國加入了土耳其的對俄戰爭。這場戰爭延續數年，其間雙方互有勝負，但在 1855 年英法聯軍以慘重代價攻克俄軍要塞塞瓦斯托波爾 (Sébastopol) 以後，俄國終於接受了和談的要求，並簽訂了〈巴黎條約〉。這樣，俄國在近東和巴爾幹地區的擴張遭到沉重打擊，英、法兩國在土耳其的優勢得以確立，法國終於恢復了喪失數十年的在歐洲大陸的霸權地位。

克里米亞戰場上的硝煙剛剛散盡，拿破崙三世又以援助義大利統一為由，蓄意策劃了侵義反奧戰爭。當時，奧地利統治著義大利北部的廣大地區，薩丁王國首相加富爾 (Cavour) 為了謀求義大利的統一，以割地為條件請求法國的援助。這樣，1859 年 4 月，拿破崙三世派兵進入義大利，同加富爾的軍隊聯合向奧地利作戰。6 月 4 日和 24 日，聯軍先後在馬讓塔 (Megenta)、索爾費里諾 (Solférino) 大敗奧軍。正當徹底擊敗奧地利指日可待之際，拿破崙三世卻單方面同奧地利媾和，仰人鼻息的加富爾無可奈何。通過三方簽訂的條約，法國實現了一箭雙鵰的目標：既削弱了奧地利，又不讓義大利完全統一，使之有求於自己。義大利戰爭的勝利，顯示了法國在歐洲的優勢，使得帝國的威望空前提高。

除了在歐洲爭奪霸權以外，第二帝國還憑藉強大的軍事力量，在亞洲、非洲、大洋州和拉丁美洲頻頻發動殖民戰爭，並屢屢得手。1853 年，法國占領了大西洋地區的新喀里多尼亞島 (Nouvelle-Calédonie)；1857 年，法國夥同英國發動了對中國的第二次英法聯軍戰爭，進一步打開了中國的大門；1859 年，法軍占

領西貢 (Saigon)，使越南 (Vietnam) 淪為殖民地；在非洲，法國不僅完全吞併了塞內加爾和阿爾及利亞，而且還擴大了在埃及的勢力，並進一步染指西非和中非。通過大規模的殖民擴張，到 1870 年，法國擁有的殖民地面積達九十多萬平方公里，人口六百五十萬，成為世界上僅次於英國的第二大殖民帝國。

戰場上大大小小的戰爭給帝國帶來了足夠的榮耀，但誰也不會想到，帝國會在一場戰爭中轟然倒塌，這就是普魯士與法國之間爆發的普法戰爭。普法戰爭是一場醞釀已久的國際衝突，對於雙方來說都是一場必須發動的戰爭。對於法國而言，1860 年代末的經濟危機引發了國內的社會矛盾，以共和派為首的一切反對帝國的力量蠢蠢欲動,法蘭西帝國內部面臨深刻的經濟和政治危機，拿破崙三世急需發動一場新的戰爭來轉移國內民眾視線，並希望用勝利來延長帝國壽命；普魯士的崛起以及德意志統一進程的加快，對於法國在歐洲大陸的霸權地位形成了威脅，這終於驅使拿破崙三世在普魯士冒險。對於普魯士而言，「鐵血宰相」俾斯麥 (Bismarck) 也急於發動對法戰爭，其一在於消除來自法國的妨礙德意志統一的外部阻力，並從法國手中奪取富庶的亞爾薩斯 (Alsace) 和洛林；其二在於趁機打擊國內反對派，保證霍亨索倫 (Hohenzollern) 王朝的專制統治。1870 年 7 月 19 日，由於普法兩國在西班牙王位繼承問題上產生分歧，在俾斯麥的挑撥下，法國首先向普魯士宣戰，一場決定帝國命運的戰爭爆發了。

戰爭爆發以後，拿破崙三世希望速戰速決的計畫破產，法軍在戰場上頻頻失利，裝備精良、士氣高漲的普軍不僅很快將法軍

趕出國門，而且進入法國境內作戰。8～9 月，法軍在戰場上屢屢失敗，9 月 2 日，拿破崙三世親自率領的八萬法軍在色當 (Sedan) 投降，皇帝本人成為普魯士人的階下囚。色當慘敗、皇帝被俘的消息傳到巴黎以後，巴黎的所有反對派和市民很快行動起來，發動了一場革命，曾經輝煌一時的第二帝國被推翻，第三共和國在法國誕生了，法國歷史上君主統治時代由此而終結。

1871～1918年的第三共和國

第一節　前途未卜的共和國

一、從國防政府到國民議會

在 1870 年 9 月 4 日革命中，共和派擬定了臨時政府名單，宣布成立法蘭西第三共和國。然而，在強敵壓境、自己又手無寸鐵的情況下，為了拯救國家，共和派不得不向君主派之一的奧爾良派妥協，結果組建了一個由共和派與奧爾良派共同參加的內閣——國防政府。奧爾良派的特羅胥 (Trochu) 將軍任政府總理，陸海軍部長以及巴黎警察局長職務也由奧爾良派獲得；共和黨人法夫爾 (Favre) 任副總理兼外長。總體而言，奧爾良派控制了政府實權，共和派只得俯首帖耳。國防政府的政治結構為日後共和政體的危機埋下了禍根。

色當戰役之後，普魯士拒絕了國防政府和談的請求，繼續向

法國腹地發動進攻。9 月 18 日，普魯士完成了對巴黎的包圍。為保衛祖國，巴黎進行了總動員，主要由工人參加的國民自衛軍人數增加到三十萬，但在國防政府內部，投降派卻開始了積極的活動：先是特羅胥組織了一場必敗無疑的突圍戰，結果法軍損失逾萬；隨後當巴贊 (Bazaine) 元帥的十八萬官兵在梅斯投降時，特羅胥居然稱其為 「光榮的戰士」。 政府中只有內政部長甘必大 (Gambetta) 力主抗戰，反對投降。他冒險乘氣球飛離巴黎，在外省組織起一支六十萬人的軍隊繼續作戰。投降派把持的政府終於在 1871 年 1 月走上了賣國求和的道路 。 根據普法簽訂的停戰協定，除了保留一個師維持秩序外，駐守巴黎的法國正規軍全部解散；法國三週內選出國民議會，以最終決定和戰問題。獲悉政府的投降賣國協定後，甘必大憤然辭職。此後，議會選舉完全被投降派控制。

　　議會選舉的結果可想而知，主和派取得壓倒性勝利，其中絕大多數人屬於君主派。在六百四十五名議員中，正統派、奧爾良派和波拿巴特派代表多達四百二十名，處於絕對多數。共和國的「合法性」由此成了問題，不過，君主派並不急於埋葬共和國，而是要讓它繼續充當賣國的恥辱角色。國民議會在波爾多召開後，七月王朝重臣梯也爾被任命為「行政權力的首腦」。他組建了一個君主派與共和派的聯合保守內閣，並加快了與普魯士媾和的步伐。2 月 26 日，普法兩國簽訂和約，法國向普魯士割讓亞爾薩斯和洛林，三年內交付賠款五十億法郎。

　　雖然激進共和派表示反對，但這一投降和約仍然在議會中以

絕對多數通過。和約同樣引起了被圍困的巴黎市民，尤其是由社會下層已武裝的巴黎國民自衛軍的不滿。更為糟糕的是，議會隨後又通過一系列法令，由此造成局勢的惡化：取消部分未被證明處於貧困狀態的國民自衛軍戰士的月薪，廢除延期交付房租的規定，這將更多的小資產階級和平民推入破產者與貧困者的行列。或許是意識到了正在醞釀中的革命，梯也爾陸續從外省調集大批軍隊進入巴黎，準備解除國民自衛軍的武裝。政府的這一舉動，最終引發了「十九世紀法國的最後一次革命」。一個新的政權——巴黎公社即將登上法國的歷史舞臺。

二、激情絕唱——巴黎公社的壯舉

　　當普魯士入侵的外患消除後，梯也爾政府開始強行解決巴黎國民自衛軍的武裝問題。1871 年 3 月 18 日，梯也爾派遣政府軍偷偷潛入國民自衛軍的蒙馬特爾 (Monmartre) 高地，試圖奪取那裡的大炮，結果被守衛的婦女發覺。梯也爾挑起內戰的圖謀大白於天下，並由此演變成一場革命。

　　當日早晨，巴黎市民在國民自衛軍的領導下行動起來，築起街壘，拿起武器，發動了革命。他們占領一些區公所、兵營和政府機關；隨後，陸軍部、市政廳和政府大樓也處於革命者的控制之下。梯也爾及其政府官員狼狽逃往凡爾賽，巴黎獲得解放，工人的武裝革命獲得了勝利。3 月 26 日，巴黎舉行了史無前例的民主選舉，無數的巴黎市民以極大的熱情行使自己的神聖權利，28 日，由各區普選產生的八十六名代表組成的巴黎公社宣告成立，

國民自衛軍中央委員會向公社移交了政權，人類歷史上第一個工人階級政權由此誕生。

公社成立後，為鞏固無產階級專政，在政治、經濟和社會方面採取了一系列措施。在政治上，力求打破資產階級國家機器，建立無產階級專政：公社取消舊的警察和官僚機構，解散舊法庭，釋放政治犯；建立直屬公社的執行、軍事、司法、財政、糧食、教育等十個委員會，負責各方面的日常工作。在經濟和社會方面，公社沒收了逃亡業主的工廠；改革工薪制度；改革勞動立法，維護勞動者權益；改革教育制度，實行政教分離。所有這些措施，都表明無產階級翻身成為國家的主人。

以梯也爾為首的政府逃到凡爾賽後，立即策劃對巴黎公社的鎮壓事宜。一方面，梯也爾致電各外省，臨時調集軍隊；另一方面，請求普魯士交還十萬法國戰俘。這樣，一支十三萬人的政府軍組建起來，在普魯士的幫助下，從 4 月 2 日起向巴黎發動了包圍和反攻。面對強敵，巴黎市民以及國民自衛軍進行了英勇的反擊。然而，由於糧食、武器的短缺，形勢越來越惡化。5 月 21 日，在內奸的指引下，梯也爾的大批軍隊從聖克魯門衝進了巴黎市區，雙方之間開始了激烈的巷戰，著名的「五月流血週」開始了。公社成員築起了五百多個街壘，與政府軍展開艱難的殊死決戰。這場戰鬥一直持續到 28 日，最後的激戰發生在拉雪茲神父公墓 (Père-Lachaise)，二百名公社戰士與五千名政府軍展開了浴血奮戰，結果公社戰士全部被槍殺。

在「五月流血週」中，整個巴黎屍橫遍野，血流成河，流經

首都的塞納河成為一條「紅河」。這樣，存在七十二天的巴黎公社，在梯也爾政府軍的嚴酷鎮壓下，終於扼殺在血泊之中。戰火熄滅後，巴黎仍籠罩在白色恐怖之下，二萬人未經法庭審判就被殺害或槍決，一萬三千人被流放到阿爾及利亞與新喀里多尼亞。與巴黎公社有關的鎮壓活動一直持續到 1874 年，受迫害者多達十萬以上。

圖 28：1871 年的巴黎公社戰士

巴黎公社是世界歷史上無產階級建立自己政權的第一次偉大嘗試，它的失敗對於法國的工人運動與社會主義運動造成了重大打擊。有法國歷史學家認為：巴黎公社是法國「十九世紀的最後一場革命，是十九世紀法國革命史詩的頂點和終點」。此後，作為革命中心的巴黎，透過發動革命而迫使法國接受新制度的時代一去不復返了。

三、塵埃落定：共和制的確立

巴黎公社被鎮壓後，法國恢復了和平與秩序，梯也爾的個人聲望也由此急劇上升。8 月 31 日，議會通過的一項提案授予他「共和國總統」稱號。這樣，梯也爾同時集議員、政府首腦和總統三職於一身，權力和地位顯赫至極。歷經內外戰亂的梯也爾政

府，很快投入到法國的重建之中。為了償還賠款，儘早結束被占領狀態，梯也爾成功地發行了一種公債，使法國提前還清了戰爭賠款，普魯士占領軍也提前十八個月撤出法國，梯也爾由此被譽為「法國領土的解放者」。在政治方面，梯也爾整頓與改組國家機構，撤換了一批行政官員，擴大各省議會職權；在軍事方面，他解散了國民自衛軍，在義務兵役制基礎上重建法國軍隊；在經濟方面，政府也做了大量工作，使得法國經濟形勢出現好轉。

然而，由於君主派在議會中占據多數，共和國仍然前途未卜。作為七月王朝時期的重臣，君主派一度將梯也爾看做是復辟的「救星」。然而，梯也爾本人對於恢復君主統治顯然不感興趣，他的目標是建立「保守的共和國」。1872 年 11 月，梯也爾在議會講壇上對國家前途公開表態：「共和制存在著，它是國家的合法政體；如果要求別的東西，將會引起一場新的革命，並且是最可怕的革命。」這昭示著梯也爾與君主派的徹底決裂。此後，君主派將其視為公開的敵人。為了對抗梯也爾政府，君主派空前團結，在奧爾良派核心人物布洛伊公爵周圍形成了一個堅定的反對派，並迫不及待地採取了行動。他們首先迫使共和派的格列維 (Grévy) 辭去議長職務，隨後又在議會中對政府政策提出質詢。1873 年 5 月 24 日，議會多數投票反對政府，梯也爾被迫辭職。君主派扶持麥克馬洪 (Mac-Mahon) 元帥登上總統寶座，布洛伊公爵受命組閣，很快建立了一個清一色的君主派政府。

麥克馬洪上臺後，立即標榜要在法國重建「道德秩序」。事實上，就是要依靠軍隊的力量，加強教權勢力，打擊共和派，復辟

王政。此後，兩大君主派別——正統派和奧爾良派加快了聯合的步伐。雙方甚至在登基的先後順序上達成一致，但意想不到的是，兩派之間產生了白旗與三色旗之爭，君主派復辟計畫隨之流產。不過，仍想東山再起的奧爾良派操縱議會通過法案，將麥克馬洪的總統任期延長到七年，這顯然是為復辟創造時間。

　　君主復辟的威脅促使共和派空前團結起來，在議會補選以及各省議會選舉中，共和派的力量有了明顯的增強。在共和派與正統派的左右夾擊下，1874 年 5 月 16 日，布洛伊內閣終於垮臺。此時，法國政治生活中出現了令人不安的變化，一場擁立拿破崙三世之子為皇帝的帝國復辟運動在全國揭開序幕。波拿巴特派的崛起以及第二帝國的復辟，無論是共和派、君主派中的奧爾良派和正統派，二者都不能接受。於是，制訂一部新憲法，來結束政局的臨時狀態，以制止波拿巴特派復辟，成為以上兩大政治派別的共同政治需要。

　　然而，在是否接受共和制的問題上，兩派之間引起了極大的爭執，君主派與共和派各持己見，多種方案遭到拒絕。最後，在關於總統選舉方式的問題上，溫和共和派議員瓦隆 (Wallon) 巧妙地提出一項憲法修正案：「共和國總統，由參議院與眾議院聯合而成的國民議會，依絕對多數票選出。」1875 年 1 月 30 日，該憲法修正案在議會僅以一票多數獲得通過。於是，借助總統之名，「共和國」一詞被巧妙地安插到憲法之中。法國的共和制就是這樣勉強被承認的，難怪有人說這是「從窗縫潛入的共和國」。隨後，國民議會又先後通過參議院組織、政權組織和政權機關間關

係的一系列法律，合稱《1875 年憲法》。這是法國憲政史上絕無僅有的最簡單、最經驗主義的一部憲法，它確立了由間接選舉產生的參議院和由直接選舉產生的眾議院所組成的議會，總統被賦予很大的權力，如任命官員，在參議院贊同下解散眾議院等。這部憲法是共和主義與君主主義相妥協的產物，儘管如此，它為共和國的存在及延續提供了法律保障。

在 1876 年 1 月的議會選舉中，君主派在參議院只獲得微弱多數，而共和派在眾議院卻獲得壓倒性優勢。然而，在組閣時，麥克馬洪卻打破議會慣例，拒絕任命共和派首領甘必大為總理，而對奧爾良派中年邁的杜福爾 (Dufaure) 委以重任。受制於總統與議會的杜福爾內閣處處碰壁，支撐到年底即辭職。無可奈何的麥克馬洪只好任命共和派的朱爾‧西蒙 (Jule Simon) 組閣。這表明，共和派力量正在超過君主派。

共和派政府上臺後，對於企圖恢復君主專制的舊勢力給予有力打擊，聲稱「讓步已到極限」的君主派決意進行報復。1877 年 5 月 16 日，麥克馬洪解散了西蒙內閣，隨後委任奧爾良派的布洛伊公爵再次組成君主派政府，準備對共和派實施反攻倒算。面對君主派的反撲，共和派控制的眾議院發表了〈三百六十三人宣言〉，強烈譴責麥克馬洪，隨後又通過決議，拒絕承認布洛伊公爵內閣。麥克馬洪在君主派控制的參議院的支持下，解散了眾議院，兩派之間的鬥爭進入高潮。

隨後而來的眾議院選舉是君主派與共和派一決雌雄的最後機會，故競爭十分激烈。雖然君主派利用其執政地位，對共和派勢

力進行了肆無忌憚的嚴厲打擊，但共和派仍然獲得了眾議院選舉的勝利，甘必大被推選為眾議院議長。12 月 13 日，共和派再次組閣，奪回了行政權，這為其對君主派的主動進攻創造了條件。1879 年 1 月，趁參議院改選之機，共和派又贏得了參議院多數。麥克馬洪見大勢已去，被迫辭職，提前一年結束了總統生涯，共和派的格列維擔任總統。至此，參眾兩院、內閣總理、總統職位已悉數被共和派掌握，共和派一統天下的格局已然形成。法國持續多年的君主制與共和制的政體之爭終於塵埃落定，資產階級共和制在法蘭西最終確定。

第二節　政局變幻：從溫和派到激進派

一、溫和派上臺執政

儘管在與君主派的決戰中表現出驚人的一致性，但共和派內部也並非鐵板一塊，其至少可以分為兩大派別——代表大資產階級利益的溫和派與代表中小資產階級利益的激進派。1879～1899年間，在法國政壇上占據優勢地位的基本上是溫和派。溫和派當政期間，採取了諸多有力措施，共和制度得到進一步完善與鞏固。

議會制度的完善是溫和派採取的最為重要的舉措。通過改革，原來與議會相抗衡的總統權力中心不復存在，議會成為真正的權力中心，它不僅掌握立法權，而且控制著內閣的命運，內閣對議會負責，接受議會的監督和質詢。此後，議會成為國家權力中心，

法國由此成為典型的議會制國家。恢復與保障公民基本的民主與自由權利是溫和派採取的另一項措施。議會先後通過法令，賦予公民新聞出版、集會、結社等自由權利，工會的成立也合法化了。溫和派還努力實現國家政權與社會生活的世俗化、民主化。軍隊、法院、各省行政機構都進行了改革，教權派與保守派被撤換，文官考試制度被全面推行。教會勢力遭到進一步打擊，1814 年關於禮拜日不准工作的禁令以及公眾集會時的集體祈禱被取消，離婚也合法化了。

然而，最引人注目的當屬費里 (Ferry) 當政時期推行的教育改革。法國被譽為「天主教會的長女」，龐大的天主教會幾乎壟斷了各類教育，相當一部分青少年的思想教育權控制在教會手中，這嚴重動搖著共和制的基礎，教育的世俗化改革由此而成為當務之急。費里首先對教育領導部門進行整頓，規定由世俗人員組成國民教育最高委員會和學術委員會，實現世俗國家對教育的領導。其他的舉措還包括：全面推行世俗化的小學義務教育；規定各宗教團體未獲授權不准辦教育；廢除國立學校教育中的神學課程，規定宗教教育只能在校外進行，此舉使得約五千名教士被逐出學校；加強師範教育，提高師資水準，教師的待遇與社會地位得到顯著提高，從而為共和國大廈奠定了基石。

不過，雖然溫和派採取了種種措施，努力使國家機器正常運轉，以鞏固新生的共和國，但來自左翼的激進共和派、社會主義各派以及來自右翼的君主派、教權派等保守勢力的威脅或顛覆活動從來就沒有停止過。再加上十九世紀末期經濟危機的頻發和法

國經濟的停滯狀態，使得在經濟方面無所作為的溫和派群眾基礎日益喪失。1885 年 10 月的眾議院選舉就反映了這一點，議會中溫和派的政治優勢開始喪失，三足鼎立的態勢趨於形成：溫和派二百二十席，激進派一百八十席，右翼保守派二百零二席。在此種艱難情勢下，溫和派不得不時而與左派、時而與右派結盟，以維持執政地位，由此而造成內閣更換頻繁、政策搖擺不定的局面，溫和派的統治開始面臨一系列的危機和挑戰。

二、溫和派統治的危機

在 1885 年眾議院選舉後，共和國立即面臨一場最大的挑戰——布朗熱 (Boulanger) 運動。布朗熱是一個政治冒險家，1886 年進入弗雷西內 (Freycinet) 政府擔任陸軍部長。上任後的布朗熱為撈取政治資本，推進了一系列的軍隊共和化改革舉措。在外交上，布朗熱力主對德復仇，並得到眾多民族主義者與社會輿論的讚許，這為他贏得了「復仇將軍」的頭銜。為避免布朗熱的言行導致法德關係的惡化，1887 年 5 月，溫和派夥同眾議院製造了倒閣事件，布朗熱被解職。年底，格列維總統的女婿、眾議員威爾遜 (Wilson) 出售榮譽勳章的醜聞被揭露後，當政的溫和共和派威信掃地。此時，反對溫和派政府的一切力量，包括激進共和派、民族主義者、各路君主派，立即行動起來，擁立布朗熱為代表，發起了一場反對共和國的布朗熱運動。這場運動的綱領為：解散議會，修改憲法，召開制憲會議。被解除軍職後的布朗熱反而獲得了參與競選的資格，並在多個選區的補缺選舉中當選。尤其是

在 1889 年 1 月的巴黎補缺選舉中 , 布朗熱以二十四萬票的絕對
多數優勢擊敗共和派候選人,其個人聲望由此達到頂峰。一時間,
有幾千種布朗熱的肖像在全國流傳,約三百七十首歌曲歌頌他的
光榮。對於布朗熱的個人狂熱,使得共和國地位岌岌可危。此時,
為保衛共和國,一些激進派和社會主義分子放棄了對布朗熱的支
持,政府也揚言要逮捕布朗熱,布朗熱匆忙逃往國外。布朗熱運
動隨即急轉直下,當布朗熱與君主派密謀的內情被披露後,其地
位更是一落千丈。隨著 1891 年 9 月 30 日布朗熱的自殺,這場運
動最終畫上了句號。布朗熱運動的失敗,使得一度在運動中推波
助瀾的激進共和派威信掃地,教權派、君主派也受到打擊而處於
不利地位。度過了有驚無險的多事之秋後,溫和派的統治地位反
而暫時得到了鞏固。

1890 年代初,一場新的醜聞又引起法國政局的動盪,這就是
1892～1893 年間名噪一時的 「巴拿馬醜聞」。法國企業家萊塞普
斯 (Lesseps) 於 1880 年代初組織起巴拿馬運河公司,為開鑿運河
而發行了三、四十億法郎的股票和債券。到 1880 年代末,公司因
經營不善而宣告倒閉,這使得購買股票、債券的數十萬中小股東
血本無歸而遭受破產的命運 。 在強大的社會輿論壓力下, 1892
年,官方終於披露了事件調查的真相,有一百零四名部長、議員、
報界要人曾接受公司的賄賂,數額從幾萬到幾十萬法郎不等。醜
聞被揭露後,引發了巨大的社會和政治動盪,左翼和右翼藉機發
起了一系列聲勢浩大的反政府運動。雖然政府最終度過了這場危
機,但巴拿馬醜聞的後果是非常嚴重的,它迫使一些受牽連的激

進派人士暫時退出政治舞臺；新一代
共和派在取而代之後，為了維持統治
地位而變得更加溫和，甚至同右翼保
守勢力聯合；醜聞也使得政府和企業
家的威信掃地，不少中小投資者寧願
將資金投往國外，通過放債而獲利。

圖 29：德雷福斯上尉

真是一波未平，一波又起。當十
九世紀的帷幕即將落下之際，法國政
壇上又發生了令人震驚的德雷福斯
(Dreyfus) 案件，共和國由此陷入空前
的政治分裂狀態。德雷福斯是出生於
亞爾薩斯的一個猶太人，從軍事學院畢業後任法國陸軍總參謀部
上尉軍官。1894 年 9 月，法國間諜部門發現總參謀部有人將關於
法軍布防情況以及新式武器的秘密文件出賣給德國駐巴黎武官。
負責調查的情報處僅以筆跡相同為由，就以間諜罪和叛國罪將德
雷福斯逮捕，德雷福斯被判處終身監禁並被流放到法屬圭亞那
(Guyane) 的魔鬼島 (Ile du Diable)。兩年以後，事情真相大白，盜
賣文件的不是德雷福斯，而是參謀部的另一名軍官埃斯特拉齊
(Esterhazy)。此後兩年間，陸軍部和政府卻以種種理由拒絕重審
此案。

1898 年 1 月，著名作家左拉 (Zola) 在《震旦報》上發表〈我
控訴！〉的一封公開信，要求共和國總統出面，對此案進行公正
與公開的審理。這封信在社會上激起強烈回響，全國很快分成明

顯對立的兩大陣營：以君主派、教權派、反猶主義派以及民族沙文主義者等組成的反德雷福斯派，他們拒絕重審，堅持反猶運動，企圖推翻共和制度；以各式社會主義者、激進共和派以及維護正義的知識分子組成的德雷福斯派，主張重審案件，反對迫害猶太人，維護共和制度。兩派之間的鬥爭十分激烈，尤其是反德雷福斯派藉機興風作浪，在國內喪心病狂似的組織起反猶示威和暴亂。右翼民族主義分子甚至還試圖煽動軍隊發動政變，共和國再次受到威脅。

在此緊要關頭，共和派再次發揮了共和國有難時「共和派集中」的光榮傳統。1899 年 6 月，瓦爾德克‧盧梭 (Waldeck Rousseau) 領銜，主要由溫和派和激進派人士組成的「保衛共和」內閣成立。德雷福斯案得到重審，但是仍然被判處十年監禁，後在盧貝 (Loubet) 總統的赦免下，飽受折磨的德雷福斯才重獲自由。直到 1906 年，德雷福斯才得到徹底平反，名譽得到恢復。德雷福斯案件進一步侵蝕了溫和派統治的根基，激進的共和派因為積極介入重審工作而聲譽大增。這樣，激進共和派開始掌權，就是意料之中的了。

三、激進派執掌政權

1899 年 6 月 26 日，以瓦爾德克‧盧梭為首的「保衛共和內閣」建立。雖然盧梭本人屬於溫和派，但其政治思想卻傾向於激進派，而且此時的激進共和派控制了議會多數，而且盧梭內閣上臺伊始就採取了一系列迎合激進派要求的措施。為此，盧梭內閣

的建立，標誌著激進共和派開始執掌政權，第三共和國由此進入「激進共和國」時代。

　　盧梭政府推行最受矚目的舉措，就是打擊教會等右翼保守勢力。議會專門通過《結社法》，規定宗教團體的建立必須由議會立法批准，禁止未經批准的宗教團體的成員從事教學活動，由此而解散的宗教社團達到一百多個。1901 年，分散在各地的激進派組織聯合起來，組建了「激進社會黨」，後改稱「激進黨」，這是法國歷史上第一個統一的、具有嚴密組織和紀律的資產階級政黨。在翌年的法國大選中，激進共和派取得重大勝利，從而完全控制了議會的絕對多數。隨後，由激進派人士孔勃 (Combes) 組成的激進內閣成立，這標誌著激進派已經完全確立了在法國的統治地位。

　　自孔勃內閣組建後，直到 1914 年第一次世界大戰爆發為止，激進派還先後建立了魯維埃 (Rouvier) 內閣、克里蒙梭 (Clemenceau) 內閣、白里安 (Briand) 內閣與普恩加萊 (Poincaré) 內閣。這幾屆內閣為使法國徹底世俗化，走上了繼續打擊教權勢力、以致同教會決裂的道路。1905 年，議會通過《政教分離法》，確保法國人的信仰自由，取消對於所有宗教的國家資助，教會財產進行世俗化處理，禁止教會干預政治和涉足教育。

四、工人運動的發展及其政黨的組建

　　巴黎公社被鎮壓後，法國工人運動一度低落。整個 1870 年代，法國的工人運動僅限於零散狀態，在政治生活中無重大影響力。不過，從 1870 年代中期開始，經歷慘痛教訓的工人階級開始

認識到組織聯合起來的必要性,並為籌建自己的政治組織而努力。1876 年 10 月,法國第一次全國工人代表大會在巴黎召開,代表們表達了建立無產階級政黨的希望,這是法國工人運動復興的標誌。在 1879 年召開的第三次全國工人代表大會上,法國工人黨宣告成立,朱爾‧蓋德 (Jules Guesde) 與保爾‧拉法格 (Paul Lafargue) 成為黨的早期領導人,工人階級的鬥爭從此進入一個新的階段。

1880～1890 年代,法國工人運動迅速發展,罷工的人數與次數均不斷增加。此間,形形色色標榜「社會主義」並維護工人階級利益的政黨開始組建。除了法國工人黨以外,還有 1880 年代從工人黨內部分裂出來的以布魯斯 (Brousse) 為首的「可能派」、布朗基領導下的「革命社會主義黨」以及饒勒斯 (Jaurés)、米勒蘭 (Millerand) 領導的「獨立社會黨」等。這些政黨的綱領、群眾基礎、鬥爭手段等都各有不同,它們力量分散、派別林立,致使社會主義運動暫時處於分裂狀態。

法國工人黨成立後,力量迅速壯大,很快發展成為法國無產階級政黨中最大的政治組織。工人黨的早期活動主要在於:組織全國性的工會聯合會,積極支持與領導工人的罷工運動,為維護工人階級的權益而鬥爭。正是在工人黨的領導下,1890 年代法國工人運動一度出現高潮。1890 年和 1891 年的「五一」大遊行以及爭取「八小時工作日」的鬥爭,1892 年 8 月 16 日卡爾莫煤礦工人罷工,極大地動搖了資產階級的統治基礎。然而,溫和派政府的嚴厲鎮壓措施也大大地打擊了工人運動,促使工人黨從 1890

年代後轉向合法的議會鬥爭，並與堅持改良的獨立社會黨攜手合作，在議會中組成了五十多人的社會主義議會黨團。1898 年 12 月，社會主義各政黨實現了暫時的聯合，改名為「全國社會主義者協調委員會」。翌年 6 月，獨立社會黨人米勒蘭未經黨的同意就加入了瓦爾德克‧盧梭內閣，由此導致剛剛統一的社會主義運動再次陷入分裂之中。

二十世紀初，堅決反對米勒蘭入閣的蓋德派和布朗基派聯合組建了「法蘭西社會黨」，聲稱將與資產階級國家誓不兩立；而支持米勒蘭入閣的饒勒斯派和布魯斯派則聯合組建了 「法國社會黨」，主張與資產階級合作，走議會鬥爭道路。儘管兩黨的鬥爭方式不同，但其黨員在工人運動中，常常採取統一行動，這就為消除組織上的分裂做好了準備。1905 年 4 月，兩黨終於實現合併，組成「法國統一社會黨」，米勒蘭、白里安等拒絕參加，而另建獨立社會主義者集團。統一社會黨建立後，領導權被饒勒斯掌握。該黨逐漸放棄了革命鬥爭，而走上了合法的議會鬥爭道路。

值得關注的是，在統一社會黨開展議會鬥爭的同時，二十世紀法國工人運動則出現了持續高漲的勢頭。同以往相比，工人罷工次數更多，規模更大，持續時間更長，鬥爭方式和手段也更加多樣。1906 年，法國工人運動達到前所未有的高潮，一年發動罷工一千三百五十四次，參加人數達四十三萬七千人，其中最令人矚目的是庫里埃 (Courier) 煤礦坍塌事故而引發的持續二十五天的大罷工以及「五一」爭取「八小時工作日」大罷工。面對工人階級的威脅，總理克里蒙梭不得不動用軍隊進行鎮壓，結果造成

流血衝突，以至於人們把克里蒙梭稱為「屠夫、殺人犯」。

第三節　經濟發展：從「停滯」到「起飛」

一、十九世紀末期的經濟停滯

　　從 1871 年第三共和國的成立，直到第一次世界大戰的爆發，法國經濟的發展以二十世紀為界，分為兩個階段：十九世紀的最後三十年，經濟雖然有所發展，但與第二帝國時期相比，速度相對減緩，在 1883～1896 年甚至趨於停滯狀態；二十世紀最初十幾年，在第二次工業革命的推動下，法國經濟開始了新的「起飛」，並從自由資本主義階段進入到帝國主義階段。

　　十九世紀末的最後三十年，法國經濟增長速度明顯放慢。不過，國民經濟仍然發生了一些顯著的變化。此間，工業總產量增加了 94%，其中尤以重工業為主：生鐵產量從一百一十七萬八千噸增加到二百七十一萬四千噸，鋼產量從十一萬噸增加到四百六十三萬噸，煤產量也增加了一倍多；輕工業也有了明顯的增長，作為傳統部門的紡織工業，在國民經濟與出口貿易繼續占有重要地位，如棉花消費量從九十三萬七千公擔增加到一百五十九萬千公擔。與此同時，還出現了一些新的工業部門，如水力發電、汽車製造、製鋁工業、化學工業、石油工業等。從企業規模來看，中小型企業占據絕對優勢。據 1896 年的統計，全國只有 1.3% 的企業雇用五十名以上工人，13.57% 的企業雇用五～五十名工人，

83.93% 的企業雇用一～四名工人，分散的小作坊式的企業十分普遍，這嚴重地限制著法國工業生產力的提高。

正是在第三共和國早期的三十年中，法國在世界工業中的地位開始下降，由第二帝國時期的第二位下降到第四位，美國和德國已經趕了上來。那麼，為什麼此時法國經濟發展速度卻減緩並陷入停滯狀態呢？原因大概有以下幾點：其一，普法戰爭耗費了法國大量的物力財力，割地賠款嚴重制約著經濟的發展；其二，法國重工業發展所需的資源比較缺乏，從而形成「瓶頸效應」；其三，經濟危機的持續衝擊，造成法國工農業生產的嚴重下滑；其四，法國金融資本為了追求高額利潤，大量流往國外，國內企業投資嚴重不足；其五，法國政局的持續動盪，尤其是政治、財政醜聞接連發生，使大眾產生消沉心理，經濟建設的熱忱降低。以上因素不同程度地影響到法國經濟的發展速度，不過進入二十世紀以後，法國的新一輪經濟高漲期來臨了。

二、第二次工業革命與經濟起飛

二十世紀初的十多年間，以石油、電氣、交通等新興工業部門為代表的第二次工業革命在法國拉開了帷幕。此間，法國工業增長速度明顯加快，新一輪的經濟起飛由此開始。重工業仍然是工業發展中的領頭羊，據統計，1900～1913 年間，法國鐵礦開採量增加了四倍，鋼產量增加了三倍，平均每年遞增 8.7%，達四百六十八萬噸，占世界總產量的 7%。與此同時，汽車、電力、化工等新興工業部門也有了長足的發展，並且在世界上居於領先地

位。法國是世界上最先發展汽車工業的國家，1904～1913 年間，
汽車產量平均年增長 28.3%，年產量達到四萬五千輛，僅次於美
國而居世界第二位。在新興的航空技術方面，法國也名列前茅：
1909 年布萊里奧 (Bléroit) 首次成功駕駛飛機穿越英吉利海峽。此
外，1900 年，巴黎第一條地鐵通車，一戰前夕全國鐵路總長達到
四萬二千八百二十六公里。電力生產正以 14.5% 的速度在增長，
尤其是阿爾卑斯 (Alpes) 山脈地區建立了完善的水力發電設備。輕
工業的發展也是不容忽視的。二十世紀初，法國的生絲出口居世
界第一位；棉紡織品產量居世界第二，僅次於美國；法國的毛織
品出口額和人造絲的產量位居世界第三位；此外，時裝、化妝品、
葡萄酒等也暢銷世界市場。

在新一輪的經濟高漲進程中，十九世紀末期初露端倪的工業
生產的集中和壟斷趨勢進一步增強，其中又以重工業和新興工業
部門最為突出。二十世紀初，十三家最大的煉鐵企業聯合成立冶
金辛迪加；旺代爾 (Wendel)、施奈德 (Schneider)、馬林－奧姆古
爾 (Marine-Homecourt) 等公司控制著全國的鐵礦、煤礦、冶金、
機械等重工業部門；久爾曼 (Kuhlmann)、聖戈班 (Saint-Gobain)、
佩羅內 (Péronne) 三巨頭控制著整個化學工業；雷諾 (Reynuad) 公
司和標緻 (Peugeot) 公司則壟斷著全國的汽車工業；麻織辛迪加❶

---

❶ 辛迪加是壟斷組織的主要形式之一，參加該組織的資本主義企業間簽
訂關於共同銷售商品和採購原料的協定，旨在通過高價出售商品，低
價購買原料來獲取高額利潤。

壟斷了麻織品產量的 90%。法國的這些壟斷組織還積極向國外擴
張，參加國際鋅業辛迪加、鋼軌卡特爾、國際玻璃辛迪加等。不
過，與美國、德國等國家相比，法國工業生產的集中和壟斷程度
並不高，工業生產水準和產品的競爭性也不能與這些國家相匹敵。

三、高利貸帝國主義

與其他國家相比，雖然法國的經濟發展相對緩慢，工業生產
的集中和壟斷程度也大為遜色。不過，法國金融業的發展卻令人
刮目相看，銀行資本的集中與壟斷程度遠遠超過工業資本。為此，
進入帝國主義階段的法國，被列寧稱為「高利貸帝國主義」。

自十九世紀末期開始，法國的金融業迅速蓬勃發展起來。進
入二十世紀後，銀行業迅速走向集中和壟斷，一些銀行把勢力擴
展到全國，在地方上設立分行。1914 年，法國銀行資金總額已達
一百一十億法郎，其中五大銀行占有資金八十億法郎，這五大銀
行是：法蘭西銀行、里昂信貸銀行、巴黎國民貼現銀行、興業銀
行和巴黎荷蘭銀行。法蘭西銀行履行國家銀行的職能，該銀行的
實權掌握在二百家大股東手中，他們控制著法國的經濟命運，形
成財政寡頭──「二百家族」，其餘四家銀行則壟斷了全國有價證
券的發行，成為名副其實的「大銀行托拉斯」。

為了外交鬥爭的需要，也為了攫取高額壟斷利潤，法國將在
資本主義發展中積累起來的大量「過剩資本」以借貸方式直接輸
往國外，而只將很少一部分用於國內的工農業生產。1900～1913
年間，法國對外輸出資本數額從三百億法郎增加到六百億法郎，

法國的資本輸出僅次於英國而居於世界第二位。這筆鉅資，除了約 10% 用於殖民地的建設以外，其餘的大多輸往歐洲落後國家。1913 年法國向俄國輸出資本一百二十億法郎，向巴爾幹、中歐等國家輸出三十億法郎，另外還向南美各國輸出六十億法郎。資本的大量外流，不利於法國工業的進一步發展，但法國也從中獲得不少收益：一是法國獲得了高額的利息收入，放高利貸成為十分有利可圖的事業，全國由此形成了一個龐大的食利階層；二是為法國外交工作的開展增添了潤滑劑，通過金錢開道的方式，法國成功地離間了德國與俄國的關係，並且在 1890 年代與俄國結成了同盟。

第四節　從殖民擴張到世界大戰

一、殖民帝國的形成

　　普法戰爭的失敗使法國蒙受了奇恥大辱，1870 年代上臺的溫和派雖然時時不忘對德復仇，但由於時機尚不成熟，從政治和戰略角度考慮，溫和派企圖以海外殖民擴張的成就，來顯示法國地位的加強和法蘭西民族的光榮。為此，至一戰前的幾十年間，法國歷屆政府不遺餘力地推行海外殖民擴張政策，最終建立了一個龐大的殖民帝國。

　　1870 年代，各政治派別對於政體之爭十分激烈，法國無暇顧及對外殖民擴張。進入 1880 年代，共和制確立以後，法國進入瘋

狂的殖民擴張年代。地中海各戰略要地、礦產資源豐富的北非國
家首先成為法國獵取的目標。1881 年 4 月，三萬多名法軍不宣而
戰地從阿爾及利亞入侵突尼斯 (Tunisie)，實力懸殊的突尼斯被迫
投降。根據雙方簽訂的條約，突尼斯淪為法國的保護國。法國還
進一步擴大了對西非的殖民侵略，塞內加爾河 (Sénégal)、尼日河
(Niger) 上游的大部分領土落入法國的控制之下。與此同時，法國
還將侵略矛頭指向中國和遠東，進一步加強了對亞洲各國的侵略。
1883 年，通過〈順化條約〉的簽訂，越南淪為法國的保護國，並
以此為跳板，法國加強了對中國西南的侵略。〈中法條約〉簽訂
後，中國西南的門戶被打開了。為了擴大殖民勢力，法國還將越
南、柬埔寨 (Cambodia)、寮國 (Laos) 三國聯合組織成印度支那
(Indochina) 聯邦政府。

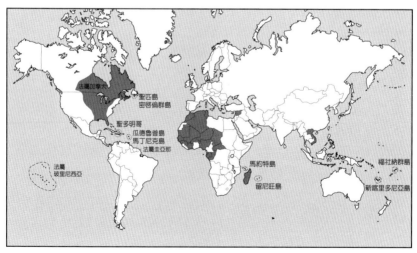

圖 30：1919 年前法國主要殖民地

　　進入 1890 年代以後，殖民擴張更是完全得到法國官方和民間的一致支持。1889 年，法國創辦了培養殖民擴張專門人才的「殖民學校」；1892 年，議會中形成了一個人數可觀的「殖民黨團」；翌年又建立了一支由專業人員和志願人員組成的殖民軍隊；1894 年，政府中設立了專門處理殖民事務的殖民部。從此，殖民主義甚囂塵上，法國開始了對非洲大陸的重新爭奪。首先就是對非洲島國馬達加斯加 (Madagascar) 的進攻。1895 年，一萬五千名裝備精良的法軍在馬達加斯加登陸，在與當地軍民經過五次血戰以後，1896 年 6 月，馬達加斯加及其附屬島嶼成為法國的殖民地。1898 年，在爭奪非洲的過程中，英法兩國為了爭奪法紹達 (Faehoda) ❷ 而發生了衝突。為拉攏英國對付德國，法國做出了讓步，雙方以妥協的方式解決了這場危機。

　　進入二十世紀後，亞、非各地的殖民地已經瓜分殆盡。此時，法國政府主要致力於殖民地的鞏固，強化對殖民地的統治，以把殖民地變成其原料產地和商品銷售市場。經過長期的殖民擴張，到 1914 年，法國占領的殖民地人口達五千五百五十萬，面積一千零六十萬平方公里，是 1871 年的十倍以上，一個僅次於英國的龐大的殖民帝國由此建立起來。

二、法德矛盾的激化與大戰的臨近

　　普法戰爭後，爭取俄國、英國等國的支持以實施對德復仇，

---

❷　即今天非洲國家蘇丹的科多克 (Kodok)。

成為法國外交政策的另一大目標。早在 1870 年代，法國就千方百計地向俄、英兩國靠攏，試圖與其結盟而孤立德國。與此相反，德國則使用各種手段來破壞法國尋求結盟的努力，甚至還搶先拉攏俄國加入自己的陣營。1875 年德、俄、奧〈三皇協定〉的簽訂，使得法國在外交上陷入孤立。不僅如此，德國同時還乘法國政局動盪之機，多次製造戰爭恐怖氣氛，對法國進行武力恫嚇，力圖使法國屈服。1880 年代，由於德國成功地與歐洲大陸各國建立了盟友關係，尤其是德、奧、義三國同盟的建立，使得法國的國際地位更加惡化，幾乎是在孤立無援的困境中度過十年，對德復仇的計畫被暫時擱置一邊，法國轉而進行瘋狂的殖民擴張。不過，進入 1890 年代後，形勢出現了有利於法國的變化。

　　1890 年，由於德國拒絕了俄國方面關於延長〈再保條約〉的要求，造成俄、德兩國關係迅速惡化。趁此良機，法國以向俄國提供借款為誘餌，加速了同俄國接近並結盟的步伐。雙方軍事領導層進行了互訪，1894 年，法俄兩國政府簽訂了一項軍事協定，其目標直接指向德、奧、義三國同盟，這標誌著法俄同盟的最終形成。法國從此擺脫了外交上的孤立地位，使得德國不敢對其輕舉妄動。隨後，法國資本大量流入俄國，並促使兩國結成了比較牢固的政治同盟。

　　1898～1905 年間，德爾卡塞 (Delcassé) 一直擔任法國外交部長，其外交方針的焦點就是對德復仇，為達目的，法國政府加快了與歐洲其他國家聯合的步伐。此間，法國先後與俄國、義大利、英國軍事代表團和國家元首頻繁互訪，這使得法俄聯盟得到進一

步加強；與義大利達成秘密協議：一旦法德爆發戰爭，義大利將保持中立，這就消除了對德復仇的一個後顧之憂；法英兩國的疑慮逐步消除，雙方於 1904 年達成「誠意協約」，消除了法英衝突的根源，英國實際上成為法國的盟國。到 1907 年〈英俄協約〉簽訂以後，法、英、俄三國組成的協約國集團正式形成。

　　進入二十世紀，法德矛盾進一步激化，最突出地表現在兩次摩洛哥 (Morocco) 危機上。有了俄、英、義三國的支持後，法國加速了對非洲摩洛哥的侵略擴張。1905 年初，法國向摩洛哥蘇丹發出威脅，要求其提出改革方案，以承認法國的保護權；德皇威廉二世 (William II) 對此表示反對，並表示將不惜用武力來維護摩洛哥的獨立和主權。考慮到此時發生戰爭對自己不利，法國被迫最初讓步，同意召開國際會議解決摩洛哥問題，這就是第一次摩洛哥危機。不過，在翌年召開的國際會議上，在多數國家的支持下，法國基本上獲得了對摩洛哥的初步控制權。

　　到了 1911 年，法國藉口當地起義的爆發而危及法國僑民的安全，而出兵占領了摩洛哥首都非斯 (Fès)。對此反應強烈的德國則派遣軍艦進入摩洛哥水域，法德大戰頗有一觸即發之勢，這就是第二次摩洛哥危機。由於英國對法國的支持，德國被迫同意和談，結果德國承認摩洛哥為法國的保護國，而法國則答應將法屬剛果 (Congo) 的一部分割讓給德國作為「補償」。然而，法國的民族沙文主義者對此並不滿足，抨擊政府「屈服在德國的炮口下」而將剛果的一部分割讓給德國，內閣因此倒臺。右翼民族主義勢力的代表人物普恩加萊上臺組閣，備戰的步伐大大加快。

出任總理後的普恩加萊❸首先在輿論上為戰爭作準備，他大肆宣傳「民族觀念」，鼓吹要建立「強大的法蘭西」，認為「為了和平，只能準備戰爭」，結果獲得了「普恩加萊—戰爭」的綽號。其政府還採取了一系列瘋狂的擴軍備戰計畫：其一，將兵役制延長為三年，服役年齡也適當放寬；其二，大力擴充軍隊，使得法國常備軍增加一半，達到八十二萬人；其三，大幅度增加軍費，高速度發展軍火生產。這樣，到 1914 年，法國已經做好了發動戰爭的各項準備工作，現在所需要的，就是一個點燃戰火的時機了。

三、同仇敵愾：一戰中的法蘭西

1914 年 6 月 28 日塞拉耶佛 (Sarajevo) 刺殺事件的發生，猶如一顆火星落到了巴爾幹火藥桶上。德國支持奧匈帝國藉機吞併塞爾維亞 (Serbie)，以「全世界斯拉夫兄弟的保護者」自居的俄國則表示，要用武力捍衛塞爾維亞的獨立，世界大戰一觸即發。在各方調停未果之際，8 月 1 日，德國正式向俄國宣戰，首先挑起了第一次世界大戰。由於德、俄各自的同盟與協約關係，戰爭很快演變成為世界性的了。德國、奧匈帝國等組成了交戰的同盟國集團，俄國、法國、英國等組成了交戰的協約國集團。這兩大軍事集團之間為了巴爾幹地區利益的爭奪，終於挑起了一場世界性的戰爭。

---

❸ 1913 年初當選為法蘭西共和國總統，隨後任命維維安尼 (Viviani) 為總理組閣。

　　戰爭的爆發為法國實施對德復仇提供了良機，不過法國政府卻頻頻做出虛假的和平姿態。直到迫不及待的德國於 8 月 3 日首先對法宣戰以後，法國才以「被迫應戰」的姿態迎來了期盼已久的戰爭。戰火點燃後，法國國內被一片狂熱的民族沙文主義所籠罩。反戰人士饒勒斯遭到刺殺，所有的政黨和政治團體，包括戰前強烈反戰的法國社會黨和總工會，社會各階層的人民群眾，在「拯救文明、自由、法國和歐洲」的口號下，帶著對德復仇的民族情緒，同仇敵愾地參與了這場戰爭。在參眾兩院的聯席會議上，當議會各黨團一致投票同意追加軍費、實行戰時狀態和報刊檢查時，總理維維安尼感動得涕淚交加。

　　戰爭爆發後，法軍總司令霞飛 (Joffre) 命令軍隊迅速向德國邊境出擊，試圖奪回亞爾薩斯、洛林等地。然而，在 8 月 21～25 日的邊境戰役中，德軍展開了猛烈的反攻，法軍損失慘重，被迫從阿萊斯 (Alais) 至凡爾登一線撤退。德軍長驅直入，逼近巴黎，政府各機構火速撤退到波爾多。為保衛首都，9 月 4～9 日，英法聯軍與德軍共投入兵力二百多萬人，在馬恩河 (Marne) 沿岸展開了空前激烈的遭遇戰。數日的血戰令德國難以支撐，遂全線撤退，結果協約國軍隊取得了「奇蹟般的勝利」。這一戰役，宣告了德軍速戰速決計畫的破產，迫使德軍陷入東西兩線作戰的困境。隨後，德軍又發動了「奔向海邊」戰役，企圖切斷英法兩國之間的聯繫，但未能成功。此後直到 1916 年初，英法聯軍與德軍在西線進入了長期的對峙局面。此間，法國展開了積極的外交戰，並成功地敦促義大利退出三國同盟，加入到協約國一方作戰。

圖 31：第一次世界大戰期間，法國婦女紛紛走出
家庭，從事軍需品的生產。

　　1916 年 2 月 21 日，在東線局勢穩定後，德軍在法國東北重
鎮凡爾登附近發動了大規模的反擊戰。凡爾登是通往巴黎的門戶，
此役對法國至關重要，英法聯軍為此投入了空前規模的兵力與武
器。戰役持續了十個月之久，為爭奪這塊彈丸之地，雙方傷亡達
一百萬人。在兩敗俱傷的情況下，戰役宣告結束。在凡爾登戰役
期間，英法兩軍在經過精心準備後，於 7 月 1 日發動索姆河戰
役，戰役持續了四個多月，雙方死傷一百三十萬人。此役使得德
軍主力損失慘重，以致再也無法恢復過去的戰鬥力。

　　到 1917 年時，大戰初期那種狂熱的愛國熱忱逐漸被戰場上沉
重的傷亡數字所抵消了。再加上國民經濟的軍事化，使得人民的
生活處境日益惡化。民眾的一種反戰情緒在逐漸增長，統治集團
內部的矛盾與鬥爭也不斷加深。面對國內的經濟政治危機以及國
外戰場上的困境，法國迫切需要建立一個強有力的政權。正是在

圖 32：1917 年大戰結束前夕的冬天，巴黎市民排隊領
取政府配給的煤炭。

這一背景下，普恩加萊拋棄個人情感，授命有著「老虎」之稱的
克里蒙梭上臺組閣。

　　上臺伊始，克里蒙梭就大力煽動民族沙文主義，鼓吹要將戰
爭進行到底。在打擊與鎮壓國內和平發展勢力的同時，他在國內
又強化了法國的戰爭機器，使得法國軍事實力有明顯增強。通過
艱苦的外交努力，克里蒙梭解決了存在已久的西線協約國軍隊統
一指揮問題，法國的福煦 (Foch) 將軍隨後出任西線聯軍總司令。

　　十月革命爆發後，俄國退出了戰爭，藉此良機，1918 年 3～
7 月，德軍在西線集結了一百九十個師的兵力，發動了四次猛烈
的攻勢，但最終被聯軍所擊退。7 月 15 日～8 月 4 日，德軍又發
動了第二次強渡馬恩河的戰役，聯軍以優勢兵力與武器進行阻截。

圖 33：1918 年 11 月，貢比涅森林
的雷通德車站，法德兩國簽訂了停
戰協定，第一次世界大戰結束。

德軍無功而返，此後，協約國逐漸奪取了戰略上的主動權。

　　從 1918 年 8 月中旬開始， 英法聯軍在西線發動大規模的總反攻。德軍的齊格菲 (Siegfried) 防線、興登堡 (Hindenburg) 防線等先後被突破，只得退守安特衛普－馬斯 (Anvers-Mars) 陣地。在德國全線潰敗之際，保加利亞 (Bulgarie)、土耳其先後退出戰爭，奧匈帝國也宣布投降，德國國內還爆發了十一月革命，窮途末路的德國只得求和認輸。11 月 11 日，在法國東北部貢比涅森林的雷通德 (Rethondes) 車站，法德兩國簽訂了停戰協定。第一次世界大戰以法、英等為首的協約國勝利而告終。

第 III 篇

危機與挑戰：當代法蘭西

第七章 | *Chapter 7*

戰後重建、大蕭條與二戰

第一節　戰後初期的重建

一、巴黎和會與〈凡爾賽和約〉

　　法國雖然贏得了勝利並成為主要戰勝國，但卻為此付出了沉重的代價：作為一戰的主戰場，法國在戰爭期間死亡官兵一百三十多萬，受傷近三百萬，物質損失高達一千三百四十億法郎，昔日的高利貸帝國由此欠下美、英兩國外債近三百億法郎。基於此，在即將召開的巴黎和會上，法國決意對德國進行徹底清算，以彌補自己的損失；同時趁德國戰敗之際，重樹法國在歐洲大陸的霸權地位。

　　正是在法國政府的外交努力下，1919 年 1 月 18 日，戰勝國的分贓會議——巴黎和會在凡爾賽宮隆重召開，法國總理克里蒙梭擔任大會主席。會議一開始，復仇心切的法國代表團就提出了

一整套削弱德國的計畫：其一，收回亞爾薩斯和洛林，占領德國的薩爾 (Sarre) 礦區，將萊茵河作為法德邊界，並在其左岸建立受法國保護的萊茵共和國；其二，聲稱「要德國佬把老本都賠光！」，向德國索取天文數字般的二千零九十億法郎的戰爭賠款；其三，徹底裁減德國軍備，瓜分德國的海外殖民地。

儘管法國代表團在和會上積極活動，但是英、美兩國反對過分削弱德國，因而對法國的計畫並未全部贊同。各方之間經過激烈的討價還價後，到 6 月 28 日，懲治德國的〈凡爾賽和約〉終於簽訂了。這份和約雖然未能滿足法國的全部要求，但是其諸多條款讓法國頗感滿意：法國如願收回亞爾薩斯和洛林，取得薩爾礦區十五年的開採權；萊茵河左岸由協約國占領五至十五年，右岸被宣布為非軍事區；法國取得德國在非洲一些殖民地的託管權；在賠款委員會確定總數額之前，德國將在 1921 年 5 月前先交付二百億金馬克，其中一半歸法國。然而，〈凡爾賽和約〉對於法國的安全沒有提供任何切實保障，雖然美、英兩國已經分別做出共同保證法國東部邊界安全的保證，但由於美國參議院未批准該條約，故今後法國只有靠自己的努力去保障自身安全了。

二、戰後經濟的恢復與繁榮

飽受戰爭摧殘的法國，戰後面臨的最為緊迫的任務，就是經濟的恢復與發展。戰爭期間鉅額的物質損失，使得法國由資本輸出國淪為債務國。1920 年代的法國，長時間面臨財政困難。為彌補財政虧空，政府大量發行國債，到 1923 年達到三百零五兆法

郎，可是財政入不敷出的狀況依然持續。政府一度採取通貨緊縮政策，但法郎貶值勢頭依然不減。 1923 年，法郎貶值達到 30.94%。與貨幣貶值相伴隨的是通貨膨脹，1926 年達到了頂峰。如果將 1913 年的物價指數定為 100，到 1926 年 7 月則高達 806。這樣，法郎的國際地位急劇惡化。1926 年的 3～7 月，英鎊與法郎的比價，從 1：135.81 猛升至 1：199.03，國際市場上針對法郎的投機活動始終不斷。此時的法國，正處於經濟崩潰的邊緣。

　　戰後的歷屆政府，從「國民聯盟」內閣到「左翼聯盟」內閣，在緩解國家財政危機方面也採取了一些措施，但收效甚微。直到 1926 年 7 月普恩加萊「國民聯合」內閣成立後，法國的財政狀況才大為改觀。作為一位頗有威望的政治家和較有影響力的財政學家，普恩加萊將整頓財政、穩定金融市場、平抑法郎貶值作為內政的首要目標。政府採取的措施包括：提高稅率，增開新稅，增加國庫收入；清理國庫，發行各種短期或長期國債，以確保收支平衡；推行機構改革，裁員節支，減少財政赤字；委託法蘭西銀行收買外匯和黃金，提高貼現率。這些措施發揮良好的效果：法國的財政收入迅速增加，國庫出現盈餘，通貨膨脹率下降，法郎的信用和地位也正在恢復，國家的經濟實力也逐漸增強。

　　1929 年塔迪厄 (Tardieu) 上臺後， 更是信誓旦旦地推行發展經濟的「繁榮政策」。內閣通過了國民裝備計畫，準備撥款五十億法郎，預計五年內用全新的裝備促進工業、農業、商業、交通、電訊等部門的現代化。 雖然由於大蕭條的來臨而使得該計畫在 1930 年代夏然而止，但其成效依然有目共睹：當英、美等國陷入

大蕭條時，法國依然能夠一枝獨秀地維持著繁榮局面。

總體而言，到了 1920 年代後期，法國基本上完成了國民經濟的恢復與重建工作：固定資本得以更新，技術改造也在推行，勞動生產率大大提高，國外市場也更加廣闊了。從工業總產量來看，1924 年已經第一次超過了戰前水準，1924～1929 年間，工業發展速度每年達到 5% 以上，超過了戰前的 3.4%，在國際上已超過英、德，僅次於美國。對外貿易總額也在增長，占世界貿易的比例達到 6%。農業生產則一直呈緩慢發展態勢，不過到 1925 年，農業生產也恢復到了戰前水準。值得注意的是，農業現代化的速度此時大有提高，耕作技術不斷改進，作物產量有所提高。社會經濟的發展，為人民生活水準的提高創造了前提條件，法國的人均收入水準有所上升；同時政府也相應地實施了一系列社會福利措施，如實行《失業補助金法》、養老金制度，對老弱病殘者實施津貼制度等，社會矛盾大為緩解。

三、賠款問題與魯爾危機

1920 年代的法國長期受到財政危機的困擾，為此歷屆政府將解決德國賠款問題作為外交政策的主要目標之一。不過，1919 年的巴黎和會並沒有對德國的賠款問題做出最終解決方案。1920 年 7 月，賠款委員會確定法國應得到賠款的 52%。1921 年 4 月，倫敦 (London) 會議則確定德國賠款總數為一千三百二十億金馬克，每年交付二十億馬克。雖然德國接受了戰勝國提出的賠款要求，但是卻採取「履行它，就是要證明它無法履行」的策略，並且利

用戰勝國之間的分歧，消極對待賠款問題，由此終於引發了一場尖銳的軍事政治危機。

1922 年，一向仇視德國的普恩加萊組建了第二屆內閣。他上臺伊始就強調法國面臨的頭等大事就是賠款問題，德國必須支付賠款。同年 7 月和 11 月，德國以馬克貶值、財政困難為由，請求延期支付賠款。英國支持德國的請求，法國則認為德國人在「賴帳」，對此堅決反對。內閣為此還做出決定：一旦德國拒絕支付賠款，法國將對德採取強制手段，包括出兵占領魯爾 (Ruhr)。英、法之間在德國賠款問題上的矛盾不斷激化，法國遂決定單獨對德國採取軍事行動。

1923 年 1 月 11 日，法國聯合比利時，出兵十萬占領了德國的魯爾工業區，企圖藉此強迫德國賠款，從而釀成了當時歐洲最嚴重的國際事件——魯爾危機。德國對此反應強烈，宣布斷絕與法、比的外交關係，並號召占領區的德國人進行「消極抵抗」。頓時，當地通訊和郵政中斷，工礦企業紛紛罷工，占領軍還遭到當地人的襲擊。法國則針鋒相對，加強對占領區的軍事管制，接管礦山、鐵路和企業，並將魯爾的煤、鐵等運往法國。魯爾危機使德國經濟遭受嚴重打擊，工業生產下降，馬克大幅貶值，資金大量外流，通貨膨脹加劇，失業率上升，導致古諾 (Gounot) 政府下臺。新組建的斯特萊斯曼 (Stresemann) 政府被迫宣布停止「消極抵抗」，法國似乎取得了暫時的勝利。

然而，占領魯爾的舉動對於法國也是得不償失：每天十億法郎的占領費用使得早已陷入危機的法國財政猶如雪上加霜，在外

交與道義上法國也受到國際輿論的譴責，英、法矛盾由此進一步激化。8 月 11 日，英國向法國發出照會，要求法國立即結束軍事占領，否則放棄在賠款問題上對法國的支持，美國支持英國的立場。為迫使法國讓步，英、美兩國還在國際市場上大量拋售法郎，造成法國財政狀況進一步惡化。10 月 25 日，法國不得不做出讓步，同意召開國際會議解決賠款問題，魯爾危機宣告結束。魯爾危機使得法國在賠款問題上的主動權喪失了，標誌著法國戰後外交從咄咄逼人的攻勢轉為處處被動的守勢，法國在歐洲大陸的霸權地位也遭到削弱。

為了解決延續已久的德國賠款問題，美國人開始積極出面。1924 年與 1929 年，由美國控制的賠款委員會分別提出並實施了「道威斯 (Dawes) 計畫」和「楊格 (Young) 計畫」。德國賠款數額進一步減少，還款條件進一步寬鬆。1929 年經濟大恐慌的爆發打亂了「楊格計畫」的實施。1931 年，美國根據德國的請求發表〈胡佛 (Hoover) 延債宣言〉，各國政府間債務一律延期一年支付。1932 年德國再次宣稱無力賠款，隨後召開的洛桑 (Lausanne) 會議決定，德國須最後繳付三十億馬克，作為免除賠款義務的補償。由於該計畫沒有得到美國的批准，德國從此停止支付賠款，延續了十多年的德國賠款問題最終不了了之。

四、聯合政府的更替

戰後十餘年間，法國的政局基本穩定。為了能夠贏得議會多數而上臺執政，一些政治綱領相同或相近的政黨或政治團體，在

大選前往往結成競選聯盟。這樣,在大選勝利後,法國出現的是幾屆多黨參加的聯合政府:國民聯盟政府、左翼聯盟政府與國民聯合政府。

1919 年 11 月,戰後法國第一次議會選舉拉開帷幕。此前,代表大資產階級和大地主階級利益的各右翼政黨,如民主聯盟、共和聯盟等組成了「國民聯盟」,並提出了一些蠱惑人心的競選口號:「反對布爾什維克和社會無秩序」,「保衛文明」等。他們還向選民許諾:保衛共和制,維護社會與宗教和平,國家與學校的世俗化,加快戰後重建工作,對德採取強硬政策,迫使其全面執行〈凡爾賽和約〉。由於激進黨❶也附和這一綱領,惟一的反對黨——社會黨遂無力與國民聯盟相抗衡。結果國民聯盟在議會選舉中大獲全勝,贏得議會三分之二的席位。1920 年 1 月,米勒蘭上臺組建了第一屆「國民聯盟」內閣,隨後依次登臺的有白里安、普恩加萊等。

米勒蘭執政期間,對內加強了對工會運動的進攻。1920 年 5 月的鐵路工人大罷工就遭到政府的殘酷鎮壓;政府還公然站在企業主一邊,拒絕同工人簽訂集體協議,拒絕實施八小時工作制。在對外政策方面,除了重建與梵蒂岡 (Vatican) 教廷的關係以外,政府推行反蘇抑德政策:一方面積極參與武裝干涉蘇維埃新生政權的反革命活動,另一方面以凡爾賽體系的維持者自居,主張用德國賠款重建法國。著名外交家白里安執政期間,在拼湊小協約

---

❶ 由原來的「激進社會黨」通過改組以後改名而來。

國、構建法國在東歐和南歐的勢力範圍以遏制德國東山再起方面，功績卓著。然而，面對日益嚴重的國內財政危機，白里安束手無策，而且他倡導的屈從英美、對德和解政策，更是遭到了國民的反對。1922 年一貫強硬的普恩加萊組建了新內閣，政府的首要任務就是解決賠款問題，結果引發了魯爾危機。這場外在的外交和軍事危機引發了國內的政府危機，議會中的激進黨由此轉變了支持政府的立場，與重建後的社會黨及其他一些較小的左翼政黨結成了「左翼聯盟」，聯合向普恩加萊政府施壓，致使「國民聯盟」陷入困境。

　　戰後初期法國政治生活中發生的最大變化之一，莫過於社會黨內部的分裂。社會黨內部分為左中右三派，在是否加入共產國際的問題上分歧很大。在 1920 年 12 月的圖爾代表大會上，由於左派卓有成效的宣傳、組織工作，大會多數代表投票同意加入共產國際，社會黨由此而改名為共產黨，弗羅薩爾 (Frossard) 擔任總書記；以勃魯姆 (Blum) 為首反對加入共產國際的少數派則從中分裂出去，繼續保持原有的社會黨的名稱，並參加了戰後多次組建的「左翼聯盟」，在法國的政治舞臺上十分活躍。

　　在 1924 年 5 月的戰後第二次議會選舉中，「左翼聯盟」擊敗了威信掃地的「國民聯盟」，激進黨領袖赫里歐 (Herriot) 上臺組閣，社會黨雖然支持政府但拒絕入閣。在內政方面，赫里歐內閣實行大赦，參加黑海 (Mer noire) 海軍起義的海軍與前總理卡約 (Caillaux)、前內政部長馬爾維 (Malvy) 等均被赦免，1920 年罷工中被解雇的鐵路工人被准許復職；實施世俗化法令，進一步促使

政教分離；普及中學教育，推行技術教育。在外交上，恢復與英、美的合作，與德國實現和解，宣布接受道威斯計畫，從魯爾撤軍；提出「仲裁、裁軍、安全」的協議書，主張通過仲裁方式解決一切國際爭端；抵禦來自右翼政黨的反對，與蘇聯建立了正式外交關係。

　　然而，赫里歐內閣的內外政策，卻遭到右翼勢力與大資產階級的反對。為反對累進稅制度，大資產階級抽走資金，人為地製造財政恐慌；法西斯主義性質的右翼團體和天主教右翼勢力在國內掀起了一系列騷亂，這令原先躊躇滿志的赫里歐一籌莫展，被迫辭職，潘勒韋 (Painlevé)、白里安先後組閣。二人無一不被國內矛盾與財政危機搞得焦頭爛額，為緩和國內危機，轉移民眾視線，潘勒韋發動了對摩洛哥、敘利亞 (Syria) 的殖民戰爭，白里安則在外交上有所建樹，他倡導「和平主義」與「集體安全」，直接促成了保障歐洲集體安全的〈羅加諾 (Locarno) 公約〉的簽訂，並因此而獲得 1925 年度的諾貝爾 (Nobel) 和平獎。然而，國內的財政危機仍在加劇，雖然赫里歐再度出山，但無力回天。1926 年 7 月，「左翼聯盟」的首次執政宣告結束。

　　接替「左翼聯盟」的，是普恩加萊組建的聯合右派與中派的「國民聯合」內閣。普恩加萊任總理兼財政部長，政府的十三個部長中，有六個是前總理。上臺之初，兼任財政部長的普恩加萊針對國際市場上法郎投機猖獗的情況，推行了大刀闊斧的財政改革，緩解了國內的財政危機，止住了法郎下滑的趨勢，使得法郎重新成為一種穩定的貨幣，因而贏得了「法郎拯救者」的美稱。

繼普恩加萊之後擔任內閣總理的是白里安，他從「左翼聯盟」中
退出後便加入「國民聯合」內閣，先後擔任外長和總理職務。白
里安繼續不遺餘力地推行法德和解與集體安全政策：1926 年 9
月，支持德國加入國際聯盟；1928 年 8 月，一手促成了有六十三
個國家簽字的〈白里安－凱洛格 (Kellogg) 公約〉的簽訂，這為和
平解決國際爭端提供了法律依據。

第二節　危機陰影下的政權更迭

一、姍姍來遲的經濟危機

　　1929 年 10 月，美國紐約 (New York) 華爾街 (Wall Street) 股
票市場的崩潰引發了全球經濟危機，資本主義各國一下子進入了
「大蕭條」時代。不過，與其他國家所不同的是，經濟危機在法
國卻是姍姍來遲。當 1929～1930 年其他資本主義國家在危機的漩
渦中苦苦掙扎時，法國卻正處於兩次世界大戰期間最為繁榮的時
期。此間，法國財政預算基本平衡，銀行儲備連年增加，除農業
以外，工商業與對外貿易仍在發展。凡此種種，令法國朝野盲目
樂觀：塔迪厄總理甚至還提出一項耗資五十億法郎發展經濟的「繁
榮政策」，廣大老百姓則深信法國是「危機世界之中的繁榮之島」。
　　然而，這種盲目樂觀情緒很快被一掃而空。1930 年底，經濟
危機終於波及到了法國。一時間，大批銀行倒閉，無數企業破產，
工業生產迅速下降，失業人數陡然上升，農產品大量積壓，對外

貿易萎縮，所有的危機症候一覽無遺地表現出來了。據統計，1931 年，法國工業生產下降 17.5%，生產指數只有 1913 年的 71%；失業人數達到十八萬人，到 1932 年 1 月增加到二十五萬人，1934 年達到四十二萬五千人。農產品的過剩使得其價格暴跌，1928～1934 年間，農民收入從四百三十億法郎減少到一百八十億法郎。外貿也陷入困境，1929～1937 年間，法國出口幾乎下降了四分之三。危機的全面衝擊使得法國財政收支出現赤字，1931 年為五十億法郎，1933 年增加到一百億法郎。

　　危機之下的法國處於一片蕭條狀態，雖然 1932 年春形勢有所好轉，但進入 1933 年後，情況又開始惡化，並一直持續到 1935 年春季，而從 1933 年起其他資本主義國家經濟開始逐步復甦了。這就反映出法國經濟危機的特點：爆發時間較晚，但持續時間較長，經濟復甦較為緩慢。持續的經濟危機，不僅極大地惡化了社

圖 34：1930 年代經濟危機衝擊下的法國失業者舉行遊行示威

會下層的生活狀況，降低了其生活水準，激化了社會矛盾，而且引發了法國的政治危機，各派政治力量之間鬥爭加劇，開始了新的分化組合，由此造成政局的動盪不安。

二、法西斯衝擊下的左翼聯盟政府

面對突如其來的經濟危機，法國各政治家們幾乎束手無策，由此而導致內閣更換頻繁。從 1929 年 11 月塔迪厄首次組閣到 1932 年 5 月的議會選舉，法國一共更換了八屆內閣，平均任期還不到四個月，這些內閣皆因無力應對危機而下臺。正是在這一進程中，法國政局開始出現右轉的趨勢，民主制度面臨前所未有的考驗。

在 1932 年 5 月的議會選舉中，激進黨、社會黨以及其他一些小資產階級民主派組成「左翼聯盟」，並取得了大選的勝利。激進黨人赫里歐再度出任總理，由此開始了為期兩年的第二次「左翼聯盟」執政時期。不過，「左翼聯盟」政府拿不出行之有效的對付危機良策，仍然沿襲緊縮開支、降低工資、維持金本位等政策。此外，〈胡佛延債宣言〉以及德國賠款的大幅度削減甚至取消，更使得政府的威信盡失。然而，對「左翼聯盟」造成致命衝擊並最終促使其垮臺的，無疑是法西斯主義的崛起及其奪權活動。

在經濟危機的動盪年代中，人們都在思考「法國向何處去」這樣一個十分嚴峻的問題。在義大利、德國等法西斯崛起並上臺執政以後，法國的工商業巨頭都期望建立一個「強權政府」，來穩定法國的國內秩序。順應這一要求的法西斯團體遂紛紛湧現。實

際上，法國法西斯的最初出現可以追溯到 1920 年代，到 1930 年代以後走向全面活躍。主要的法西斯組織包括：「法蘭西團結」、「法蘭西行動」、「法蘭西主義」、「愛國青年」以及「火十字團」等。它們反對議會制和多黨制，主張建立個人獨裁，推翻法國的民主制度。其中，人數最多、影響力最大的當屬由拉羅克 (La Rocque) 上校領導的「火十字團」。該組織成立於 1927 年，最初由獲得「戰爭十字勳章」的退伍軍人組成，具有嚴密的組織和紀律性，提出「挽救民族、榮譽、秩序和財產」等口號。「火十字團」在危機年代的發展速度十分驚人：1934 年春季還只有三萬五千人，夏季即超過十萬人，翌年發展到二十萬人，1935 年多達四十五萬人。該組織成員隨之擴展到社會各階層，擁有各類武器和飛機，成為一支不可忽視的社會力量。

1933 年初希特勒 (Hitler) 在德國上臺以後，受到鼓舞的法國法西斯組織蠢蠢欲動。它們利用人民的不滿情緒和政治與財政醜聞，頻繁向民主政府發動攻勢。其中最引人注目的莫過於藉斯達維斯基 (Stavisky) 醜聞而發動的「二‧六騷亂」。1934 年初，法國報界披露了白俄僑民斯達維斯基從事金融投機和詐騙、數額達三十五億法郎的醜聞，而被其收買的政界、警界和司法界人士共一千二百多名。醜聞曝光後，輿論譁然，斯達維斯基出走後自殺身亡，但更加深入的調查表明，確實有許多議員與官員涉及此案。各法西斯組織立即行動起來，發動群眾接二連三地發起遊行示威，聲稱「期待已久的民族革命已經到來」。肖當 (Chautemps) 內閣被迫辭職，新上臺的達拉第 (Daladier) 內閣則面臨嚴峻的考驗。

　　2 月 6 日傍晚，當國民議會正在就新政府進行信任投票時，四萬多名法西斯分子將議會所在的波旁宮團團圍住，並多次發起攻擊，企圖一舉解散議會，建立法西斯專政。守衛的警察被迫開槍，引發了雙方的暴力衝突，造成了十七人死亡、二千三百二十九人受傷，法西斯奪權的陰謀被粉碎了。不過，雖然在議會信任投票中順利通過，但無力挽回局勢的達拉第仍然辭職，杜梅格 (Doumergue) 隨後組建了一屆聯合政府。此後，直到 1936 年議會選舉時為止，內閣像走馬燈一樣頻繁更換，但始終無力帶領法國走出經濟危機的泥潭。

三、人民陣線政府

　　由於法西斯主義日益猖獗，促使法國三大左翼政黨不得不尋求聯合，以挽救法國的民主制度。「二‧六騷亂」後，共產黨與社會黨先後舉行了聲勢浩大的反法西斯遊行示威。在共產國際的幫助下，多列士 (Thorez) 領導的共產黨完成了策略的轉變，對社會黨採取聯合的積極主動態度，勃魯姆領導的社會黨隨之做出了積極反應。在經過多次接觸與商談後，兩黨簽訂了〈統一行動公約〉，宣布兩黨停止互相攻擊和批評，共同反對國內外法西斯主義。在 1935 年 5 月市政選舉中失利的達拉第領導的激進黨，隨之也走上了與共產黨與社會黨聯合的行列。7 月 14 日，在紅旗與三色旗的指引下，三大黨共同組織了一次五十萬人的聯合大遊行，「決心為給勞動者以麵包，給青年以工作，給世界以和平而奮鬥」。這標誌著三大左翼政黨聯合組建的人民陣線的正式誕生。

1936 年 1 月，人民陣線提出了以「麵包、和平、自由」為核心的〈人民陣線綱領〉，並在隨後舉行的議會選舉中取得了輝煌勝利。6 月 4 日，勃魯姆領導下的首屆人民陣線政府宣告成立。新政府首先面對的是從 5 月開始席捲全國的罷工潮。 為此，政府在勞資雙方之間進行了頗有成效的協調， 終於促成了〈馬提翁 (Matignon) 協議〉的通過。該協議的內容包括：完善訂立集體合同制、承認工人加入工會的權利、提高工資水準等。隨

圖 35：1936 年勃魯姆政府推行的每年十五天的休假制，令普通大眾享受到難得的閒暇。

後，政府又採取了改善勞動者工作條件與福利待遇的措施，如每週四十小時工作制、每年十五天的帶薪休假制、增加對失業工人的補助等。為儘快走出危機、加快復甦進程，國家還加強了對經濟生活的干預，一系列的社會改革得以推行：改組法蘭西銀行、軍工企業實施國有化、建立全國鐵路公司及對中小企業實施貸款。

勃魯姆政府的各項政策，深受普通民眾歡迎，並取得了一定成效。然而，大資產階級與右翼勢力卻極為不滿，一些金融資本家採取「資本囤積」、「資本外逃」等方式加以對抗，致使國家財政狀況一直窘迫，法郎持續貶值。1937 年 6 月，被財政危機困擾

的勃魯姆被迫辭職，「勃魯姆試驗」以失敗而告終。隨後，肖當、勃魯姆本人以及達拉第先後組閣，雖然政府仍宣稱忠於〈人民陣線綱領〉，但實際上，迫於大資產階級和右翼勢力的壓力，肖當和達拉第政府開始推行多項與〈人民陣線綱領〉大相徑庭的政策，如增加稅收，取消每週四十小時工作制，武力鎮壓工人罷工運動等。1938 年 11 月，激進黨宣布退出人民陣線，隨後對於共產黨及其領導下的罷工運動進行了嚴厲鎮壓，人民陣線至此徹底瓦解，達拉第領導下的激進黨一直執政到 1940 年 3 月為止。

　　人民陣線運動雖然因種種原因以失敗而告終，不過，在法西斯主義橫行的 30 年代後期，它執掌政權長達兩年多時間，成功地遏制了法西斯主義在法國的上臺，避免法國走上德、義式的法西斯道路。僅就這一點而言，其歷史意義非常巨大。

第三節　安全外交：從結盟到綏靖

一、遏制德國的結盟政策

　　〈凡爾賽和約〉的簽訂雖然極大地削弱了德國，使法國報了普法戰爭以來的一箭之仇。不過，由於巴黎和會以後英、美兩國並未以條約形式來保障法、德邊界，致使法國不得不為尋求自身安全而繼續努力。兩次世界大戰期間，尋求安全成為法國對外政策的最主要目標，我們稱其為「安全外交」。

　　總體而言，此間法國歷屆政府為實現這一目標而採取了不同

政策。以 1935 年為界，前一階段的戰後十六年時間，法國政府為了遏止德國東山再起，一方面對德國採取強硬的外交政策，另一方面，積極與周邊的歐洲中小國家結盟，力圖通過建立歐洲集體安全體系的方式來確保自身的安全。不過，到 1935 年後，傳統的結盟政策被逐漸拋棄，法國與英國一起，走上了綏靖政策的道路。雖說綏靖政策的出發點仍然是為了維護自身安全，但結果卻適得其反。法國自食其果，成為這一政策的最終犧牲品。

一戰結束後，一貫推行歐陸「均勢」政策、不願意承擔大陸義務的英國拒絕與法國結盟，而法國又不願意與社會主義國家蘇聯結盟。這樣，法國只好退而求其次，積極向德國周邊的中小國家尋求結盟，以期維護領土安全。同樣對自身安全極為關心的中小國家做出了積極回應。1920 年 9 月，法國與比利時簽訂了軍事協定；1921 年 2 月，法國和波蘭締結了同盟條約；1924 年 11 月，法國又與捷克 (Czechoslovakia) 締結了同盟條約，從而在歐洲大陸建立起一個以法國為首而主要針對德國的同盟體系。此外，為防止戰敗國匈牙利、保加利亞東山再起，法國還分別與捷克斯洛伐克、羅馬尼亞、南斯拉夫締結了雙邊同盟條約，從而在中南歐也形成了一個同盟體系，俗稱「小協約國」。

然而，不少人認識到，與法國結盟的中小國家畢竟力量有限，一旦戰爭爆發，它們難以真正成為遏制德國侵略的屏障。為此，1925 年白里安擔任外交部長後，外交政策的中心發生轉移。改善各國關係，建立集體安全體系以維持永久和平，成為法國積極追求的目標。也正是在白里安的努力下，1925 年 10 月，英、法、

德、義、比、捷、波七國簽訂了〈羅加諾公約〉：承認維持德、法與德、比間的領土現狀以及萊茵區的非軍事化，由英國和義大利作為擔保；各國間約定不以武力解決一切爭端；作為交換，德國被允許加入國聯，並獲得常任理事國地位。該公約的簽訂，是在歐洲安全問題上對〈凡爾賽和約〉的一次重大調整，它暫時解決了長期懸而未決的歐洲安全問題，改善了法、德關係，歐洲國際關係由此進入一個相對穩定的時期。

不過，1929 年全球經濟危機爆發後，國際形勢陡然發生變化。特別是希特勒在德國上臺以後，一方面瘋狂地擴軍備戰，另一方面力圖擺脫〈凡爾賽和約〉的束縛，這對於剛剛建立起來的歐洲安全體系無疑是一重大威脅。此時，法國繼續奉行對德強硬的外交政策，這表現在裁軍與德國所要求的軍備平等問題上。在 1932 年 2 月召開的國際裁軍大會上，法國表示，在集體安全體系尚未建立之前，它不會考慮裁軍問題。同時，針對德國的軍備平等要求，法國表示堅決反對。1933 年 10 月，德國先後退出裁軍大會和國聯，開始放手擴充軍備，法國對此反應強烈。

1934 年 2 月巴爾都 (Barthou) 出任外交部長後，對德強硬的外交政策發展到頂峰。巴爾都反對削減軍備開支，主張維持強大的陸軍，以同德國相對抗；在國際上，巴爾都致力於建立與鞏固抗德聯合陣線，倡導與蘇聯簽訂〈互不侵犯條約〉與〈法蘇互助條約〉。同時他還遍訪波、捷、羅、南等國，希望它們與法、蘇一起訂立〈東方條約〉。巴爾都的活動使納粹德國感到了威脅，10 月 9 日，巴爾都在馬賽被德國雇用的刺客暗殺身亡，這標誌著法

國與德國相抗衡、稱雄歐陸的時代終結。

二、走向綏靖之路

　　繼巴爾都之後，皮埃爾・賴伐爾 (Pierre Laval) 繼任外交部長，這是法國外交政策的轉折點。賴伐爾採取一種機會主義的態度，試圖與英、德、義、蘇都保持良好關係，甚至不惜對德、義法西斯勢力做出無原則的妥協，因此他被史學家們認定為是將法國引向綏靖主義道路的始作俑者。進入 1935 年後，國際危機一步步加深，此時的法國外交則完全喪失了獨立性，惟英國馬首是瞻，置弱小國家或民族的利益不顧，共同推行綏靖政策，從而進一步加速了第二次世界大戰的爆發。

　　繼任之初的賴伐爾暫時奉行了法國傳統的外交政策，繼續對德持強硬態度。1935 年 3 月，當德國宣布建立空軍、推行普遍義務兵役制時，賴伐爾當即提出抗議，並向國聯控告德國，要求實施集體制裁。5 月，他繼承了前任未竟之事業，對蘇聯進行了友好訪問，並正式簽訂了醞釀已久的〈法蘇互助條約〉。不過，從總體上而言，尤其是在其擔任總理以後，賴伐爾完全改變了法國對外政策的基調：第一，從著重聯合蘇聯變為更加倚重與義大利的接近；第二，從遏制德國變為謀求法、德妥協。

　　1935 年 1 月，賴伐爾與墨索里尼 (Mussolini) 經過四次會談後，簽訂了〈法義協定〉。該協定以出讓大片非洲殖民地的代價，換來了義大利在突尼斯義大利僑民問題上的讓步，它為義大利在非洲的侵略活動，特別是隨後對衣索比亞 (Ethiopia) 的侵略，打

開了方便之門。1935 年 6 月至 1936 年 1 月，賴伐爾擔任政府總理，此間義大利入侵衣索比亞的戰爭爆發。雖然法國加入了國聯制裁義大利的行列，但實際上賴伐爾採取了親義的立場。1935 年底，賴伐爾與英國外交大臣霍爾 (Hawel) 在巴黎秘密締結了出賣衣索比亞的〈霍爾－賴伐爾協定〉。協議內容被披露後，兩國輿論譁然，結果霍爾與賴伐爾雙雙下臺。也正是在法、英等國的綏靖之下，義大利不久就實現了對衣索比亞的完全吞併；而事與願違的是，對義大利的制裁不僅沒有使其有所收斂，反而加速了德、義聯合的步伐。

　　法、德之間的萊茵邊界，一直與法國的國家安全密切相關。1920 年代法國與歐洲多個中小國家結盟，其目的就是為了維護萊茵邊界的安全，促使德國遵守〈凡爾賽和約〉中的相關規定。到1930 年代後期，萊茵邊界的安全則面臨著嚴峻挑戰。1936 年 3 月7 日，德軍公然撕毀〈凡爾賽和約〉，出兵占領了萊茵非軍事區，從而完成了擴軍備戰的一個重要步驟。德國此舉震驚了法國朝野，內閣中也分為主戰與主和兩派。法國為此訴諸國聯，要求〈羅加諾公約〉簽字國參與法國可能進行的對德軍事行動。但是，不願捲入大陸紛爭的英國對此明確拒絕，法國遂不敢單獨對德行動。這樣，雖然國聯發布一紙文書對德加以「譴責」，但德國還是成功地實現了萊茵區重新軍事化的目標。從很大程度上說，法國的屈就退讓成就了希特勒的軍事冒險。萊茵區的重新軍事化，大大削弱了法國的軍事防禦地位，加速了其同盟體系的分崩離析：比利時隨後放棄了 1920 年與法國構築的結盟關係，回到了中立的立場

上；受到鼓舞的德國開始在法、德邊界重新修築齊格菲防線，加緊擴軍備戰。

勃魯姆領導的人民陣線政府成立後，西班牙內戰爆發，德、義法西斯對佛朗哥 (Franco) 叛軍全力支援，西班牙人民陣線政府危在旦夕。勃魯姆政府曾一度決定要援助西班牙政府，但由於英國公開反對捲入，再加上國內右翼政治勢力的反對，勃魯姆政府終於一步步走向不干涉政策，並充當了推行不干涉政策的領頭羊。這一政策的後果是：孤軍奮戰的西班牙人民陣線政府，很快被德、義法西斯扶植的佛朗哥叛軍所推翻，一個親法西斯的獨裁政權在西班牙建立起來。從此，法國處於三面受敵的困境。而 1920 年代與法國結盟的國家對法國的不信任進一步加深，同盟體系名存實亡，小國紛紛另尋出路。

從 1938 年 4 月起，德國又連續製造了多起國際危機。面對德國法西斯咄咄逼人的攻勢，法國一再拋棄 1920 年代與其結盟的國家，而且亦步亦趨地與英國一起推行綏靖政策，並自欺欺人地宣稱是「為了和平、避免戰爭」，最終將世界拖入戰爭的死胡同。

1938 年春季，德國在經過長期謀劃後，正式吞併了奧地利。對於這一明顯違背〈凡爾賽和約〉中德、奧永不合併條款的舉動，法國做出的反應僅僅是口頭抗議。1938 年 5 月，為了吞併捷克，希特勒挑起了「蘇臺德 (Sutedy) 危機」。法國與英國一道，一味對德國退讓，並且一手簽訂了出賣捷克斯洛伐克領土與主權的〈慕尼黑 (Munich) 協定〉，綏靖政策的推行達到了頂峰。

在和平主義盛行的年代中，簽訂協定的達拉第總理被認為是

圖 36：1938 年 9 月 30 日，從慕尼黑歸來的達拉第受
到舉國一致的歡迎。

「和平的拯救者」而受到民眾的狂熱支持。當簽訂完〈慕尼黑協
定〉回國後，「和平萬歲！」、「達拉第萬歲！」的歡呼口號響徹法
蘭西。然而，在和平主義的表象之下掩蓋的，是法國民眾和政治
家對戰爭的恐懼已經達到了「集體怯懦」的程度。這到頭來不但
不能帶來和平，反而會進一步刺激侵略成性的法西斯國家放手發
動戰爭。

　　果然，在〈慕尼黑協定〉墨跡未乾之際，1939 年 3 月，德國
出兵吞併了整個捷克。達拉第這才認識到上當了，戰爭的爆發已
不可避免。1939 年 3～5 月間，當希特勒進一步提出染指波蘭的
無禮要求時，雖然法英兩國轉而採取強硬態度，但戰爭的步伐已
無力阻止。

第四節　淪亡與重生：二戰中的法國

一、法國的潰敗與第三共和國的終結

　　1939 年 9 月 1 日，德軍大舉入侵波蘭，從而拉開了第二次世界大戰的序幕。此時，達拉第居然還準備通過「心平氣和的談判」方式來解決衝突，但遭到希特勒的拒絕。無奈的法國遂與英國一起，聯合對德宣戰。〈慕尼黑協定〉後法國民眾對和平的迷信和希望，終於被戰爭的炮火轟得粉碎。同一戰一樣，法國又一次陷入戰爭的泥潭。不過，這一次，它付出的將是更為慘痛的代價。

　　戰爭爆發後，雖然達拉第總理號召人民「為保衛我們的土地、我們的家園、我們的自由而鬥爭」，但實際上，法國卻是宣而不戰。從 1939 年 9 月 8 日至 1940 年 5 月 10 日，在西線的法、德邊界的馬其諾 (Maginot) 防線，雖然英、法聯軍集結了超過八十個師的兵力，而與之對峙的德軍只有二十三個師，但法國政府多次不理會波蘭的求救要求，讓西線軍隊按兵不動，從而長期維持「西線無戰事」的局面，這在歷史上稱為「奇怪的戰爭」。在此期間，法軍與德軍僅僅進行了幾次象徵性的交戰，絕大多數時間，法軍只是待在戰壕中無所作為，百無聊賴，甚至還有 15% 的軍隊獲准在外地休閒度假。「奇怪的戰爭」的出現，是英、法長期奉行的綏靖政策的繼續，其不可告人的目的在於：希望德國在滅亡波蘭以後能夠迅速東進，發動對蘇聯的侵略戰爭。這樣，法西斯主義與

共產主義互相殘殺，而英、法等西方民主國家則能坐收漁利。它所造成的結果是：孤軍奮戰的波蘭在堅持了三十五天的抗戰後，終於向德國宣告投降。

波蘭滅亡後，德國開始進攻北歐的挪威和丹麥，西線暫時恢復了平靜。然而，法國政府內部主戰與主和兩派的鬥爭卻十分激烈。1940 年 3 月 20 日，威信盡失的達拉第政府失去議會信任而下臺，由主戰派的雷諾上臺組閣。5 月 10 日，德軍投入了二百萬軍隊，在西線向比利時、荷蘭、盧森堡發動了全面進攻，弱小的比、荷、盧三國無力抵抗，很快投降，戰火隨即蔓延到了法國境內。此時，雖然法國仍是歐洲陸軍力量最強大的國家，完全有實力與德國展開決戰，但一方面，由於德軍避開馬其諾防線而發動西線戰爭，致使防線內的幾十萬軍隊無所作為；另一方面，法軍對於德軍的主攻方向判斷失誤，沒有料到德軍會穿過具有「天險」之稱的阿登 (Ardennes) 山區、強渡馬斯河 (Meuse) 而進入法國腹地。德軍凌厲的閃電攻勢，打得英法聯軍措手不及。

在德軍的追擊下，近四十萬英法聯軍被困在法國港口城市敦克爾克 (Dunkerque)。5 月 26 日～6 月 24 日，英、法兩國組織起數千艘各類船隻，執行將軍隊撤回英國的「發電機計畫」。在德國空軍晝夜轟炸的不利形勢下，近三十四萬英法聯軍順利撤到海峽對岸的英國，但負責守衛的四萬法軍被俘，無數的武器輜重落入德軍手中。敦克爾克大撤退後，德軍在西線戰場上更是勢如破竹，色當防線很快被突破，巴黎已經岌岌可危。政府被迫先後遷往圖爾與波爾多。更為雪上加霜的是，義大利此時趁火打劫，對法國

宣戰，從阿爾卑斯山區向法國南部發起攻勢，從而加速了法國的潰敗。

面對潰敗局面，政府內部兩派之間的爭論愈演愈烈，最終主和派占據上風。主戰派的雷諾總理被迫辭職，主和派的貝當(Pétain) 領導的政府隨即成立。此時，巴黎被宣布為「不設防城市」而被德軍兵不血刃地占領，馬其諾防線裡的軍隊也被包圍，貝當政府於是正式向德國宣布投降。6月22日，在第一次世界大戰勝利時法國與德國簽訂停戰協定的地方──貢比涅森林的雷通德車站，而且在同一節火車廂，法國與德國簽訂了屈辱的投降停戰協定。這意味著在一個多月時間內，曾經在歐陸稱霸的法國在法西斯鐵蹄的踐踏下已經淪亡了。

這份投降協定，除了割地賠款以外，法國被肢解為「占領區」與「自由區」，三分之二的國土為德軍憑刺刀接管的占領區，自由區雖然名義上由貝當政府統治，但仍然要受到德國的控制。根據

圖 37：1940 年 6 月，貝當在巴黎宣布投降。

德國占領軍的指示，法國政府隨即遷往南部小鎮維琪 (Vichy)，以
貝當為首的投降賣國政府因此又被稱為「維琪政府」。維琪政府所
做的第一件事就是埋葬第三共和國。7 月 11 日，在賴伐爾的操縱
下，參眾兩院舉行聯席會議，以絕對多數票通過決議，授權貝當
全權起草新憲法。根據貝當起草的制憲法令，「法蘭西國家」隨之
誕生，貝當任國家元首，擁有行政、立法以及任命重要官職等一
切大權。從此，由貝當實施個人獨裁的「法蘭西國家」正式取代
了「法蘭西第三共和國」，在歷史上延續七十年的第三共和國就此
終結。

二、抵抗運動的興起與法國的解放

　　維琪政府成立後，立即走上了反民主、反共和的道路。貝當
提出「民族革命」的口號，要求建立一個「新的、勇敢的、極權
的、社會的、民族的制度」去取代「議會制民主」。貝當還拋棄了
大革命以來法國確立的「自由、平等、博愛」的傳統，而將「勞
動、家庭、祖國」作為民族革命的核心，其實質就是要在國內推
行法西斯化。在對外政策方面，貝當政府不惜賣國求榮，推行全
面的對德「合作政策」：承認擊敗英國是法國與軸心國的共同利
益，參與討論反英聯合軍事行動，允許德、義軍隊使用其北非殖
民地，參與德軍在蘇德戰場上的戰鬥，等等。正當維琪政府在與
德國占領當局合作的道路上越走越遠時，一股強大的反對德國占
領當局的抵抗運動在國內外迅速發展壯大起來，其中最主要的是
戴高樂 (de Gaulle) 將軍領導的「自由法國」運動。

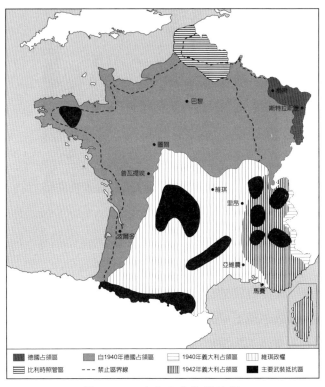

圖 38：二次大戰末期的法國

　　1940 年 6 月，當法國即將全面潰敗之際，主戰派的國防部次長戴高樂眼見大勢已去，隻身出走英倫。面對貝當政府的屈膝投降，6 月 18 日，他通過英國廣播公司發表演說，號召法國人民繼續抗戰。戴高樂說：「無論發生什麼事情，法國抵抗的火焰不能熄滅，決不能熄滅！」在英國的支持下，戴高樂隨後開創了「自由法國」運動，而英國政府承認戴高樂是「自由法國人的領袖」。這樣，一個與維琪政權並存的海外流亡政府──「自由法國」終於

圖 39：1940 年 6 月 18 日，戴高樂在倫敦
發表繼續抵抗的廣播演說。

誕生了。

　　不過，成立之初的自由法國力量仍十分弱小。至 7 月底，其
所招募的軍隊不過七千人，但畢竟有了自己的第一支軍隊。為了
動員各方力量投入到反對維琪政府和德國占領當局的戰鬥，戴高
樂加強了與法國各海外殖民地，尤其是非洲殖民地的聯繫，力爭
將其納入自己的領導之下。這一工作卓有成效，非洲的查德
(Chad)、喀麥隆 (Cameroon)、剛果、烏班吉 (Ubangi)、加彭
(Gabon)，還有大洋洲各殖民地以及法屬印度都站到了自由法國一
邊。海外抵抗運動的力量不斷發展壯大，至 1942 年，自由法國的
軍隊已增加到七萬多人。這些軍隊活躍在反法西斯的各條戰線上，
尤其是參與了英軍在非洲各戰場上打擊德軍的軍事行動，成功地
解放了衣索比亞、利比亞 (Libya) 等國。

　　就在戴高樂領導的海外抵抗運動蓬勃發展之時，法國國內的

抵抗運動也從無到有地開展起來。相對而言，國內抵抗運動的開展，面臨著極端困難的條件，並且經歷了從自發到自覺、由單個行動到逐步地有組織行動的過程。在這一過程中，一些大的抵抗組織或運動相繼形成。具體來看，北部地區主要有五個抵抗組織：「保衛法國」、「解放」、「抵抗」、「解放北方」和「軍政組織」；南部地區主要有三個組織：「解放南方」、「戰鬥」、「自由射手」。值得注意的是，還有一個跨地區的抵抗組織，這就是共產黨領導的「民族陣線」。這些組織各自以不同的方式投入抵抗運動，不過彼此之間缺乏協調與溝通，因而難以形成一支強大的力量。更為重要的是，在 1942 年前，海外抵抗運動與國內抵抗運動之間缺乏聯繫。形勢的發展使得戴高樂認識到聯合國內抵抗組織的必要性，1942 年 1 月，戴高樂派遣尚‧穆蘭 (Jean Moulin) 進入國內，讓他以自由法國在國內總代表身分與各抵抗組織接觸，以試圖將它們納入自由法國的領導之下。為進一步突出下一階段的目標，7 月，自由法國易名為「戰鬥法國」。在尚‧穆蘭的積極努力下，國內南北抵抗運動不僅實現了統一，而且準備接受戴高樂的統一指揮。1943 年 5 月，由尚‧穆蘭擔任主席的「全國抵抗運動委員會」在法國本土成立，它承認「戴高樂為法國抵抗運動的惟一領袖」。這標誌著海內外的法國抵抗運動已經走到了一起，從而極大地提高了戴高樂的國際聲望。

　　1942 年 11 月，英、美盟軍在北非登陸後，美國扶植法國前第三軍軍長吉羅 (Giraud) 出任北非法軍總司令，讓其參與盟軍在北非的戰役。這樣，在吉羅與戴高樂之間，在關於誰是法蘭西民

族領袖問題上爭論得不可開交。不過，在英、美的壓力下，戴高樂與吉羅實現了妥協。 1943 年 5 月 30 日，兩人在阿爾及爾 (Alger) 簽訂了〈共同成立法蘭西民族解放委員會協定〉，由二人共同擔任主席。委員會剛一成立，立即得到英、美、蘇等國的正式承認，實際上成為法國的臨時政府。不過，到了 9 月底，戴高樂不顧美國的反對，對委員會實施改組，成功地排擠了吉羅，讓自己單獨出任委員會主席。

　　1944 年 6 月 22 日，盟軍在諾曼地大舉登陸，第二戰場正式開闢，由此而揭開了法蘭西民族解放的新篇章。在戴高樂的號召下，戰鬥法國的幾十萬軍隊迅速投入了解放法國本土的戰鬥。國內的全國抵抗運動委員會也組織起五十萬內地軍，以游擊戰或武裝起義的方式來打擊窮途末路的德國占領軍。隨著德軍的潰敗，民族起義的浪潮開始席捲全國。至 7 月底，全國九十個省中約一半省份爆發了武裝起義，首都巴黎也於 8 月 19～24 日舉行了武裝起義。通過幾天奮戰，法國抵抗運動的戰士和巴黎人民用鮮血與生命的代價，迎來了首都的解放。隨後，戴高樂以英雄身分回到首都，受到群眾的夾道歡迎。

　　巴黎起義後，全國光復的進程大大加速。到 1944 年冬，法軍收復了幾乎全部的法國領土，只有小股德軍仍然盤踞在大西洋沿岸的港灣中。與此同時，內外交困的維琪政權也隨德國法西斯的崩潰而土崩瓦解。進入 1945 年後，法軍隨同盟軍一道，進入德國領土作戰，並取得了節節勝利。5 月 8 日，德國被迫在無條件投降書上簽字。受戴高樂的委託，法第一集團軍司令塔西尼

圖 40：1944 年 8 月 25 日，巴黎市民與游擊隊通過浴血奮戰
迎來了首都的解放。

(Tassigny) 參加了儀式。隨後，仍然盤踞在法國的德軍也舉手投
降。通過四年的浴血奮戰，法國人民終於擊敗了德國法西斯，迎
來了國土的完全光復。法蘭西民族在經歷了淪亡的悲劇後，現在
終於獲得了重生，一個新的時代也即將開始。

第八章 | *Chapter 8*

危機重重的第四共和國

第一節　從臨時政府到共和國確立

一、臨時政府的內外政策

早在法國解放前的 1944 年 6 月 3 日，為防止美國在法國扶植一個臨時軍事當局，戴高樂搶先一步，宣布將民族解放委員會改名為臨時政府。在隨後法蘭西民族解放的進程中，臨時政府開始一步步接管了各地的軍政大權。9 月 9 日，迫於國內抵抗運動派的壓力，戴高樂對臨時政府實施了改組，建立了有二十二名部長的「舉國一致內閣」，其中三分之一的成員來自國內抵抗運動組織，有兩名共產黨人首次加入內閣執政。

臨時政府成立後，面對被戰爭摧毀成一片廢墟的法國，在內政與外交方面採取了一系列有力舉措，力爭對內恢復正常的社會經濟秩序，對外重振法國的大國雄風。從內政方面看，在政治方

面，政府對於維琪政府的殘餘分子以及大量投敵者進行了毫不留情的懲治。在此期間，數萬人被捕，被判處死刑的近五千人，其中近千人被立即處死，臭名昭著的賴伐爾就在此列。貝當雖被判處死刑，但後來在戴高樂的過問下改判為終身監禁。從經濟方面看，大規模的國有化開始實施，北方煤礦、雷諾汽車廠、航空公司、主要新聞機構、保險公司、電力公司、煤氣公司以及法蘭西銀行和四大私人銀行，都全部收歸國有或改為國營。

面對日益惡化的經濟危機，政府採取通貨緊縮政策，凍結了物價與工資，同時發行了二千多億法郎的政府公債，以緩解政府的財政危機。在社會政策方面，政府通過了一系列有利於工人和廣大人民群眾的社會福利政策，如社會保險、家庭津貼、獎勵生育、恢復十五天帶薪休假制、縮短每週工作時間等。以上舉措，使法國迅速擺脫了戰爭的影響，並逐步走上了復興之路。

從外交上看，恢復法國的大國地位，成為戴高樂積極追尋的目標。雖然 1944 年 10 月臨時政府得到了盟國法律上的承認，但在此後關於戰爭進程以及戰後世界安排的一系列重要國際會議上，法國屢屢遭到排斥：頓巴敦 (Dumbarton) 橡樹園會議、波茨坦 (Potsdam) 會議和雅爾達 (Yalta) 會議上，人們都沒有見到戴高樂的身影。在這種極為艱難的處境下，戴高樂千方百計地改善與蘇聯、英國的關係。他成功地與蘇聯簽訂了為期二十年的〈法蘇同盟互助條約〉。隨後，在英國的支持下，法國獲得了參加盟國對德管制委員會的權利，參與多個國際組織的創建工作，並且還成為聯合國安理會常任理事國，這標誌著法國大國地位的基本確立。

二、第四共和國的建立

　　戰火剛一熄滅，各政黨之間圍繞著法國未來的政體問題，展開了激烈的鬥爭。1945 年 10 月，法國舉行了制憲議會選舉和公民投票，婦女首次獲得了選舉權，結果 96% 的選民同意新當選的國民議會擁有制憲權，這實際上是否決了第三共和國賴以立足的《1875 年憲法》。在議會選舉中，共產黨獲得一百五十九個席位而成為議會第一大黨，喬治‧皮杜爾 (George Bidault) 領導的人民共和黨❶獲得一百五十二個席位，社會黨獲得一百四十二個席位。由於得不到另外兩黨的支持，共產黨組閣的希望落空。11 月 21 日，由戴高樂領導的三黨聯合的臨時政府宣告成立。

　　由於在議會中難以尋求足夠的支持力量，戴高樂領導的政府與議會之間時常發生衝突，政府的多項議案遭到議會否決。為此，戴高樂迫切希望制訂一部加強總統和政府權力而削弱議會地位的新憲法，但遭到議會各黨派的堅決反對。1946 年 1 月 20 日，當政府的軍備法案又遭到議會否決時，心灰意冷的戴高樂宣布辭職，開始了退居幕後的生涯。

　　戴高樂離職後，議會中的三大黨簽署了合作協議，表示團結一致支持政府的決定，由此而開始了「三黨聯合執政」時期。4 月，制憲議會通過了由共產黨與社會黨提出的憲法草案。它規定建立一院制共和國，國民議會是國家最高權力機關，可以選舉產

---

❶　1944 年 11 月創建，屬於右翼政黨。

生總統和任命總理，並可以隨時推翻政府。由於人民共和黨的反對，在隨後的公民投票中，這一憲法草案未能獲得通過，這直接導致了制憲議會被解散。在隨後的大選中，人民共和黨成為議會第一大黨，其領袖皮杜爾領銜組閣，並於 8 月 2 日提出一個折中的憲法草案。

　　根據這部新憲法草案，法蘭西第四共和國為多黨議會制國家。議會由國民議會和共和國參議院組成，國民議會擁有至高無上的權力，總統由議會兩院聯合選舉產生，有權根據國民議會提議任命內閣，內閣必須對議會多數派負責。這表明，新生的第四共和國將是一個典型的議會制國家。10 月 13 日，新憲法草案在全民投票中以微弱多數獲得通過而成為正式法律，這標誌著法蘭西第四共和國的誕生。

　　第四共和國成立後的首屆國民議會選舉在 11 月 10 日舉行，結果共產黨重新成為議會第一大黨。不過，同前次一樣，由於遭到資產階級政黨的聯合抵制，共產黨組閣的願望再次落空。在多方協調未果之際，社會黨人勃魯姆於 12 月 16 日組織了一個清一色的社會黨人的「看守內閣」。在參議院選舉中，共產黨與人民共和黨贏得絕對多數。在 1947 年 1 月 16 日的總統選舉中，共產黨與社會黨聯合推舉的新當選的國民議會議長、社會黨人奧里奧爾(Auriol) 以絕對多數登上總統寶座，　激進黨人赫里歐則接替奧里奧爾的議長職務 。 1 月底 ， 總統授命社會黨人保羅‧拉馬迪埃(Paul Ramadier) 上臺組閣。議會三大政黨分享了內閣中的主要部長職位。至此，臨時政府的使命宣告終結，第四共和國的政治體

圖 41：1947 年大選中，共產黨領導人多列士在發表競選演說。

制得以最終確立。

第二節 日益右傾的法國政局

一、三黨聯合的破裂

三黨聯合執政並沒有穩定法國的政治局勢，相反，隨著國內外形勢的變化，三黨聯合的內部矛盾不斷激化，聯合的破裂指日可待。這種矛盾集中體現在共產黨與社會黨的分歧矛盾上。首先，在政治方面與工會方面，共產黨不斷奪取社會黨的陣地，共產黨已經成為強大的法國工會的絕對主宰，有關共產黨陰謀奪權的謠言四起；其次，在對外政策方面，為尋求美國「馬歇爾(Marshall)計畫」的經濟援助，拉馬迪埃政府不顧共產黨的反對，進一步投靠美國；最後，在殖民政策上，面對風起雲湧的殖民地

謀求獨立的起義高潮，政府採取嚴厲鎮壓的政策，阿爾及利亞與馬達加斯加的民族起義遭到鎮壓，印度支那的獨立要求遭到拒絕，這一做法遭到共產黨的堅決反對。這樣一來，隨著共產黨與社會黨之間的隔閡越來越深，社會黨在聯合政府中越來越多地與右翼派別人民共和黨結盟，政府右傾的趨勢越來越明顯。

導致聯合政府破裂的導火線，是 4 月 25 日雷諾汽車廠三萬工人為反對政府凍結工資而舉行的大罷工事件。共產黨積極支持工人罷工，主張政府滿足工人的要求。當政府在國民議會接受質詢時，共產黨投了反對票。惱羞成怒的拉馬迪埃藉口共產黨破壞「內閣團結」，悍然解除了共產黨部長的職務，內閣中三足鼎立的局面終於被打破了。拉馬迪埃隨後改組政府，但仍然無力應對日益嚴峻的經濟困難以及此起彼伏的罷工運動。10 月 30 日，共產黨宣布斷絕與社會黨及人民共和黨的政治合作關係，這標誌著三黨聯合體制的徹底破裂。作為議會第一大黨的共產黨淪為反對黨，並在人民群眾的反政府運動中推波助瀾。

然而，政府除了要應對共產黨的威脅外，來自戴高樂及其政黨的威脅也日益嚴峻。第四共和國初建時期，經濟困境籠罩著全國，社會矛盾尖銳，政府威信掃地。此時，退居幕後的戴高樂再也坐不住了。4 月 14 日，他宣布組建法蘭西人民聯盟，其綱領是要取消憲法，改革國家機構，反對共產主義，建立「強力政權」。法蘭西人民聯盟的建立，是法國右翼勢力復興的重要標誌。由於戴高樂本人的威望，法蘭西人民聯盟成立之初就迅速發展壯大起來。在 10 月份的市政選舉中，戴高樂派分子一舉控制了十三個大

城市的市政府與五十二個省的省政府。這樣，拉馬迪埃政府開始受到共產黨與法蘭西人民聯盟的左右夾擊，當 11 月因為馬賽流血事件而在全國掀起三百萬人參加的罷工高潮時，再也無力控制局勢的拉馬迪埃政府終於垮臺。

二、第三力量政府

「第三力量」一詞最早由社會黨人勃魯姆所提出，它指的是既反對共產黨、又反對法蘭西人民聯盟的、介於「左」與「右」之間的一種政治力量。與之相對應，「第三力量政府」指的是 1947 年 11 月～1952 年 2 月間，完全排除了共產黨和法蘭西人民聯盟，由介於二者之間的社會黨、人民共和黨、激進黨和溫和派組成的聯合政府。可見，第三力量是為反對左翼的共產黨與右翼的法蘭西人民聯盟而結成的一個奇怪政治同盟。同盟內部黨派眾多，政治觀點各異，有時甚至是互相敵對，這樣導致的一個後果是，迫於議會中各黨派的壓力，第三力量政府經常需要做出妥協，才能勉強維持局面，由此而使得每屆政府的壽命都不長。據統計，在第三力量政府統治法國的四年多時間，內閣一共更換了十屆，每屆內閣的平均任期還不到半年。這些內閣大多因為國內的政治、經濟和社會危機以及國外的外交危機與殖民地危機而下臺，法國政局由此長期動盪不安。

在第三力量政府當政時期，上臺組閣的政治家包括：人民共和黨人羅貝爾‧舒曼 (Robert Schramn) 和皮杜爾、激進黨的安德雷‧馬利 (André Marie) 和亨利‧戈伊 (Henri Queuille)、抵抗運動

社會民主聯盟的普列文 (Pleven) 等，其中執政時間最長的當屬激進黨人戈伊領導的為期十三個月（1948 年 9 月～1949 年 10 月）的內閣。值得注意的是，首倡「第三力量」的社會黨由於實力的下降，在此期間居然一直未能上臺組閣。到 1951 年後，社會黨甚至公開走上了反政府的道路。

面對共產黨和法蘭西人民聯盟的威脅，確保執政地位，是第三力量各政黨積極追求的目標，這一點在 1951 年 6 月第二屆國民議會選舉中表現得最為明顯。為了鉗制兩大反對黨的力量，在大選前夕，國民議會通過了《選舉制度改革法》，以一輪多數聯盟制取代比例代表制，即任何一個政黨或政黨聯盟，在某選區只要獲得 50% 以上的票數，就可以包攬該選區的全部議員席位。在處於左翼與右翼兩極的共產黨與法蘭西人民聯盟不可能結盟的情況下，這對於早已結成選舉聯盟的第三力量各黨派無疑非常有利。選舉結果在人們的預料之中，第三力量聯盟在議會中獲得多數。不過，在議會中各有百名議員的六大政黨中，沒有一個政黨能夠擁有絕對多數。由於擁有一百一十七個席位的法蘭西人民聯盟對現行政治體制的反對，六黨聯合政府的組建也不可能。也正是在這樣的形勢下，第三力量聯盟得以繼續執政。新政府的三大支柱是人民共和黨、激進黨和溫和派，社會黨沒有參加內閣。從此，政府日益向右翼中間派過渡。

1951 年 9 月，人民共和黨議員巴朗熱 (Béranger) 提出一項法案，規定私立和公立學校的學生同樣可以獲得一定的國家補助金，這在各政黨之間引發了激烈的爭論。共產黨與社會黨持強烈反對

態度。當法案受到右翼各黨派支持而獲得通過後，社會黨走上了與執政的人民共和黨決裂的道路，第三力量聯盟內部間隙日深。巴朗熱法案引發的危機一直持續到 1952 年 1 月，由於普列文政府提出的削減行政開支的法案遭到社會黨的反對，政府隨之垮臺。新上臺的埃德加·富爾 (Edgar Faure) 內閣僅維持了四十天，由於溫和派的反對而辭職，這標誌著第三力量執政時期的結束。

三、內外交困的右翼中間派政府

失去左翼社會黨支持的第三力量聯盟，為了維持執政地位，不得不一步步右轉，尋求與右翼中間派的結盟，法國政局由此逐步右傾。1952 年 3 月 6 日，經過國民議會授權，獨立黨人安托萬·比內 (Antoine Pinay) 上臺組閣，這是右翼在戰後的第一次執政。此後，直到 1956 年 1 月的第三屆國民議會選舉時為止，六屆政府基本上由右翼的獨立派和中間派的激進黨、人民共和黨結成的聯盟所組成。這一時期因此被稱做右翼中間派政府時期。

右翼中間派當政局面的形成並非偶然，而是特定歷史環境下的產物。從國際環境來看，朝鮮戰爭的爆發使得冷戰時期的國際形勢更為緊張，為加強資本主義陣營的實力，美國以經濟援助為誘餌，積極拉攏法國，這為親美的右翼勢力崛起創造了條件；從國內的政局來看，由於左翼的共產黨與社會黨相繼被排斥在政府之外，使得內閣與國民議會完全被中間派和右翼勢力所控制；另外，由於政治觀點接近，一貫反對現行政府的法蘭西人民聯盟此時改變態度，逐漸支持右翼勢力掌權，這使得右翼勢力的統治基

礎更加穩固。

　　雖然執政地位較為穩固，但剛剛成立的右翼中間派政府仍然面臨著內外交困的局面。從內政方面看，比內執政時期，國內財政困難重重，政府不得不通過發行黃金公債、緊縮財政開支的方式來緩解危機，但收效甚微，比內因而辭職。獨立黨人約瑟夫·拉尼埃 (Joseph Laniel) 出任總理後，政府採取了「穩定中求擴張」的經濟政策，這才取得了一定成效。然而，1953 年 1 月，法國爆發了郵電、鐵路、礦業、煤氣、電氣行業的大罷工，參加者多達四百萬人，全國為此陷入癱瘓狀態，政府不得不做出讓步。

　　從外交上看，殖民地問題也頻頻引發國內政治危機。右翼中間派政府不顧共產黨等左翼政黨的反對，力圖通過建立法蘭西聯邦的形式來維持法國在殖民地的統治，從而樹立法國的大國地位。

圖 42：法軍在印度支那戰場上的殖民戰爭

圖 43：1954 年 3 月奠邊府戰場前線的法國士兵

在印度支那戰爭爆發後，政府向越南不斷增兵，企圖用武力延長法國的殖民統治。這一做法只會招致殖民地人民更加強烈的反抗。1954 年 3 月 13 日，震驚世界的越南奠邊府 (Dien-Bien-Phu) 戰役開打，一萬多名法軍在被圍困了五十五天後終於舉手投降。奠邊府戰役的慘敗在國內引發了災難性的後果，人們普遍認為，法蘭西民族受到了前所未有的 「屈辱」，政府成為出氣的對象。6 月12 日，在國人的一片憤怒聲討中，拉尼埃政府宣布辭職。

　　繼任者是來自激進黨左翼的孟戴斯－弗朗斯 (Mendès-France)。這位年富力強、講究實效的總理，在組閣時不再和相關政黨商量，而是直接從議員中挑選一些年輕、並且願意與他同心同德的人擔任部長。戴高樂派的不少議員由此進入政府，法國沉

悶的政治生活中頓時注入了一股清新的活力。由於前車之鑑，解決印度支那問題已成為當務之急，孟戴斯－弗朗斯為此立下誓言，聲稱要在執政後的一個月內解決問題，否則將辭職。在他的積極努力下，7 月 21 日深夜，徹底解決印度支那問題的日內瓦 (Genève) 談判獲得成功。根據〈日內瓦協議〉，雙方立即停火，越南以北緯 17° 為界實行南北分治，並定於 1956 年通過普選決定統一問題。該協議在國民議會以絕對多數票獲得通過，困擾法國政局多年的印度支那問題終於解決了，孟戴斯－弗朗斯為此而聲望大增。隨後，孟戴斯－弗朗斯又著手解決突尼斯問題，同意給予突尼斯「內部主權」的談判工作開始展開，並最終在其卸任後獲得成功。

為了謀求法國的安全，孟戴斯－弗朗斯頂住美國的壓力，試圖建立一個以「歐洲軍」為核心的歐洲防務共同體計畫。然而，由於這一計畫牽涉到德國的重新武裝這一敏感問題，因此遭到不少右翼政黨的反對，未能在國民議會中獲得通過。儘管如此，在法、德和解方面，孟戴斯－弗朗斯還是卓有成效。根據 1954 年的〈倫敦和巴黎條約〉，法國終於承認了西德的主權，同意其重新武裝，批准其加入北大西洋公約組織和 1948 年建立的西歐聯盟。在國內的社會經濟領域，年輕的孟戴斯－弗朗斯也是雄心勃勃，提出了「使法國現代化」的口號，制訂並實施了一整套以凱因斯 (Keynes) 主義為指導思想的經濟發展計畫，推動了法國的經濟增長，改善了人民的生活水準。

然而，孟戴斯－弗朗斯推行的一系列帶有「左傾」色彩的政

策，遭到了不少右翼政黨的反對，1954 年 11 月阿爾及利亞民族
起義的爆發對他更是一個嚴峻的考驗。鑑於阿爾及利亞對於法國
的重要性，孟戴斯－弗朗斯一反此前反殖民主義的立場，聲稱對
阿爾及利亞叛亂「決不姑息，決不妥協」。這一強硬政策在議會中
遭到共產黨與社會黨等左翼政黨的反對。1955 年 2 月 5 日，在國
民議會的信任投票中，孟戴斯－弗朗斯政府因遭到眾多反對派的
反對而被推翻。

第三節　戴高樂的東山再起

一、共和陣線政府

　　繼任總理埃德加‧富爾在內政外交方面繼續推行孟戴斯－弗
朗斯所確定的政策，尤其在阿爾及利亞問題上更加強硬，甚至宣
布阿爾及利亞為法國的一個省，這是反對殖民主義的左翼政黨所
堅決反對的。與此同時，右翼分子又發起了反對議會民主、倡導
民族沙文主義的運動，他們要求對「出賣」殖民地的人進行清算。
正是在左右兩翼的夾擊下，11 月 9 日，富爾內閣又被推翻了。根
據憲法，在不到十八個月的時間裡，如出現兩次由議會絕對多數
造成的內閣危機，政府則有權解散議會。這樣，富爾下令解散議
會，定於 1956 年 1 月 2 日提前舉行第三屆國民議會選舉。

　　在大選前夕，各派政治力量組成了兩大競選聯盟——政府聯
盟，即右翼中間派聯盟，集結了形形色色的右翼政黨；共和陣線

聯盟，即左翼中間派聯盟，集結了共產黨、社會黨以及左翼激進黨等。大選結果表明選民們的情緒此時明顯傾向於左翼，共產黨再一次成為議會第一大黨，但其組閣意願因諸多政黨的反對而第三次落空。1956 年 1 月 31 日，以社會黨總書記居伊・摩勒 (Joy Mollet) 為首的共和陣線政府宣告成立，這是社會黨近八年來首次上臺組閣執政。

摩勒政府執政時間長達十六個月，是第四共和國執政時間最長的政府，該屆政府在內政和外交方面取得了不小的成果。在國內的社會經濟領域，政府積極推行工業化計畫，致力於消除「社會不平等」現象，社會保障體系初步建立起來。在歐洲政策上，積極參與歐洲經濟共同體的創建工作。在殖民地問題上，通過艱難的談判，1956 年 3 月，法國終於承認突尼斯與摩洛哥獨立；但在阿爾及利亞問題上，摩勒政府卻越來越深地陷入泥潭之中。摩勒將阿爾及利亞政策歸結為「停火、自由選舉、談判」三點，但一貫倡導獨立的阿爾及利亞民族解放陣線則只接受「獨立」的目標，否則決不停火。法國遂不斷增兵，企圖用武力來平息殖民地的獨立要求。

法國政府一直認為阿爾及利亞民族獨立的幕後支持者是埃及總統納賽 (Nasser)，於是，1956 年 7 月 20 日，當埃及宣布蘇伊士 (Suez) 運河收歸國有時，法國立即夥同英國發動了侵埃戰爭。這一打破中東均衡態勢的軍事行動，當即遭到美、蘇兩個超級大國的反對。在堅持了近四個月後，英、法兩國被迫接受停火。阿爾及利亞局勢的惡化以及侵埃戰爭的失敗，使摩勒政府遭受左右夾

圖 44：法國軍隊在阿爾及利亞鎮壓城市騷亂

擊。1957 年 5 月，在國民議會的一次信任投票中，摩勒政府又被推翻了。此後，由於殖民地問題引發的政治危機頻頻不斷，第四共和國已經進入了其最後的垂危階段。

二、戴高樂的重新崛起

摩勒下臺後，就由誰來組閣問題，各派之間爭論不休。這場政府危機持續了三週，最終激進黨人布爾熱－莫努里 (Bourges-Maunoury) 受命組閣，不過不到四個月就因阿爾及利亞問題未能圓滿解決而被推翻。此後出現了長達三十五天的內閣危機，直到 1957 年 11 月 5 日，激進黨人費利克斯・蓋伊阿 (Felix Gaillard) 才組建了一個主要由右翼政黨參加的「全國團結內閣」。新政府在阿爾及利亞問題上繼續持強硬態度。為了防止阿爾及利亞民族解放陣線從鄰國突尼斯補充給養，1958 年 2 月 8 日，法國空軍竟然轟炸了突尼斯小鎮薩基埃特 (Sakhiet)，造成六十九名平民喪生。此

舉引起國際輿論的強烈譴責，蓋伊阿內閣由此倒臺。由此可見，阿爾及利亞問題已經成為第四共和國政治危機的根源，只要這一問題不解決，法國政局的動盪就不會停止。

　　蓋伊阿之後的內閣危機持續了一個月之久，直到 5 月 8 日，總統科蒂 (Coty) 才召集人民共和黨人弗林姆蘭 (Pflimlin) 上臺組閣，但尚須得到國民議會的批准。在殖民地問題上，弗林姆蘭屬於「自由派」，他倡導以實力求和平的政策，即先嚴厲鎮壓阿爾及利亞人民的獨立運動，然後選擇有利時機與其談判，從而締造有利於法國的「和平」。強烈反對和談的法國駐阿爾及利亞殖民當局以及駐阿軍隊將弗林姆蘭的政策斥之為「放棄政策」，因而堅決反對其上臺組閣。5 月 13 日，當國民議會正在討論授權弗林姆蘭組閣問題時，極端殖民主義者在阿爾及爾策動了一場十萬餘人的大遊行，隨即演變為叛亂。叛亂分子占領了總督府，並成立了以駐阿傘兵司令雅克·馬絮 (Jacques Massu) 將軍為首的 「救國委員會」，公開與中央政權分庭抗禮。叛亂的消息傳到巴黎後，國民議會匆忙批准弗林姆蘭組閣，希望他能挽回局勢。不過，駐阿殖民當局與軍隊顯然不買弗林姆蘭的帳，駐阿軍隊總司令薩朗 (Salan) 將軍緊急致電科蒂總統，稱目前的局勢「迫切需求一位能主持全國大局的人出來，組成一個使阿爾及利亞公眾輿論安心的救國政府……惟此才能挽回局勢」。這樣，戴高樂將軍再度出山的時機終於來臨了。

　　此時的戴高樂，已經在幕後隱居了十二年之久。不過，他沒有一刻不在關注國家的政治局勢，並時時尋求復出的良機。自創

建法蘭西人民聯盟後，戴高樂頻頻出面，對時局發表自己的觀點，宣稱他的政黨將為「拯救法國」而奮鬥。當法國政府與阿爾及利亞殖民主義者的對立陷入僵局時，戴高樂就做好了復出的準備。當 15 日薩朗將軍在阿爾及利亞喊出「戴高樂萬歲！」的口號後，戴高樂終於打破多年的沉默。他向報界發表一份聲明，宣稱「當法國再度面臨考驗的時刻」，他將義無反顧地「準備擔負起共和國的權力」。不過，為了消除一些左翼政黨的疑慮和不滿，戴高樂隨後又欲擒故縱，否認支持阿爾及利亞叛亂，並表示無意侵犯公共自由。此舉使得阿爾及利亞局勢再度惡化，叛軍隨即攻占法屬科西嘉 (Corse) 島，並策劃向法國本土進軍。這造成了弗林姆蘭政府的垮臺，戴高樂上臺的步伐則大大加快了。

自「五・一三」叛亂後，戴高樂就復出問題，與總統、總理、議會兩院進行了長達半個多月的幕後協商。局勢的惡化終於迫使總統與議會接受了戴高樂提出的復出條件，這些條件是：國民議會不僅要授權其組閣，還要授權新政府為期六個月的特別權力；另外授予新政府在阿爾及利亞的特別權力；授權新政府修改憲法並交付全民表決的權力。6 月 1 日，戴高樂完成了新政府的組織工作；6 月 2～3 日，議會將幾項特別權力授予新政府；隨後，經參議院同意，國民議會宣告解散。至此，戴高樂作為第四共和國的末任總理終於東山再起了，然而他的重要使命卻是親手埋葬第四共和國。雖然從名義上看第四共和國終結要等到 9 月份的新憲法通過，不過從 6 月初戴高樂上臺執政時起，第四共和國的喪鐘就已經敲響了。

第四節　戰後經濟的恢復與發展

一、戰後形勢及宏觀經濟計畫的制訂

在第四共和國存在的十多年時間，與動盪不安的政局形成鮮明對照的是，戰後法國經濟的恢復與發展，即經濟的重建工作取得了極大的成功，這與法國歷屆政府適時制訂的宏觀經濟發展計畫不無關係。

與第一次世界大戰相比，第二次世界大戰對法國的摧殘更為嚴重。法國是西線的主戰場，在戰爭中，全國五分之一的房屋被焚毀或破壞，一百多萬公頃土地由於戰火而荒蕪，六百萬人流離失所，另有無數的基礎設施，比如公路、橋梁、隧道、碼頭、港口、電線、運輸和通訊設備被毀壞。更為嚴重的是，德國占領軍還對法國的工農業產品大肆掠奪，其所掠走的工業品價值超過二千億法郎，各種交通工具的價值為一千八百八十億法郎。有人估計，德國從法國掠走的各種物資總值達到一兆法郎。戰爭使得法國的工農業生產下降了 55%，由此導致前所未有的工農業蕭條；人口傷亡總數達到一百四十多萬，從而造成戰後勞動力極度缺乏的局面。戰爭幾乎使法國成為一片廢墟，國民經濟到了崩潰的邊緣。有資料顯示，1944 年臨時政府組建之時，法國財政赤字已高達三千億法郎，內外債務則從 1939 年 8 月的四千五百億法郎增加到 1944 年 8 月的一兆五千億法郎。儘快完成經濟的重建工作，

已經成為法國新政府的當務之急。

　　臨時政府組建後，戴高樂將經濟重建作為國家的首要任務。正如他後來在制憲議會中所說：「從今往後，國家的作用就是要保證開發能源：煤、電、石油，管理主要的交通工具……」為儘快恢復經濟，大規模的國有化政策開始推行：政府首先通過法令，將戰爭期間與德國實行「合作主義」的企業收歸國有；隨後又通過議會立法方式，將那些與國民經濟密切相關的企業實施國有化，金融業不久也進入國有化行列。戴高樂所開創的國有化政策，被以後各屆政府所繼承。據統計，到 1957 年，國有企業占國家總資產的 36% 左右，從而形成了國有經濟與私有經濟並存的混合經濟局面。大規模國有化的推行，打破了法國傳統的自由放任經濟模式，從而為國家政權干預經濟、以實現經濟的迅速恢復和發展提供了重要前提。

　　繼戴高樂之後，無論是三黨聯合政府、第三力量政府，還是共和陣線政府，都採取了多種措施來發展經濟，其中最為主要的舉措，就是編製全國性的經濟計畫。1946 年 1 月，尚‧莫內 (Jean Monnet) 創建了國家計畫總署並出任其負責人。一年以後，由其編製的「現代化與裝備計畫（1947～1953 年）」❷終於頒布並付諸實施。這是資本主義國家第一個全國性計畫，它以發展煤炭、電力、鋼鐵、水泥、運輸、農機、石油、化肥等基礎部門為重點，規定全國一年後要達到 1929 年的水準，三年後達到超過

---

❷　又稱「莫內計畫」。

1929 年水準的 25%。與蘇聯式的計畫經濟有所不同的是，該計畫不是強制性，而是指導性的；政府不是用行政命令的方式，而是使用傳統的市場手段來刺激相關行業的發展，如稅收、利息優惠、國家訂貨、獎勵與補助等。「莫內計畫」的制訂與實施為法國經濟的重建起到了很大的推動作用。

繼莫內之後，法國政府又連續制訂與推行多個宏觀經濟發展計畫。「第二計畫（1954～1957 年）」規定了下一階段工業、農業和建築業等部門的全面發展指標，要求實現外貿平衡，注重產品品質，提高勞動生產率，加強科學技術研究。該計畫的推行，使得 1950 年代的法國始終保持經濟平穩發展勢頭。

然而，戰後法國經濟的重建時刻面臨著資金嚴重短缺的困難，在這方面，美國馬歇爾計畫的實施，特別是對法國大量的投資或援助，對於刺激法國經濟的增長起到了不可替代的作用。1947 年 6 月，美國提出了資助歐洲重建的「歐洲復興計畫」，即馬歇爾計畫。這一計畫聲稱，美國將在今後四到五年內向西歐提供近三百億美元的經濟援助，這些援助絕大部分是無償的，只有很少一部分是貸款。儘管在外交上與美國有著齟齬，但法國依然成為該計畫受惠最多的國家之一，僅次於美國的傳統盟友英國。有統計表明，僅 1948 年 4 月～1952 年 1 月間，法國共接受二十六億美元的經濟援助，其中 85% 為無償援助，只有 15% 為借款。這筆資金被政府注入需要優先發展的各經濟部門，如法國電力公司設備開支的 36.5%、法國煤炭公司投資的 60% 都來自美國的援助。至 1950 年代末馬歇爾計畫終止時，法國共獲得四十四億美元的援

助，占這一時期法國總投資的 10% 左右。

二、經濟恢復與發展的成就

在以上各有利因素的推動下，法國的經濟重建工作取得了成功，這最重要地體現在生產的迅速恢復與增長上。1950～1958 年間，法國的生產竟然增加了 50%，其中工業生產的增長尤為明顯。如果將 1949 年的工業生產指數定為 100，那麼 1952 年為 116，1953 年為 119，1954 年為 126，1955 年為 155，1956 年為 140，1957 年達到 149，基本上是直線上升。更令人矚目的是，在推行第二計畫的 1954～1957 年間，法國工業生產年平均增長率達到 6.8%，大大高於其他西歐國家的增長水準。不妨作一個比較，如果將 1938 年的工業生產指數定為 100，那麼到 1958 年時，英國增長到 179，西德增長到 200，而法國則增長到 203。

正如政府的宏觀經濟計畫所預期的那樣，一些基礎性行業的發展非常迅速。電力生產在 1950～1951 年間達到預定目標，發電量為四百億千瓦時，相當於 1930 年的二點五倍；與 1938 年相比，煤氣公司的產量在 1938～1952 年間增長了 62%；煉油能力在 1938～1950 年間翻了一倍，超出了莫內計畫的預期目標；旅遊汽車也從 1952 年的三十七萬輛增加到 1956 年的六十四萬輛；此外，化學、橡膠、航空等行業也一再創造「法國奇蹟」。

隨著生產的增長，法國的經濟結構也發生了很大的變化，工業生產集中化的趨勢日益明顯。在這一過程中，大企業的規模日益擴大，而中小企業處境艱難，面臨破產或被兼併的命運。據統

計，1949～1952 年間，法國共有七萬一千六百三十家企業倒閉。1950 年代末，法國五百人以上的大企業只占企業總數的 0.2%，其就業人數卻接近總就業勞動力的 30%，發放工資占總數的 36%。企業的破產與兼併現象在重工業與化學工業中尤為突出，它大大促進了法國勞動生產率的提高以及生產的專業化程度，有利於提高國家的工業競爭力。

　　值得注意的是，戰後法國農業生產開始了現代化進程。由於國家的大力扶植，法國的農業結構，特別是傳統的農業經營方式開始發生轉變，土地的兼併或集中化使得小農經濟逐步解體，以機械化、現代化為特徵的大農場建立起來。現代化的推行刺激了農業生產的增長，1951～1954 年間，小麥產量增加了 48%，土豆產量增加了 32%，葡萄酒產量增加了 11%，甜菜等其他農產品也有所增長；以滿足國內消費需求為目標的畜牧業，在農業生產總值中的比重不斷提高。農業現代化的推行，解決了長期以來法國工農業發展不平衡的難題，使得法國在勞動力奇缺的條件下順利實現了農業生產的恢復與發展。至 1950 年代中後期，法國已經成為僅次於美國的世界第二大農產品出口國。

第九章 | *Chapter 9*

追求強大：發展中的第五共和國

第一節　戴高樂開創第五共和國

一、政治制度的重鑄與阿爾及利亞危機

　　作為第四共和國的末任總理，戴高樂上臺後的首要任務就是制訂新憲法，重鑄國家政治制度，以避免重蹈第四共和國時期因議會黨派紛爭而導致的頻繁的政府危機。經過三個多月的起草工作，1958 年 9 月 4 日，戴高樂在巴黎共和廣場上宣讀了新憲法草案。在隨後舉行的公民投票中，新憲法草案以近 80% 的民眾支持率獲得通過。這樣，第四共和國終於被戴高樂親手埋葬，而在新憲法基礎上建立起來的第五共和國由此誕生了。

　　這部根據戴高樂的意志制訂的新憲法，在擴大總統和政府權力的同時，極大地削弱了議會的權力和地位。根據憲法，總統取代議會而成為共和國的象徵；作為國家元首、三軍統帥的總統，

　　由擴大的選舉團選舉產生，他有權任命總理、部長以及其他高級
軍政要員；總統還可以解散國民議會，舉行公民投票；在國家處
於緊急狀態時，總統還擁有非常權力。新憲法的頒布，標誌著法
國從傳統的議會制共和國向半總統制、半議會制的共和國轉變。

　　為了應對年底舉行的國民議會選舉，在戴高樂本人以超黨派
政治家的身分自居的情況下，10 月 1 日，戴高樂追隨者（又稱
「戴高樂派」）中的幾大派系宣布組建「保衛新共和聯盟」，並在
隨後的國民議會選舉中大獲全勝，一舉成為執政黨。在 12 月 21
日的總統選舉中，戴高樂也以絕對優勢擊敗左翼候選人，成為第
五共和國首任總統。1959 年 1 月，戴高樂前往愛麗賽宮 (Elysée)
就職，隨後任命戴高樂派重要成員德勃雷 (Debré) 擔任政府總理。
自此，第五共和國的新政治體制正式確立。

　　作為戰後法國政治動盪的重要誘因，阿爾及利亞危機成為戴
高樂面臨的一個棘手難題。上臺後不久，戴高樂就出訪了阿爾及
利亞，並採取了三管齊下的政策：首先採取懷柔政策，提出「康
斯坦丁 (Constantine) 計畫」，許諾實現殖民地經濟社會的發展；隨
後又推行「勇敢者和平」方案，加大對阿爾及利亞民族解放陣線
的軍事鎮壓，企圖實現武力下的和平；當二者均不見效後，他又
著手實施「第三力量」計畫，企圖分化當地民族解放陣線的力量，
培植親法勢力。但總體而言，以上政策皆收效甚微。為了儘快扔
掉這個「燙手山芋」，以擺脫進退兩難的處境，1959 年 9 月 16
日，戴高樂頂住法國殖民主義勢力的壓力，拋出了一個新的方案。
根據該方案，在首先承諾停火的前提下，阿爾及利亞可以在與法

國完全分離（即獨立）、與法國合併以及成為與法國密切合作的自治共和國中，做出任意選擇。該方案公布後，引起了駐阿爾及利亞極端殖民主義勢力的強烈不滿，他們隨之發動了一場聲勢浩大的叛亂，不過戴高樂講話後，叛亂很快平息，但關於阿爾及利亞問題的談判卻遲遲無法取得進展。進入 1960 年代後，法國民眾希望戴高樂儘快解決阿爾及利亞問題的願望日益迫切，在 1961 年 1 月 18 日的公民投票中，大多數人擁護戴高樂提出的解決方案。這樣，儘管極端民族主義者成立了「秘密軍組織」，試圖通過製造恐怖活動來向政府施加壓力，但戴高樂解決阿爾及利亞問題的決心更加堅定，步伐大大加快。通過艱難的談判，1962 年 3 月 18 日，法國政府終於同阿爾及利亞民族解放陣線簽訂了〈埃維昂 (Evian) 協議〉，法國終於承認了阿爾及利亞的獨立地位。這一協議隨後在法、阿兩國的公民投票中以 90% 以上的支持率獲得通過。至此，法國終於從延續了近八年的阿爾及利亞戰爭的泥潭中解放出來，法國政局動盪不安的根源從此消失了。

　　阿爾及利亞問題解決後，戴高樂開始著手進一步鞏固第五共和國的體制，其中最為重要的就是強化總統的權力。為了掃清障礙，1962 年 4 月，戴高樂罷免了與自己有分歧的德勃雷總理，而讓非議員出身的龐畢度 (Pompidou) 接替其職務。在經過幾個月的醞釀後，9 月 12 日，戴高樂通過內閣發布文告，稱有意通過公民投票的方式，向全國建議共和國總統今後將通過普選制選出。戴高樂的這一提議頓時遭到諸多政黨的反對，立足未穩的龐畢度內閣因此遭到議會彈劾而下臺。戴高樂並未退縮，他不僅宣稱將如

期舉行公民投票，而且立即解散了國民議會。10～11 月間，關於
直接選舉總統的公民投票與國民議會選舉先後舉行。結果，62%
的選民投票贊同由普選產生共和國總統的憲法修正案，而在議會
選舉中，「保衛新共和聯盟」也輕而易舉地贏得多數席位，龐畢度
得以重新組閣。隨著總統選舉方式的變革，法國在「總統制」共
和國的道路上又向前邁進了一大步。

　　在重建國家政治體制和解決阿爾及利亞問題的同時，戴高樂
總統還致力於發展法國的社會經濟。為挽救瀕臨破產的國家財政，
政府專門成立了財政委員會，推行一項系統的改革計畫：遏制通
貨膨脹，緊縮開支，限制國內消費，增加儲蓄；實行法郎貶值，
刺激國家外貿出口；推行貿易自由政策，通過國際競爭在經濟領
域內重新樹立法國的大國地位。改革計畫的推行，使法國從危機
的陰影中走了出來。隨後，法國又先後執行「第四計畫（1962～
1965 年）」和「第五計畫（1966～1970 年）」。在國家政權的積極
干預下，法國經濟實現了突飛猛進的發展，1958～1970 年間，法
國工業生產平均每年遞增 5.9%，僅次於日本而位居世界第二，這
不能不說是戴高樂執政時期最重要的成就之一。

二、「五月風暴」與戴高樂時代的終結

　　轉眼到了 1965 年底，戴高樂七年總統任期屆滿，法國歷史上
第一次總統普選拉開帷幕。面對右翼戴高樂派的強勁勢頭，社會
黨、共產黨與左翼激進黨聯合推舉密特朗 (Mitterrand) 參與總統角
逐。通過兩輪選舉，戴高樂以 55.1% 的支持率得以連任。然而，

密特朗在第二輪選舉中高達 44.9% 的民眾支持率表明，左翼政治勢力正在法國崛起。

戴高樂蟬聯總統寶座，昭示著其個人威望與成功已經達到了頂峰。然而，到 1960 年代中後期，法國的各種社會矛盾日益尖銳。右翼的長期執政使得不少人有了厭倦情緒；通貨緊縮政策使得失業人口劇增，不少年輕的大學生也加入到失業大軍之中；日益僵化的教育體制引起了學生的不滿；馬爾庫賽 (Marcuse)、卡斯特羅 (Castro) 等人的思想激勵著年輕人和知識分子向現存制度發起挑戰。這樣，一場強烈的政治風暴終於爆發了。1968 年 5 月初，以農泰爾 (Nanterre) 學院、巴黎大學為首的各高校學生走上街頭，舉行大規模的遊行示威。隨後，法國工人舉行總罷工對學生表示聲援，到 5 月中旬，全國約有一千萬人加入到鬥爭的行列，法國局勢急劇惡化。此時，各左翼政黨紛紛出面，企圖組建左翼政權。面對這場突如其來的政治危機，政府一時束手無策。在得到軍隊的支持後，戴高樂採取了強硬態度，在同意增加工人、教師工資，提高社會福利待遇的同時，戴高樂聲稱決不做出其他讓步。隨後，巴黎出現了五十萬人參加的支持戴高樂的大遊行，失去工人和群眾支持的學生運動也隨之平息下去。

雖然沒有垮臺，但戴高樂政權在「五月風暴」的衝擊下已經根基不穩。為了適應新形勢，支持總統的「保衛新共和聯盟」更名為「保衛共和聯盟」，並在 6 月的國民議會選舉中再度獲勝，德姆維爾 (de Murville) 取代龐畢度出任總理。為了制止更大的危機爆發，戴高樂開始多項改革方案，其中包括大學自治和學生參與

學校管理的教育，將九十個省改組為二十二個享有較大自治權的
區域，削弱參議院的權力等。不過，當 1969 年 4 月 27 日就這些
改革方案進行公民投票時，53% 的選民投下了反對票。戴高樂因
此憤然辭去總統職務，由此終止了其不平凡的政治生涯。十八個
月後，這位二十世紀法國最偉大的人物因心臟病突發而離開人世。
不過，在戴高樂隱退後繼任法國總統的龐畢度與吉斯卡爾‧德斯
坦 (Giscard d'Estaing)，前者是戴高樂派的重要成員，後者雖然不
屬於戴高樂派，但也是戴高樂的長期盟友。因此，在龐畢度與德
斯坦擔任總統期間，戴高樂所確立的內外政策繼續得到執行。因
此，有的史學家從這個意義上將龐畢度與德斯坦統治時期稱為「沒
有戴高樂的戴高樂主義」時代。

第二節　「沒有戴高樂的戴高樂主義」

一、龐畢度政策的延續性與開放性

　　1969 年 6 月，總統選舉拉開帷幕。「保衛共和聯盟」將戴高
樂派的二號人物、曾在戴高樂手下連續六年擔任總理的龐畢度推
舉為總統候選人。在第二輪選舉中，龐畢度以 58.2% 的選票而成
功登上總統寶座，如願以償地入主愛麗賽宮。作為戴高樂的繼承
人，龐畢度上臺之初就信誓旦旦地表示，「要以戴高樂將軍為榜
樣，並忠於他那崇高的教誨」，事實上就是要保持戴高樂政策的延
續性。另一方面，為了適應新的形勢，擴大統治基礎，避免政府

危機，龐畢度又積極推行向中間派靠攏的開放性政策。

　　延續性與開放性的並存首先體現在內閣的組建上。一方面，龐畢度任命「戴高樂派的歷史性人物」沙邦－戴爾馬 (Chaban-Delmas) 為總理，同時將戴高樂派的德勃雷、舒曼安插在國防部長與外交部長的重要職位上，以確保政策的延續性；另一方面，他又吸納了其他黨派，尤其是右翼政黨或中間派進入內閣，以保持政策的開放性，如獨立共和黨人德斯坦擔任財政部長，右翼中間派的普列文擔任司法部長，人民共和黨人豐塔內 (Fontanet) 擔任勞動、就業和居民部長。

　　新政府成立後，名為「新社會」的政綱付諸實施，其基點是通過擴大參與，調和國家、勞工和雇主三者之間的關係。為此，國家加大了對經濟領域的直接干預，採取了一些改善工人和群眾生活待遇的措施，但延續已久的失業和通貨膨脹問題一直未能解決。1973 年石油危機爆發後，西方經濟危機蔓延到了法國，在刺激經濟發展與遏制通貨膨脹的兩難選擇問題上，政府陷入困境，無所作為。

　　從政治方面看，為了維護社會治安，對於左翼學生運動，政府採取嚴厲鎮壓態度。面對社會黨的改組以及左翼的重新聯合，龐畢度加強了執政黨的整肅工作，與腐敗案件有牽連的沙邦－戴爾馬總理於 1972 年 7 月被解除職務，屬於傳統戴高樂派的梅斯梅爾 (Messmer) 繼任總理。在 1973 年 3 月的國民議會選舉中，執政的多數派所獲席位雖有所減少，但仍然取得勝利而繼續執政。不過，總統龐畢度的身體狀況因患癌症而每況愈下。1974 年 4 月

2 日，被病痛折磨已久的龐畢度在總統任上猝然去世。

二、德斯坦的自由主義改革

　　1974 年 5 月，法國總統選舉提前舉行。這次總統競選空前激烈，共有十二名候選人參與角逐：左翼各黨聯合推舉密特朗為候選人，戴派的保衛共和聯盟則擁戴沙邦－戴爾馬，因支持戴高樂而從獨立黨中分裂出來的獨立共和黨則擁護德斯坦參與競選。從當時的民意來看，長期的經濟不景氣使得人們對戴高樂派有所不滿，但在冷戰的國際背景下，人們對左翼政黨又心存戒備，而早就覬覦總統寶座的德斯坦則以中間派的面目出現。他提出組織「擴大的多數派」與「要變革，但不要冒險」的口號，贏得不少選民的支持。雖然在第一輪選舉中，左翼的密特朗以 43.4% 的選票高居榜首，但進入第二輪選舉後，由於得到戴高樂派中以席哈克 (Chirac) 為首的少壯派支持，德斯坦以 50.63% 的支持率險勝密特朗，如願入主愛麗賽宮。

圖 45：在一次理想家用品展示會上，德斯坦總統興致勃勃地擺弄起壓力鍋。

　　在總統就職演說中，德斯坦躊躇滿志地宣稱：法國新紀

元從今天開始，政府將推行多種多樣的自由主義改革，以使法國進入「先進的自由社會」。作為回報，德斯坦授命席哈克上臺組閣，並責令其在內閣中設立改革部。果然如其在就職演說中所言，就任後的德斯坦總統，衝破各種阻力，推行了一系列的重要改革：在政治方面，把選民年齡降低到十八歲，確立巴黎為享有自治權的城市，市長由議會選舉產生；在社會方面，將社會保障制度擴大到所有領域，實施教育的民主化；在倫理方面，實施墮胎合法化、避孕和離婚自由的新舉措。德斯坦所推行的這些帶有左翼激進色彩的自由主義改革，引起了席哈克政府的不滿。隨著總統與總理之間矛盾的激化，8 月 25 日，席哈克憤然辭職，保衛共和聯盟實際上處於在野黨地位。

隨後，德斯坦任命不屬於任何黨派的「法國首席經濟學家」雷蒙‧巴爾 (Reymond Barre) 出任總理，新政府隨即推行以復興法國經濟為中心的「巴爾計畫」。針對日益嚴峻的經濟形勢，該計畫規定暫時凍結工資和物價，嚴格限制購買力，提高高收入者的稅收；對集體設施、青年就業和社會下層給予特別援助。1976～1980 年的五年計畫還確立了二十五條優先行動綱領，即有限發展基建、外貿行業，提高就業，減少社會不平等現象，提高生活水準等。「專家治國」雖然使法國在控制通貨膨脹、減少財政赤字方面有一定成效，但失業問題仍未解決，法國經濟復興起色不大。

與此同時，法國右翼勢力之間的分化不斷加劇。下野後的席哈克改組了保衛共和聯盟，自己出任主席，從此戴高樂派開始逐漸「席哈克化」了。1977 年 1 月，席哈克通過競選成為巴黎市

圖 46：1981 年社會黨人密特朗當選
總統，諸多年輕人欣喜若狂。

長，表明其已有足夠的力量參與下次總統競選。德斯坦也不甘示弱，1977 年 5 月將獨立共和黨改組為共和黨，後來又聯合激進黨、社會民主黨等組成了法蘭西民主聯盟。這兩大右翼政黨之間的明爭暗鬥十分激烈，再加上經濟形勢日益嚴峻，所有這些為即將到來的 1981 年總統大選投下了一絲陰影。

1981 年 4～5 月間的總統選舉果然空前激烈。為了實現執政的願望，左翼力量社會黨與共產黨再次聯合推舉密特朗為候選人。由於內部不和與分裂，兩大右翼政黨推選出各自的候選人──德斯坦與席哈克。右翼的分裂導致了其慘敗的命運。經過兩輪激烈角逐，密特朗以 51.8% 的多數選票當選為新總統。時任總統德斯坦依依不捨地離開了愛麗賽宮，這標誌著戴高樂時代的終結，由左翼總統密特朗開創的新時代即將開始。

第三節　誰主浮沉：「左」與「右」的較量

一、密特朗上臺與「法國式社會主義」

密特朗登上總統寶座後，不能容忍右翼政黨對國民議會的控制，於是下令解散國民議會，提前舉行大選。1981 年 6 月 21 日，大選揭曉：密特朗領導下的社會黨取得意想不到的成功，獲得四百九十一個議席中的二百八十五席；原多數派遭遇「滑鐵盧」，保衛共和聯盟和法蘭西民主聯盟只分別獲得八十八席和六十三席。這樣，社會黨在贏得總統選舉勝利後，又獲得了國民議會大選的勝利，從而同時入主愛麗賽宮和馬提翁大廈。由社會黨人擔任總統和總理的左翼政權隨之建立起來。與此相對應的是，在今後六年期間，右翼政黨完全被排斥在國家政權體系之外，第四共和國時期長期主宰政壇的中間派，到了第五共和國時期則一蹶不振。這樣，法國政壇上出現了「左翼執政、右翼在野」的「左右對立」的政治局面。這種局面的形成，是左、右兩翼政黨實力發展不均衡的必然結果。

兩天以後，密特朗任命社會黨人皮埃爾‧莫魯瓦 (Pierre Maurou) 上臺組閣。由於共產黨在總統選舉與國民議會選舉中為社會黨做出了「決定性的貢獻」，社會黨遂與共產黨簽訂了〈共同執政協議〉。共產黨自 1947 年後首次成為執政黨，兩大政黨組建的左翼聯合政府隨之正式運作起來。

　　由於總統與總理在政治綱領上的一致性，密特朗提出的「法國式社會主義」便成為新政府的施政綱領。以此為指導，密特朗與莫魯瓦在法國的政治、經濟和社會生活中推行一系列的改革，這在當時被稱為「平靜的革命」。擴大國有化成為經濟方面的重大舉措，法國歷史上規模最大的國有化運動由此掀起，以電氣公司為首的法國五大工業集團以及近四十家金融機構都實施了國有化，法國因此成為西方世界國有化程度最高的國家。以權力下放為中心的地方行政體制改革也付諸實施，中央集權受到削弱，地方民選機構的地位和作用大大加強。在社會政策方面，政府推行以擴大就業、增加社會福利為中心的改革，最低工資與家庭補助金得到提高，每週工作時間減為三十九小時等。這些改革舉措的執行，使得法國的社會面貌煥然一新。

　　然而，密特朗上臺之初，整個資本主義世界陷入全面的經濟衰退，許多國家較為明智地採取「緊縮政策」。但急於創造政績的社會黨政府卻反其道而行之。為了刺激消費、增加就業，以實現振興經濟的目標，法國政府推行了以擴大政府公共開支、增加財政赤字為中心的「膨脹計畫」。這一計畫的推行造成了嚴重後果：經濟增長率急劇下降，通貨膨脹加劇，物價飛漲，財政赤字增加，失業人數連創最高記錄。到了 1982 年，經濟形勢的惡化迫使政府不得不「急剎車」，轉而推行凍結物價和工資、削減社會福利和政府開支的「緊縮政策」。進入 1984 年後，法國的宏觀經濟形勢才有所好轉。

　　1984 年 7 月，因私立學校改革問題，密特朗對政府實施改

組，莫魯瓦被解除職務，年輕的法比尤斯 (Fabius) 擔任總理。新政府提出了「現代化與法國人」的口號，頒布了以調整經濟結構、加速實現工業現代化為中心任務的「1984～1988 年經濟社會和文化發展第九計畫」。這一計畫雄心勃勃地提出，要在五年內投入一千億法郎，讓法國跟上世界技術革命的步伐。然而，此時由於經濟政策調整而造成的問題層出不窮：失業現象嚴重，工資收入下降，社會消費萎縮，工人罷工、群眾遊行不斷，人民對於社會黨政府的不滿情緒在增長。此前社會黨在省議會選舉、市政選舉以及歐洲議會選舉中連遭敗績就是明證。再加上共產黨在密特朗改組政府後退出內閣，使得執政的社會黨成為孤家寡人。就是在這樣的重重困境中，五年一度的國民議會選舉開始了，它將決定性地改變左翼政黨獨攬政權的「左右對立」局面。

二、奇特的「左右共治」局面

　　1986 年 3 月 16 日，法國國民議會選舉開始舉行，這是法國左、右兩大政治勢力之間的一次大較量。此前，為共同對抗左翼執政聯盟，保衛共和聯盟與法蘭西民主聯盟已經握手言和，共同提出「共和主義」的口號，與社會黨的「法國式社會主義」分庭抗禮。選舉結果在人們的預料之中，雖然社會黨在議會五百七十七席中獲得二百十六席而成為第一大黨；但右翼兩大政黨一舉贏得二百九十二席而居於議會多數黨地位；共產黨遭遇慘敗，僅贏得三十五席；勒龐 (Le Pen) 領導的極右翼政黨國民陣線 (Front National) 首次參選就贏得了三十四個席位，右翼勢力的抬頭震驚

了法國社會。根據憲法規定，3 月 21 日，密特朗不得不任命議會多數黨領袖席哈克擔任總理，上臺組閣。這樣，就出現了共和國歷史上耐人尋味的政治局面：一個代表著議會第一大黨的左翼總統，與一個代表著議會多數黨的右翼總理，二人將共同執政。人們把這種奇特的政治局面稱為「左右共治」。

在不少法國人看來，左右共治能夠使左翼與右翼、總統與總理之間起到相互制衡的作用，從而迫使雙方做出對選民更為有利的政治決策。對於左翼和右翼兩大政黨聯盟來說，在任何一方尚未獲得絕對優勢之前，暫時維持「共治」，以便積蓄力量，獨攬政權，也是非常有必要的。這就是「左右共治」局面得以維持的重要原因。不過，在「為了國家的最大利益」而合作的前提下，雙方政治綱領上的不同而引發的明爭暗鬥卻時有發生。這種既合作又爭鬥的局面，貫穿於「共治」階段的始終。

席哈克政府組建後，開始不遺餘力地推行自由化的經濟政策：政府放鬆了匯兌限制，實行價格的自由浮動，減輕大企業的稅收負擔，取消解雇工人的行政審批手續。令人矚目的是，新政府大張旗鼓地推行國有企業的私有化。具體做法是，通過股票售賣方式，將國有企業出售給私人。數十家國有大型企業、銀行、保險公司等，全部實施了私有化改造。此前社會黨政府的國有化成果頓時化為烏有。密特朗對此十分不滿，並拒絕簽署國有企業私有化法案，但席哈克動用憲法相關條款，促使法案在議會通過。儘管席哈克在左、右對抗的回合中略占上風，不過老謀深算的密特朗也不時動用總統的權力，鉗制席哈克的手腳，使其不至於在經

圖 47：1986～1988 年第一次「左右共治」時期
的總統密特朗與總理席哈克

濟自由化的道路上走得更遠。

　　在艱難地和平共處了兩年之後，左右兩翼終於迎來了 1988 年
的總統大選。這次總統寶座的角逐，主要在密特朗、席哈克與前
總理巴爾之間展開。儘管此時法國政治生活中右翼力量略占優勢，
但由於密特朗精心準備了左右逢源的施政綱領和後發制人的高明
競選戰略，因而在 5 月 8 日的第二輪選舉中，他竟然以 54.9% 的
選票一舉戰勝席哈克而第二次入主愛麗賽宮。競選總統未果的席
哈克隨即辭去總理職務，第一次「左右共治」局面宣告結束。

　　為避免右翼主宰政府，趁著總統競選獲勝的有利時機，密特
朗立即解散國民議會，提前舉行大選。不過，大選結果令人失望。
雖然社會黨獲得二百七十六席成為第一大黨，但沒有獲得絕對多
數，只是在共產黨的「中立」以及某些中間派的支持下，社會黨
才得以繼續執政。6 月 23 日，社會黨要員羅卡爾 (Rocard) 受命擔

任總理。此時，如同其他西方國家一樣，法國正面臨前所未有的
經濟困難和社會危機：經濟嚴重衰退，中小企業紛紛破產，失業
率接近 10%，罷工罷課、遊行示威時有發生。經濟學家出身的羅
卡爾雖然使出渾身解數，但仍回天無力。1991 年 5 月，密特朗授
命素有「法國鐵娘子」之稱的埃迪斯‧克勒松 (Edith Cresson) 取
代羅卡爾，接任總理職務，但鐵娘子內閣也只維持了不到一年就
悄然下臺。1992 年 3 月，密特朗又任命富有理財經驗的皮埃爾‧
佩雷戈瓦 (Pierre Bérégovoy) 出任總理，企圖扭轉局面。但正如當
時法國電視臺所評論的那樣：「新總理接受的是幾乎不可能完成的
使命。」隨著法國社會經濟危機進一步加深，克盡職守的佩雷戈
瓦也只有悲歎回天乏術。

　　也就是在這樣的背景下，1993 年 3 月的國民議會大選拉開了
帷幕。儘管此前人們已有心理準備，但誰也沒有料到社會黨竟會
遭遇執政以來最慘重的失敗。在議會的五百七十七個席位中，社
會黨僅贏得六十七席，保衛共和聯盟與法蘭西民主聯盟一舉奪得
四百八十四席。右翼勢力以這樣壓倒性的優勢獲勝，在這共和國
歷史上是極為少見的。密特朗頂住了右翼要其下臺的壓力，任命
保衛共和聯盟要員愛德華‧巴拉迪爾 (Edouard Balladur) 出任總
理，由此開始了第二次左右共治時期。巴拉迪爾經濟政策的核心
是「經濟健康化」和「維持基本的社會保障」。政府的主要舉措
有：繼續推行國營企業的私有化，發行鉅額公債，增加社會福利
支出，緩和社會矛盾。儘管巴拉迪爾的經濟政策有一定效果，但
左翼總統與右翼總理之間的矛盾和鬥爭並沒有結束。在隨後到來

的 1995 年總統大選中，左翼和右翼之間將進行一次徹底的較量。

三、「左右共治」局面的終結

在左翼領袖密特朗任總統的十多年間，法國始終面臨深刻的經濟社會危機，飽受經濟危機困擾的法國民眾人心思變。而右翼各派之間的聯合及其力量的壯大，使人們普遍相信，在時隔十四年後，右翼領袖將重返愛麗賽宮。果然，經過激烈的角逐，1995 年 5 月，席哈克終於以 52.5% 的選票，成功地戰勝了社會黨倉促推舉的候選人喬斯平 (Jospin)。在 1981 年和 1988 年兩度問鼎總統寶座失敗後，席哈克終於如願進入了愛麗賽宮。5 月 18 日，法國舉行了新舊總統的交接儀式，隨著年邁的密特朗走出愛麗賽宮，第五共和國歷史上的密特朗時代由此畫上了句號。由於新總統的任期要到 2002 年，因此，席哈克將成為領導法國人民「跨入新世紀」的總統。隨後，席哈克任命自己的得力助手、保衛共和聯盟代主席阿蘭·朱佩 (Alain Juppe) 為新政府總理。這樣，第二次「左右共治」局面宣告終結，此時的右翼多數派已經占據總統府、總理府、國民議會、參議院等所有國家權力機構，從而形成了對國家政權的壟斷，它昭示著右翼勢力成為法國的主流力量，法國的政治生活由此而不斷向右轉。

席哈克與朱佩上臺後，開始大力推行經濟社會變革，並且把解決失業問題作為首要任務。新政府在施政綱領中提出「向失業宣戰」，並採取了如下措施：加速經濟發展，創造就業機會，加快消除不平等現象；改革社會生產、就業嚴重脫節的教育制度。與

此同時，緩解社會壓力的社會保險制度改革方案全面推行。然而，雖然政府作了百般努力，但法國民眾翹首期盼的經濟復興局面仍未出現，尤其是失業率仍高居不下，社會矛盾也不斷激化，各種社會抗議運動此起彼伏。席哈克及右翼政府的形象日益黯淡。為了更為順利地推行改革方案，席哈克決定鋌而走險，於 1997 年 4 月宣布解散國民議會，提前一年舉行大選。此舉的目的很明顯，席哈克企圖乘社會黨元氣尚未恢復之機，再次挫敗左翼勢力，以便右翼能夠完全控制任期將到 2002 年的新選出來的國民議會。

　　然而，局勢的風雲突變令席哈克大失所望。在 1997 年 6 月 1 日的大選中，喬斯平領導的社會黨聯合共產黨、綠黨等左翼小黨，組成左翼聯盟，並一舉奪得國民議會五百七十七個席位中的三百一十九席，成為議會多數黨；而右翼聯盟僅僅獲得二百五十三個席位，比上屆議會驟然減少二百三十一席。這樣一來，席哈克不得不任命社會黨領袖喬斯平為總理上臺組閣，法蘭西第五共和國歷史上出現了第三次「左右共治」局面。不過，與前兩次不同的是，這次是一位右翼總統與左翼總理的共同執政，而且，如果不出現特殊情況，其「共治」時間將不是以前的兩年，而將長達五年，一直延續到新世紀的 2002 年。

　　由於社會黨是在低谷階段「意外」上臺的，因此，喬斯平沒有採取鋒芒畢露的姿態，而是小心翼翼地維持著與右翼總統的合作。在經濟政策方面，政府並沒有反過來推行國有化，而是大大放慢了私有化的速度和規模，原計畫的法國國營電訊、郵政、鐵路、電力部門的私有化都停止實施；在社會政策方面，政府許諾

增加工資 4%，將每週工作時間從三十九小時縮減為三十五小時，提高低收入家庭困難補貼，為困難戶提供一百萬套住房等。然而，延續已久的就業問題依然無法解決，而且亞洲金融危機對法國經濟的影響也令人擔憂，各種社會抗議活動依然不斷。所有這些，都極大地降低了左翼政府在群眾中的威望，從而為 2002 年的總統大選與國民議會大選投下了陰影。

　　2002 年 5 月 5 日，在新世紀的第一場總統競選中，社會黨領導人喬斯平在第一輪就慘遭淘汰，右翼執政聯盟候選人、當時的總統席哈克在第二輪中，以 82% 的高票數擊敗極右翼政黨國民陣線候選人勒龐，席哈克繼續其總統生涯的第二任期。6 月，席哈克所屬的總統多數派在國民議會選舉中再獲全勝，贏得國民議會五百五十七個議席中的三百六十二席；由於喬斯平於總統競選敗北後退出政壇，左翼力量遭到削弱，社會黨僅得一百七十五席，比上屆驟減一百三十九席，共產黨甚至只獲得二十一席。6 月 17 日，席哈克任命自由民主黨副主席尚一皮埃爾・拉法蘭 (Jean-Pierre Raffarin) 出任總理，組建了清一色的右翼內閣，使得法國政壇長達五年的第三次「左右共治」局面宣告結束，並由此進入到「右翼政治」時代。

圖 48：1997～2002 年的法國總理喬斯平

四、右翼政治時代：從席哈克到薩科齊

　　2002 年 11 月，為大選而組成的右翼執政聯盟通過整合，成立了「人民運動聯盟 (Union for a Popular Movement)」，其核心是席哈克所屬的保衛共和聯盟，並吸收了法蘭西民主聯盟以及 1998 年 6 月從法蘭西民主聯盟中獨立出來的自由民主黨的主要力量，由此成為法國政壇舉足輕重的第一大黨。「人民運動聯盟」實際上是一個右翼政黨聯盟，聯盟中的席哈克和拉法蘭分享總統與總理之職，標誌著右翼政治在法國的興起。

　　儘管右翼政黨包攬大權，此前左右兩派政治勢力相互掣肘、彼此制約的權力鬥爭不再出現，但右翼政府所面臨的挑戰並未減輕。席哈克的第二任期內，即拉法蘭當政期間，正是美國「九一一」恐怖襲擊事件引發全球經濟衰退的時期，法國自然也難以倖免，國內的經濟社會問題層出不窮。二十一世紀初的前幾年，法國經濟增速放緩，與之相伴隨的是失業率的急劇攀升，2004 年初，法國失業率甚至高達 10% 左右。低迷的經濟阻礙了政府各項改革計畫的推行。右翼政府施政方針的核心理念是自由放任。在政治方面，大力推行以「權力下放」為核心的行政改革；在經濟方面，進一步

圖 49：跨世紀的法國總統席哈克

推動國有企業的私有化，大量裁減國營企業員工；在社會政策方面，推行以養老金、公共醫療為核心的福利制度改革，目的在於縮減國家在公共領域內的開支，減少政府的財政虧損。右翼政府的改革計畫不得人心，社會抗議此起彼伏。2003 年夏季，法國約一萬五千餘人死於持續高溫，而席哈克等政治家卻悠閒地在海外度假，這更激起了民眾的不滿，各行業的罷工、遊行、示威持續不斷，政府的威信降至最低點。

　　正是在這種動盪的局勢中，2004 年 3 月 28 日，法國舉行了大區議會選舉，執政的「人民運動聯盟」遭遇慘敗。在法國本土二十二個大區中，左翼政黨竟然贏得了二十一個大區選舉的勝利，除亞爾薩斯大區以外。大選前後的民意測驗表明，一半以上的法國民眾希望拉法蘭立即下臺。在強大的輿論壓力下，拉法蘭於 3 月 30 日向席哈克遞交辭呈，但席哈克旋即再次任命其為總理，並對原有政府實施了大改組。經歷了這場風波後，右翼政府將施政重點放在解決國內的經濟社會問題上。新政府開始在就業、青年融合、住房、反不平等方面採取一系列的舉措，法國經濟出現恢復性增長，2004 年經濟增長率達到 2.1%，就業率也有所攀升，動盪的社會秩序開始趨於穩定。然而，誰也沒有料到，一場前所未有的政治風波卻悄悄來臨了。

　　作為歐洲一體化進程的積極推動者，席哈克對於〈歐盟憲法條約〉(*Treaty establishing a Constitution for Europe*) 的頒布及其推進貢獻很大。儘管對於該條約法國國內各派爭議很大，但在 2005 年 5 月 29 日，席哈克卻力排眾議，就〈歐盟憲法條約〉在法國進

行全民公投。雖然政府在此前做了大量宣傳和動員,但結果卻未能改變:約 70% 的法國人參加投票,其中約 55% 的人投票反對〈歐盟憲法條約〉,法國由此成為歐盟二十五個成員國中第一個否決該條約的國家。全民公投的失敗,在法國政壇引發了「大地震」,在當晚發表的廣播電視講話中,席哈克指出:法國人以民主的方式拒絕了〈歐盟憲法條約〉,這一結果令人失望,它將會給法國在歐洲維護自己的利益帶來困難。兩天以後,拉法蘭總理遞交辭呈,席哈克任命外交部長德維爾潘 (Dominique de Villepin) 組建新政府。〈歐盟憲法條約〉公投的失敗,對於席哈克是個重大打擊。有評論家甚至認為:「從政治上說,席哈克是在 2005 年 5 月 29 日法國就〈歐盟憲法條約〉舉行公民投票這天死亡的,而且可以說,此次死亡後是沒有復活希望的。」

圖 50:法國舉行〈歐盟憲法條約〉公投的宣傳海報,左為贊成、右為反對。

　　德維爾潘政府組建後，國內的經濟社會矛盾依然嚴峻。更糟糕的是，從 10 月 27 日起的三週內，法國爆發了自 1968 年「五月風暴」以來最嚴重的騷亂。這場騷亂的導火線是巴黎北郊克利希蘇布瓦鎮 (Clichy-sous-Bois) 的兩名非洲裔穆斯林青少年，為躲避警察追捕而觸電喪生的事件。兩名男孩遭遇不幸後，數以百萬計的民眾走上街頭遊行示威，焚燒商店、汽車，並與警方發生激烈衝突，政府被迫宣布進入為期三個月的緊急狀態。對於騷亂背後的深層原因，法新社說：「觀察家們將這場騷亂當作法國社會不斷分裂的信號──移民、貧窮、落後地區教育水準下降和失業。」的確，低迷的經濟，高漲的失業率，緊張的種族關係，嚴重的貧富問題，這些民眾所關心的問題不解決，席哈克所謀求的「社會團結」就不會實現。

　　對於德維爾潘政府來說，解決高失業率問題是其首要使命。2006 年 1 月 16 日，政府開始推行《首次就業契約》(*First Employment Contract*)。根據該契約，在二十六歲以下年輕人首次就業的兩年時間內，雇主可以對其隨時解雇，而不需要任何理由。此舉的目的在於增加就業機會，緩解青年人當中高達 23% 的失業率。法案剛頒布，立即遭到青年學生的反對，他們認為這是對青年人的歧視，減少了其就業的穩定性。數以萬計的青年人走上街頭遊行示威，並得到法國工會的支持。至 3 月底，參加街頭示威抗議的民眾超過三百萬人。在這場群眾抗議面前，德維爾潘並未讓步，而是強行將契約稍加修訂後提交議會討論通過。德維爾潘的固執和傲慢斷送了其政治前程，其民眾支持率不斷下降，參加

圖 51：騷亂導致數以千計的汽車被焚毀、多人傷
亡，法國政府宣布實施宵禁。圖為西南部城市圖
盧茲一公共汽車被引燃焚燒的景象。

2007 年總統大選的夢想也隨之破滅。德維爾潘政府在應對失業、
騷亂等問題上的無所作為，也幾乎把席哈克「送進了地獄」。根據
2005 年 7 月法國民意調查顯示，只有 32% 的民眾支持席哈克，
而反對席哈克的比例高達 63%。英國《經濟學家》雜誌在 2006 年
評論說：「席哈克是第五共和國歷史上最不受歡迎的愛麗賽宮主
人。」

　　更為糟糕的是，政府還不時為一些政治和腐敗醜聞所困擾。
2006 年 4、5 月間，德維爾潘涉嫌在 2004 年雇傭間諜對其政治對
手、內政部長尼古拉‧薩科齊 (Nicolas Sarkozy) 進行秘密調查而
受到指責，這被稱為「第二次水門事件」(The Second Clearstream
Affair)。在 5 月 10 日的電視講話中，席哈克公開支持德維爾潘，
同時駁斥了與自己相關的一樁腐敗醜聞──1992 年擔任巴黎市
長期間，席哈克在日本設立了一個銀行帳戶，裡面有三千萬法郎。

席哈克說：「共和國並不是流言和誹謗的專政。」

　　也正是在重重危機之中，法國迎來了 2007 年的總統大選——一場局勢已定的大選。最有希望問鼎總統寶座的，實際上就是「人民運動聯盟」內部的「三駕馬車」——總統席哈克、總理德維爾潘、內政部長薩科齊。正如外界所預料的那樣，大選前的 2007 年 3 月 11 日，席哈克在電視講話中表示，自己無意謀求法蘭西總統的第三任期，並公開支持薩科齊；總理德維爾潘本來是最有力的總統競選者之一，但其執政期間的社會騷亂以及失業危機徹底葬送了其政治生涯；內政部長薩科齊是一位朝氣蓬勃的政治家，在大選之前已成功當選為「人民運動聯盟」主席。在 5 月份舉行的總統選舉中，通過兩輪投票，薩科齊以 53% 的選票當選為法國總統，席哈克時代宣告終結。

　　在隨後的國民議會大選中，「人民運動聯盟」也獲得勝利，薩科齊隨即任命法蘭索瓦‧費雍 (François Fillon) 為政府總理，人民運動聯盟由此控制了法國政權。薩科齊擁有獨特的執政理念，他提倡進行激進的改革，「與過去的三十年決裂」，實現法國模式的現代化，使之跟上全球化發展的步伐。薩科齊信奉美國式的自由主義經濟，主張借鑑英美模式改造法國的經濟和社會結構，並為此採取了一系列舉措：

　　在經濟方面，豁免對超時工作

圖 52：薩科齊

以及社會保險費用的徵稅，減徵企業 4% 的稅收以及社會負擔費用，此舉在於刺激經濟的增長。為緩解財政危機，政府又開徵備受爭議的遺產稅，此舉將使政府一下子入帳八十億歐元。

在就業方面，提出在五年內充分就業的口號，到 2012 年將失業率控制在 2.5% 以內；推行新的單一勞動合同，雇員的權利將隨著時間的延長而增加，這種靈活性將會鼓勵企業主雇請更多的工人；繼續將退休年齡維持在六十歲，堅持每週三十五小時工作制，工人們有權拒絕超時工作；減少公共部門的工作人員數量，增加公務人員的工資水準，降低政府的公共債務。

在移民政策方面，減少非法移民數量，實行選擇性的移民政策，引進更多法國所需的高科技人才；設立專門的移民和國民身分認證機構，讓移民更容易融入當地社會，防止種族歧視和種族不平等，使國民身分認證不再被視為社會的禁忌。

在社會政策方面，對交通以及能源部門的退休人員實行更加優厚的養老金政策，同時提高其他部門工作人員的退休待遇；通過法案使得全體國民享有房屋居住權，對於任何沒有住房的法國國民，將在兩年內為他們提供居所。

新政權的經濟社會政策當年就初見成效：2007 年，法國經濟增長率接近 2%，而失業率也降至五年來的最低點，降至 8% 以下。

從 2008 年 7 月起，薩科齊開始推行一系列的憲政改革，內容包括：總統只能連續擔任兩屆，取消總統的集體大赦權；總統有權直接在議會發表講話，議會則有權自主確定會議議程；議會有權否決總統任命的閣員；議會委員會不受政府的制約。顯然，憲

政改革的核心在於限制總統權威，擴大議會權力。

　　在法國人眼中，薩科齊以一個強有力的改革者而出現。在積重難返的法國，薩科齊推行的一系列實用主義的改革雖然有一定成效，但在美國次貸危機引發的全球金融危機的衝擊下，法國經濟再次陷入衰退，就業、福利等社會問題又開始浮現，使右翼政府面臨嚴峻的挑戰。

五、從「右翼居優」到「左升右降」

　　從 2002 年大選到 2007 年大選，法國政治格局持續呈現「右翼居優」的態勢，兩屆總統席哈克和薩科齊也都是右翼人民運動聯盟的黨魁。但自 2008 年起，由於薩科齊政府的改革備受爭議，加之隨後爆發金融危機和歐債危機的雙重影響，法國經濟一再探底，失業率也是居高不下，民眾對右翼的執政越發不滿，從而導致法國政治力量發生「左升右降」的逆轉。

　　從 2007 年夏季開始，美國的次貸危機便已顯露蹤跡，呈現向法國蔓延態勢。2008 年 9 月雷曼公司破產後，金融危機如「海嘯」一般席捲法國，對法國金融業和實體經濟造成了勢不可擋的衝擊，這對薩科齊與費雍政府無疑形成了巨大的挑戰。在全球化的背景下，法國的金融業和銀行業首當其衝。法國股市幾近癱瘓，巴黎券商公會指數 (CAC40) 指數從六千多點下降至三千多點，多家法國銀行也相應縮水，整個金融行業一片肅殺。與此同時，法國的實體經濟，如汽車製造業、鋼鐵業、化工行業、房地產和建築業、房屋租賃業、旅遊和酒店業、玩具零售業以及電信、收費

電視和報紙訂購等行業也蒙受巨大損失，眾多中小企業倒閉的浪潮隨之而來，失業者超過兩百萬人。在此背景下，薩科齊與費雍政府在較短的時間內作出一系列應對措施，其特點主要是加強國家對經濟的干預，如多次以鉅資救市、提出經濟重振方案、挽救大銀行與大企業，並通過大量政府投資解決失業等問題。借助法國穩定的金融體系和監管制度，費雍政府出手果斷、及時且針對性強，使得法國承受住了國際金融危機的考驗，僅僅一年多時間，法國銀行業就已逐漸走出了危機的陰影。法國國家統計局也表示，法國經濟在 2009 年第二季度就已逐步好轉，法國因而成為歐洲率先擺脫危機的國家之一。

不過，金融危機也給法國帶來了一些後遺症。大量資金的投入使得法國政府的財政赤字和公共債務直線攀升，而肇始於 2009 年末的希臘國債危機更是讓這一問題雪上加霜。為了避免陷入破產的窘境，法國政府開始調整財政政策，開源節流，彌補虧損，而緊縮性的財政政策又不可避免地導致失業率的反彈。對此費雍政府捉襟見肘，疲於應付。此外，新的退休制度改革也造成嚴重的社會不滿，法國工會為了抵制這一政策，不斷發動工人集體罷工，對未來充滿懷疑的青年學生也上演了一波罷學罷課的狂潮，民眾的不滿有增無減。此外，人民運動聯盟內部也是派別林立、腐敗醜聞接連不斷，加之薩科齊本人過度張揚、華而不羈，選民對右翼的執政日益不滿，紛紛轉向在野的社會黨。正因如此，社會黨和其他左翼政黨在 2010～2011 年的地方選舉和參議院選舉中接連獲得勝利，薩科齊的民意支持率也是一路走低，法國政治

局勢出現「左升右降」的情形。2012 年大選就是 2008 年以來法國政治格局「左升右降」力量消長的延續。

2012 年 4 月第一輪投票中，得票領先的前兩位分別是社會黨總統候選人法蘭索瓦‧歐蘭德 (François Hollande) 和右翼人民運動聯盟總統候選人薩科齊，兩強相爭，左右對峙。國民陣線總統候選人瑪麗娜‧勒龐，再次成為「黑馬」，得票率排在第三。經過激烈角逐，歐蘭德最終以 51.8% 的得票率戰勝薩科齊，成為自密特朗以來的第一位左翼總統。2012 年 5 月，歐蘭德在愛麗賽宮宣誓就職，隨後提名國民議會社會黨領袖讓—馬克‧艾侯 (Jean-Marc Ayrault) 為新一屆政府總理。在 6 月的國民議會選舉中，社會黨和其他左翼乘勝追擊，最終完勝人民運動聯盟，取得了總統選舉和議會選舉的雙重勝利。從此，法國結束右翼長期把持政權的歷史，開始以社會黨為主的左翼執政的新時期。法國政治史翻開了新的一頁。

為了走親民路線，歐蘭德首先在改善政治生態上出招。他制定了《政府成員職業道德憲章》，提出了一系列以團結、透明、公正以及廉潔等原則，要求全體政府成員必須遵守的道德規範。經濟方面，為了解決財政赤字和公共債務問題，他帶頭減薪，削減政府的公共開支和國民醫療保險開支，號稱要將財政赤字減少到國內生產總值的 3% 以內。為了實現競選承諾，法國國民議會還在 2012 年 10 月通過了一項為期兩年的「富豪稅」法案，即對法國富豪徵收 75% 的所得稅。工業方面，艾侯政府提出「新工業法國計畫」，以減稅和提供優惠政策等方式大力發展法國的工業和製

造業，實現「再工業化」。為了降低居高不下的失業率，歐蘭德也是不遺餘力，打響「就業保衛戰」。此外，歐蘭德還通過了一項「同性戀婚姻法案」，以法律形式維護同性戀者的權利，這對世界來說都無異於一場革命。

然而歐蘭德的對內改革並未順風順水。2013 年，法國財政危機重重，年輕人失業率居高不下，購買能力萎縮，經濟增速緩慢，社會問題頻發，呈現出一種「法國病」的特徵。顯然，歐蘭德的財政政策並未取得預期效果，政府道德改造方案難以阻止腐敗現象，高額的「富豪稅」對改善貧富差距是治標而不治本，反而造成諸多法國富豪向國外移民。而他的新就業法案，更是遭遇了大規模的罷工反對。與此同時，有關歐蘭德的緋聞也不斷爆出，使其在民眾心中的形象受損。此外，在歐蘭德執政期間，政府總理幾經更換，反映出政治局勢的跌宕起伏，某種程度上也凸顯了歐蘭德政策的不穩定性。

敘利亞難民危機爆發後，大量難民湧入法國，形成了社會與文化之間的矛盾衝突。法國國內的極端伊斯蘭勢力更是越演越烈，在 2015 年 1 月 7 日，恐怖分子襲擊了位於首都巴黎的左翼期刊《查理週刊》(*Charlie Hebdo*) 總部大樓，造成十餘人死亡，其原因在於《查理週刊》經常諷刺伊斯蘭教創始人穆罕默德，招致了極端伊斯蘭勢力的記恨。同年 11 月 13 日，巴黎更是發生了震驚世界的恐攻案，三名恐怖分子在法蘭西體育場附近發動襲擊，隨後巴黎的咖啡館、餐館及音樂場所也發生了自殺式炸彈攻擊和大規模槍擊，共造成來自二十六個國家的一百三十餘人死亡，三

百多人受傷，伊斯蘭國 (ISIS) 宣布對此事件負責。2016 年 7 月 14 日，也就是國慶日這天，尼斯再次遭遇恐怖攻擊事件，至少八十六人喪生。一系列事件似乎使法國人患上了「伊斯蘭恐懼症」。

　　總體而言，歐蘭德執政五年，社會經濟改革收效甚微，反恐和安全形勢越發嚴峻，使得歐蘭德總統的支持率一再下降。早在 2013 年 3 月，索福瑞公司調查結果顯示，歐蘭德的民眾信任度僅為 30%，成為自 1981 年以來法國「最不受歡迎」的總統。人們開始認為，歐蘭德並沒有帶領人民實現「法國夢」的能力。法國政局逐漸發生逆轉，在 2014～2015 年市鎮選舉、參議院選舉，尤其是歐洲議會選舉中，左翼社會黨遭遇慘敗。相較而言，極右翼組織國民陣線勢力則急速膨脹，不僅首次擠進參議院，在歐洲議會選舉中更是躍居群黨之首，其領袖瑪琳‧勒龐躊躇滿志，宣布將再次參與總統競選。2016 年，英國脫歐、川普當選、義大利修憲公投失敗等「黑天鵝」事件頻發，民粹主義、民族主義、反歐洲一體化、反全球化暗流湧動，進一步助長了國民陣線的氣焰。受形勢所迫，歐蘭德宣布放棄謀求連任。

六、超越「左和右」：馬克宏的「前進運動」

　　「左和右」的劃分自法國大革命以來就構成了法國的傳統政治模式，第五共和國時期更是形成了左右翼兩大黨總統候選人輪流主政的政治生態。然而，二十一世紀以來，法國經濟發展受阻、社會福利下降，接連曝出的官場和政治精英的醜聞更是讓民眾對傳統左右翼政黨失去了信任。在這種背景下，試圖超越「左右」

而主張走法國式 「第三條道路」 的政壇新秀艾曼紐・馬克宏 (Emmanuel Macron) 脫穎而出,他曾是歐蘭德所在的社會黨成員,後在 2016 年成立了「前進!」黨 (En Marche!),發起了不左不右的「前進運動」。

2017 年法國總統大選中,「前進運動」 領袖馬克宏猶如一匹黑馬,一路過關斬將。 在 4 月的第一輪投票中 , 馬克宏獲得 24.01% 有效票,國民陣線總統候選人瑪琳・勒龐則獲得 21.3% 有效票,位居第二。在 5 月的第二輪投票中,三十九歲的馬克宏以 66.1% 的有效票擊敗瑪琳・勒龐,問鼎愛麗舍賽宮,成為第五共和國史上最年輕的總統。中間黨派總統候選人馬克宏的當選,不僅打破了第五共和國傳統左右翼兩大黨總統候選人輪流入主愛麗賽宮的「歷史定律」,也有力地遏制了法國和許多國家的「疑歐」、「反歐」、「退歐」思潮。馬克宏總統就職後,即任命四十六歲的愛德華・菲力普 (Edouard Philippe) 為新一屆政府總理。在 6 月的國民議會選舉中,馬克宏領導的「前進!」黨更名為「共和國前進!」黨 (La République En Marche!),並與民主運動結盟。儘管「共和國前進!」黨創建不到一年,卻一舉獲得國民議會總共五百七十七席中的三百五十席,成為國民議會中的絕對多數派,而傳統的左右翼兩大黨卻一敗塗地。

乘著選舉成功的東風,馬克宏著手進行了一系列改革。他旨在用改革措施推動發展的紅利,重振法國經濟。馬克宏摒棄左或右的意識形態,提倡進步主義。憑藉在議會的絕對優勢,推動勞動市場改革、失業保險改革,賦予企業更大的勞資協議權力;同

時，他推動移民法改革，加強對移民的管控；推行財政稅收改革，簡約財政開支，克服機構臃腫和腐敗的現象。此外，馬克宏還公布反恐法以取代緊急狀態，以改善社會治安。

儘管馬克宏銳意進取，謀求通過改革使經濟重回強勁增長的勢頭，但改革效果卻不盡人意。馬克宏政府的改革不僅沒能扭轉經濟下滑趨勢，反而因社會福利的減少，造成民眾對政府的不滿，社會抗議運動隨之爆發。2018 年 11 月以來，法國幾大城市均出現了「黃背心」運動，並迅速席捲全國，一度演化成暴力衝突，巴黎等城市的歷史建築也受到波及遭到破壞。「黃背心」運動持續一年有餘，造成嚴重的社會危機，被認為是法國自 1968 年「五月風暴」以來最為嚴重的抗議運動。2019 年，馬克宏政府頒布的《退休制度改革白皮書》再度引發大規模罷工遊行，養老金改革遭遇巨大阻力。這一系列社會抗議活動，給法國政府施加了巨大的壓力，不僅打亂了馬克宏的改革布局，也使馬克宏政府的許多改革措施難以落實。

2020 年爆發的新冠肺炎疫情對法國的政治、經濟產生了巨大的影響。在疫情衝擊下，法國 2020 年經濟萎縮 8.3%，經歷了 1958 年第五共和國成立以來最嚴重的經濟衰退。到 2021 年春，法國成為歐洲疫情感染最嚴重的國家之一，官方和民間都承受了巨大的防疫壓力。通過法國政府的努力，民眾的配合，尤其是健康通行證的實施，疫苗接種在法國平穩有序推進。然而，新冠病毒變異株 Omicron 的來襲，令法國的疫情再度嚴峻。2022 年 1 月以來，法國連續多日單日確診人數新增超過三十萬例。為遏制

Omicron 毒株的傳播，2022 年 1 月 16 日，法國議會通過疫苗通
行證法案，以推動民眾接種疫苗。

此外，法國還於 2022 年 1 月 1 日正式接任歐盟輪值主席國，
為期半年。馬克宏在新年致辭中表示 2022 年將成為歐洲的轉折之
年。2022 年，馬克宏如何帶領民眾迎擊疫情挑戰、在法國擔任歐
盟輪值主席國期間取得哪些成績、最終是否能夠連任總統，將受
到法國國內外的高度關注。

第四節　「法國的偉大」：1960 年代以來的外交走向

一、戴高樂與「大國外交」政策的確定

根據 1958 年 9 月頒布的奠定第五共和國政治制度的新憲法
第五條，共和國是「民族獨立、領土完整、尊重法蘭西共同體協
定和國際協議的保證」。這實際上意味著，隨著政治制度的轉變，
法國的外交的決策權由總理轉到了總統手中。戴高樂擔任第五共
和國首任總統後，隨著法國一度依賴的法蘭西共同體的解體以及
美蘇冷戰的加劇，他適時提出了以追求「法國的偉大」為核心目
標的「大國外交戰略」。正如他後來在一次電視講話中所說：「法
國應該在世界範圍內推行一種世界性的政策，因為法國能夠做到
這一點，因為一切都要求它做到這一點，因為法國就是法國。」
戴高樂提出的大國外交戰略，為戰後法國外交開創了一個全新的
時代和方向。繼戴高樂之後，法國歷任總統，從龐畢度到德斯坦，

從密特朗到席哈克，無不將追求「法國的偉大」作為其外交政策的出發點。儘管隨著形勢的發展和變化，歷任總統推行的外交政策的內容和方式有所改變，但戴高樂當初所確定的法國外交的大方向，至今仍然沒有根本性的變化。因此，從這個意義上說，戴高樂無疑是當代法國外交的締造者與開創者。

戴高樂上臺之際，美蘇冷戰開始加劇，有著「山姆大叔」之稱的美國儼然以西方世界的霸主自居，對英、德、法等國飛揚跋扈、頤指氣使。東山再起的戴高樂不能容忍法國屈居「小夥計」地位，於是全力推行以與美國對抗、維護民族獨立、爭取大國地位為核心的外交政策。與美國的對抗首先表現在不顧美國的反對而發展自己的核子武器上。早在 1959 年 11 月，戴高樂就聲稱「必須在短期內擁有人們慣常稱呼的『打擊力量』」。美國新任總統甘迺迪 (Kennedy) 當即反對，認為法國的原子彈「與其說是要對付莫斯科，毋寧說是要對付華盛頓」。但在戴高樂的堅持下，1962 年法國試爆了第一顆原子彈，隨後又專門撥款六十億法郎用來建立「核威懾力量」，法國由此成為世界上第四個擁有核武的國家，國際地位迅速提高。其次，法國在對待北約問題上也處處與美國作對。1958 年 9 月，法國提出要修改〈北約章程〉，成立以美、英、法為核心的三國領導機構，以挑戰美國的霸主地位。當這一分權要求遭到美國的拒絕後，法國斷然採取行動：1959 年 3 月，宣布地中海艦隊不受北約指揮；6 月，拒絕美國在法國本土部署核武器；1963 年 6 月，從北約撤回法國的大西洋艦隊；1966 年，正式退出北約各軍事機構，限令美國駐法國及其屬地駐軍一

年內撤離。戴高樂的這一做法給了美國當頭一棒，在冷戰時期的西方世界引起巨大震動。

在與美國對抗的同時，法國又積極發展與蘇聯及其社會主義陣營的關係，力圖將法蘇關係作為與美國討價還價的籌碼。1964年1月，法國正式承認了中華人民共和國；1966年6月，加強兩國合作的〈法蘇宣言〉發表，法蘇關係進入一個全新的時期，1967～1968年間，戴高樂還訪問了波蘭與羅馬尼亞。在冷戰的特殊時期，戴高樂改善與東方陣營關係的舉措，有利於法國在兩強爭霸的態勢下坐收漁利，從而提高自己的國際地位。

在歐洲政策方面，戴高樂反對美國對歐洲事務的干預，認為歐洲是「歐洲人的歐洲」，而不是「大西洋的歐洲」。他積極支持與促進歐洲聯合，努力實現法、德和解，力圖在「法、德軸心」的基礎上建立一個統一的歐洲，以同美國相抗衡。為此，戴高樂積極推動法、德和解工作，1963年，〈法德友好條約〉正式簽訂，這為法德關係的正常化以及歐洲的聯合奠定了基礎。針對英國加入歐洲共同體的要求，戴高樂堅決反對。他對英國追隨美國的政策十分不滿，認為英國是美國安插進入歐洲共同體的「特洛伊木馬」，目的是拆散歐洲共同體。戴高樂甚至還公開宣布：只要他還當政，英國就不要指望加入歐洲共同體。

戴高樂還積極改善與第三世界國家的關係，樹立法國的大國形象。戴高樂當政時，戰後第二次非殖民化潮流在亞非各國興起。繼成功地解決阿爾及利亞問題後，戴高樂改變了對法國各海外屬地，尤其是非洲各殖民地的態度，及時順應時代潮流，推進殖民

地的獨立事業。正是在戴高樂「合作政策」的主導下，法蘭西帝國的「非殖民化」進程大大加速，並最終順利完成。面對崛起的第三世界，戴高樂認為：法國應該對第三世界進行指導啟發，起到領導作用，以此抗衡超級大國，在世界事務中擁有更多發言權。為此，法國加強了與第三世界國家，尤其是馬格里布 (Maghrib) 國家❶與撒哈拉 (Sahara) 沙漠以南的非洲法語國家的聯繫，通過提供經濟援助、科技與文化合作以及軍事保護等方式，來贏得這些國家的支持與擁護。

不難看出，與美國的對抗，改善與蘇聯社會主義陣營的關係，推進沒有英國參加的歐洲聯合，以及加強同第三世界法語國家的聯繫，成為戴高樂外交政策的中心內容。其最終目標，是為了追求「法國的偉大」，重樹法國的大國地位。這一目標如此宏大，以至於在戴高樂執政的十餘年間當然無法全部實現。不過，幸運的是，戴高樂之後的總統，繼承其衣缽，推動法國向這一目標穩步邁進。

二、繼承與轉變：龐畢度與德斯坦時代的外交

作為右翼政黨的代言人，龐畢度與德斯坦擔任總統期間，一方面繼承了戴高樂主義的外交真諦——在國際事務中奉行獨立自主的方針，在美蘇冷戰的夾縫中尋求大國地位；另一方面，面對

---

❶　北非瀕臨地中海的國家，包括突尼斯、摩洛哥、阿爾及利亞、利比亞等國。

瞬息萬變的國際形勢，他們又都放棄了戴高樂外交政策中一些過於強硬的成分，轉而採取較為靈活多變的外交政策。

在法美關係上，龐畢度一改戴高樂那種咄咄逼人的作風，實現了法美兩國元首的互訪，在經濟、政治、外交等領域內與美國進行廣泛的合作，戴高樂時期一度惡化的法美關係由此得到改善。在對待北約的態度上，法國放棄了全方位的防務政策，承認法國仍然是西方防務體系的一員，恢復了與北約在諜報等軍事領域的合作。在歐洲聯合問題上，龐畢度改變了戴高樂時代對英國的排斥態度，明確支持英國加入歐洲共同體。1971 年，法英兩國就英國加入歐洲共同體的條件達成協議。1973 年 1 月，英國終於成為歐洲共同體成員國。與蘇聯及其他社會主義國家的關係，在龐畢度總統時期得到發展。法、蘇兩國領導人進行了多次互訪，政治關係明顯緩和，經貿領域內的合作得到加強。龐畢度此舉意圖十分明顯：希望在美蘇之間維持平衡，藉以保持法國的大國地位。從 1971～1973 年間，龐畢度總統遍訪非洲各法語國家，通過經濟與軍事兩條途徑，加強與第三世界的合作。

同其前任一樣，德斯坦將「確立並保障法國在世界上的地位和作用」作為外交的主要任務。不過，在執行過程中，德斯坦總統顯得更加靈活。德斯坦將法國外交確立為四條路線：獨立的路線，歐洲的路線，緩和的路線，合作的路線。具體來說，就是謀求法國的獨立自主地位，尋求歐洲的聯合道路，緩和美蘇冷戰態勢，開展與第三世界的合作。德斯坦總統一方面積極發展與美、英兩國的關係，甚至多次遷就美國，給人留下一種息事寧人的「和

事佬」形象。1976 年，法國順應美國的要求，接受了國際貨幣基金組織實行外匯浮動匯率和黃金非貨幣化的決定，這似乎表明法國願意無條件與美國站在一起。不過在多個場合，德斯坦總統也不忘強調：「法國並不是那些需要被領導的國家，我們有自己的政策。」對於蘇聯，德斯坦也採取一種寬容與合作的政策：1979 年蘇聯入侵阿富汗 (Afghanistan) 時，德斯坦拒絕了美英盟國要其對蘇聯實施經濟制裁的要求；1980 年，德斯坦不僅不抵制莫斯科奧運會，後來還在華沙 (Varsovie) 會見了蘇聯領導人布里茲涅夫 (Brezhnev)。在歐洲政策上，法、德之間的合作進一步加強，德斯坦聯合西德創立了歐洲貨幣體系，積極推動共同體的擴大。此外，德斯坦還十三次出訪非洲，並且於 1973 年首創了法、非首腦會議，藉此向非洲國家提供經濟和技術合作。

三、密特朗與法國外交政策的調整

在密特朗擔任總統的十四年間，國際形勢發生了翻天覆地的變化。以雅爾達體系的瓦解為界限，在此之前，即密特朗的首任總統任期內，法國的外交政策與此前相比沒有什麼不同；但是，進入總統的第二任期，特別是蘇東巨變、兩德統一後，法國面臨的國際形勢發生了根本性的變化，密特朗不得不根據時局的發展，對自戴高樂以來的外交戰略做出重大調整，以使法國更好地在國際舞臺上發揮作用。

密特朗上臺之初，一再強調要保持外交政策的延續性，在美蘇爭霸的冷戰態勢中，與美國保持既結盟又獨立的立場。隨著國

際格局中蘇攻美守態勢的出現,密特朗加強了與美國的聯盟關係,同意美國在歐洲部署中程導彈,以對抗來自蘇聯的威脅;同時,法國多次表示要繼續履行在北約聯盟中的義務。不過,法國與蘇聯的關係在密特朗時期相對冷淡,儘管 1980 年代中期密特朗三次對蘇聯進行友好訪問,但密特朗從骨子裡對蘇聯就不太信任。在此期間,法國政府多次公開批評蘇聯政府的內外政策,支持蘇聯國內持不同政見者,1983 年 9 月甚至還驅逐了四十七名涉嫌從事間諜活動的蘇聯僑民與外交官,造成法、蘇關係一度緊張。在歐洲政策上,密特朗提出「應努力使歐洲成為一種政治力量,一種經濟、社會、文化力量」,主張加速歐洲的一體化進程,強調法德軸心在歐洲一體化中的作用,以減少歐洲對於美國的依賴。在與第三世界關係方面,密特朗提倡建立國際經濟新秩序,努力改善南北關係,主張通過富國援助窮國的方式來消除社會不平等。密特朗以積極的態度敦促歐洲共同體與「非洲、加勒比海和太平洋國家」達成〈洛美 (Lomé) 協議〉,這些國家輸往歐洲共同體的商品享受單方面的免稅優惠,從而為第三世界國家的經濟發展做出貢獻。

1980 年代末 1990 年代初,國際形勢發生了巨大變化:東歐巨變,蘇聯解體,柏林牆倒塌,美蘇對抗的雅爾達格局徹底瓦解。此時,戴高樂在冷戰初期所確立的外交方針面臨嚴峻的挑戰。面對這種新的現實,密特朗明確意識到,要想在新的國際環境中最大限度地實現自己的利益,保持法國的大國地位,就必須對外交目標做出調整,重新確立法國外交政策的內容與目標。密特朗提

出的法國外交政策的新構想是：儘快加速歐洲一體化進程，早日建成以法、德為軸心的歐洲聯盟，力爭使歐洲聯盟成為後冷戰時代多極世界中的重要一極；調整與改善與美國的關係，積極參與世界新秩序的組建，藉此提高法國的國際地位。

正是在密特朗的推動下，〈馬斯垂克條約〉於 1992 年獲得通過，它直接促成了歐洲共同體向歐盟的轉變，歐洲聯合又向前大大邁進了一步。後冷戰時代，地區衝突驟然加劇，世界秩序正處於調整與重建之中。在越來越多的國際衝突中，作為安理會常任理事國以及美國的盟國，法國將採取什麼樣的政策，這是人們關注的焦點之一。此時，密特朗本著維護西方陣營團結的立場，在保持法國相對獨立性的前提下，積極參與美國在國際舞臺上的多次軍事行動，充當起「民主」與「人權」的捍衛者。法國先後參與了美國打擊伊拉克 (Iraq) 的首次波斯灣戰爭，將伊拉克趕出了科威特 (Kuwait)；積極干預南斯拉夫 (Yugoslavia) 危機，並派出了國際維和部隊；對於非洲索馬利亞 (Somalia)、盧安達 (Rwanda)、薩伊 (Zaire) 等國發生的種族或部族衝突，法國進行了積極干預。所有這些，都擴大了法國的國際影響力，有利於維持其大國地位。

四、席哈克、薩科齊與「新戴高樂主義」

1995 年席哈克入主愛麗賽宮後，這位戴高樂派的傳人當時即表示，「要遵循戴高樂將軍的教導，尋求法國在世界事務中應有的突出地位」。不過，為了應對後冷戰時代新形勢的挑戰，席哈克另

　　將一些新的現實考量融進戴高樂的傳統外交思想中。因此，席哈克時代的外交又被人稱為「新戴高樂主義」外交。

　　在軍事與防務方面，席哈克大舉縮減軍事開支，使法國在國防及軍備方面的開支僅占 GDP 的 3% 左右。核武數量也大幅度縮減，法國目前擁有核彈頭僅三百五十枚，而同在歐洲大陸的俄羅斯則達到一千六百枚，但法國發展核武的政策並未發生根本性的改變，席哈克曾表示，對於以恐怖手段危害法國利益的任何國家，法國將毫不留情地採取核武反擊。「重返北約」是席哈克外交的一項重大轉變。1995 年 12 月，席哈克就做出法國重返北約軍事一體化機構的打算，法國開始參與北約除「防務計畫委員會」與「核小組計畫」以外的所有軍事會議。不過，後來由於席哈克提出跟美國共享北約領導權、建立獨立的「歐洲支柱」防務體系遭到美國反對，再加上歐洲國家的掣肘，「重返北約」的決定最終被美國「打入冷宮」。

　　與美國建立一種既競爭又合作的「夥伴關係」，是席哈克外交追求的另一目標。上臺不久，席哈克就對美國進行了友好訪問，試圖彌補因法國恢復核試驗而惡化的法、美聯盟關係。席哈克指出，法國一直是美國堅定的盟國，承認「美國軍事力量在歐洲的存在是歐洲大陸穩定與安全的主要因素」；但另一方面，席哈克又明確要求，在新形勢下，美國要與日益壯大的歐盟之間，結成一種嚴格平等的「新型夥伴關係」。為此，法國決不接受美國所統治的單極世界，也不承認以美國為軸心的「世界新秩序」。這樣，在1990 年代末聯合國秘書長人選問題上，法國與美國意見相左；在

中東和平問題上，指責美國採取雙重標準，對以色列 (Israel) 採取縱容態度，支持巴勒斯坦 (Palestine) 的建國工作；在古巴 (Cuba) 問題上，抵制美國一手炮製的《赫爾姆斯－伯頓 (Hermus-Berton) 法》，不承認拉丁美洲是美國的後院，抨擊該法案是搞「治外法權」；在伊拉克問題上，不同意美、英一再空襲伊拉克，不參加美、英多國部隊在伊拉克執行的禁飛任務；2003 年 3 月，堅決反對美、英未經聯合國同意，對伊拉克發動戰爭。然而，「九一一」之後，在打擊國際恐怖主義問題上，法國在外交與軍事上全力支持美國，美國進入阿富汗對賓拉登 (Bin Laden) 恐怖勢力的打擊，就得到了法國的支持。不過，法國仍然反對美國的「先發制人」戰略，強調聯合國在打擊恐怖主義領域應發揮更大作用。針對美國通過「硬實力」追求全球霸權的行為，席哈克則大力推動文化外交，用文化「軟實力」與美國抗衡，反對以「文明的衝突」來塑造全球「民主格局」。席哈克曾明確表示：「法、美關係一向是，而且將永遠是相互衝突的，美國認為法國的要求是不可容忍的，我們認為美國的霸權主義是不可容忍的。」

　　在歐洲建設方面，席哈克重視法、德兩國的合作，始終把法、德聯盟置於歐盟發展的中心位置。法國政府積極推動歐盟政治、經濟和防務聯合。席哈克積極倡導歐盟的政治體制改革，大力促成〈尼斯條約〉及〈歐盟憲法條約〉頒行。在經濟合作方面，席哈克積極推動歐元的問世，並強調以歐元為基礎來建立某種能夠促進穩定和發展的歐洲經濟政府，而在當時尤其要加強歐盟十五國，特別是歐元區十一國的經濟政策協調。強化歐盟的共同安全

與防務，減少對北約和美國的依賴，是席哈克的最大願望。為此，法國積極推動歐洲快速反應部隊的組建，加強與歐洲國家之間的軍備合作，強化西歐進行聯合干預的能力。在歐盟東擴問題上，席哈克態度積極，四處奔走，為波蘭、匈牙利、羅馬尼亞等東歐國家加入歐盟掃清了障礙。在歐洲未來發展方向上，席哈克反對核心歐洲，主張歐盟向「主權國家聯合體」的方向發展，強調法國在聯合體中發揮先鋒作用，最終使得歐盟成為未來多極世界中的重要一極。

薩科齊入主愛麗賽宮後，法國的外交領域出現了一些新的變化。在繼承席哈克所開創的「新戴高樂主義」外交傳統的同時，薩科齊又有所修正和創新。在軍事和防務方面，薩科齊繼承了席哈克的未竟事業。薩科齊宣布，法國將繼續把空基核彈頭的數量減少三分之一，使法國核彈頭數量削減至三百枚以下；同時，薩科齊強調，法國將繼續奉行核威懾政策，核武器是保持法國獨立性和自主決策的最終保證，是保證歐洲安全的重要因素。在「重返北約」問題上，薩科齊與美國、北約舉行了多次談判，並最終取得了重大突破。2009 年 4 月 4 日，薩科齊在紀念北約成立六十週年的領袖高峰會上宣布，法國重新回到已經退出四十三年之久的北約軍事一體化機構。這是法國對外戰略的重大調整，而這正是為了順應變化了的國際形勢。薩科齊指出：重返北約可以使法軍更直接、更全面地參與北約軍事行動，大幅度提高法國軍事水平，也可以增加歐洲國家在北約內部的影響力，進一步推動歐洲防務建設。

圖 53：2009 年 3 月 11 日，薩科齊宣布法國即將重返北約。後方左為北約旗幟、右為法國國旗。

　　在對美政策方面，被認為是「親美派」的薩科齊，一改席哈克對美國大唱反調的做法，著力修復法美關係和歐美關係。薩科齊認為，法美兩國的友誼是「深刻的、誠摯的、可靠的」，但「盟友並不意味著順從」，並不意味著法國「作為朋友」而不能「坦率地」發出不同聲音，兩國在某些問題上政策不一致也是必然的，法國將繼續維護其獨立自主及大國地位。在阻止伊朗核計畫、緩解伊拉克局勢等方面，法國的態度開始向美國靠攏，這被認為是法國試圖與美國重新和解的重要表現；但另一方面，薩科齊又反對美國在控制二氧化碳排放方面無所作為，反對北約全球化以及用北約取代聯合國，反對美國干預歐洲的防務，在某些問題上甚至不惜與美國相對抗。

圖 54：北約六十週年領袖高峰會合影（前排左五為美國總統歐巴馬、左六為薩科齊）

　　歐洲是法國外交政策的重心。薩科齊自稱是一個「徹底的歐洲主義者」，並著力推動歐洲一體化進程。〈歐盟憲法條約〉在法國遭到否決後，薩科齊提出了新的設想：一是法、德合作，帶領歐盟走出憲法危機，推動歐盟的順利發展；二是提出要組成一個「簡化版歐盟憲法條約」以取代 2005 年遭否決的版本，且不經公投而直接送交各國議會批准通過，以便盡快化解〈歐盟憲法條約〉僵局。此外，薩科齊還主張降低歐元匯率，在有效遏制通貨膨脹的同時增加經濟和就業率；支持歐盟與土耳其之間建立戰略夥伴關係，但反對土耳其加入歐盟，同時要求暫停一些新國家申請加入歐盟，這給歐盟的發展前景增添了許多不確定因素。

　　不難發現，在薩科齊時代，法國外交政策確實做出了一系列

調整，這尤其體現在「重返北約」方面。從戴高樂時代的「退出」到薩科齊時代的「回歸」，這種一百八十度大轉彎的戰略調整，給民眾造成背離戴高樂主義的印象。但事實上，二十一世紀的法國，其所面臨的歐洲及國際形勢已經發生了重大變化，「重返北約」依然是為了維護法國的國家安全和戰略利益，其實質並沒有背離戴高樂主義的精髓，在某種程度上，這正是戴高樂主義在新形勢下的新發展。因此，薩科齊時代外交領域內的變革，依然可以看作是「新戴高樂主義」的延續。

五、延續與變革：歐蘭德與馬克宏時期的外交

2012 年，作為左翼社會黨領袖的歐蘭德入主愛麗賽宮後，隨即根據左翼理念和新的國際形勢，推行更加穩健、務實事務的外交。歐蘭德認為，「法國的對外行動應該依靠自己的力量，有自己的特色，自己的強項，自己的亮點」。為擺脫國內經濟和財政困境，他提出「經濟外交」和「戰略經濟夥伴」等新理念。為加速歐盟經濟復甦、擺脫歐債危機的困擾，歐蘭德與德國總理梅克爾(Angela Merkel) 建立 「梅蘭德」 ❷ 式的法德關係，並在歐洲一體化的框架內繼續發展法、英關係。他於 2012 年 6 月向歐盟提交總額為一千兩百億歐元的《歐洲增長契約》，以促進經濟增長、化解歐債危機。為增強歐盟和歐元區的向心力，法國還提出發行歐元債券的主張。 2013 年 5 月 ， 歐蘭德呼籲建立一個歐盟的經濟政

---

❷　Merklande，取兩人的名字另組新字，指稱法德雙方密切的合作關係。

府，以重振歐洲經濟。在 2016 年英國宣布脫歐後，歐蘭德呼籲歐盟進行「深刻改革」，啟動新的歐洲建設計畫以「再次崛起」。對美關係方面，歐蘭德總統上任後，促使法、美從修補嫌隙分歧、升溫到結成「伴侶」關係。在 2012 年 10 月的第二十屆法國駐外使節會議上，歐蘭德強調，法國與美國是盟國，它以信任為標誌；他還在 2012 年的北約芝加哥峰會上重申了法國在大西洋聯盟中的承諾。2014 年 2 月，歐蘭德訪美，促進兩國在伊朗、敘利亞、反恐、援助非洲、經貿和氣候變化等問題上展開合作，從而使法、美關係處於二戰後最好的時期。

此外，歐蘭德總統還大力經營非洲和地中海，密切法、非經貿關係，重啟歐盟－地中海聯盟專案；他積極地插手西亞和敘利亞事務，先後聯手美國和俄羅斯打擊伊斯蘭國，並從嚴厲制裁伊朗到積極發展法、伊經貿關係；他重視和全面加強與亞洲、大洋洲關係，與中國建立、發展緊密長久的全面和優先戰略夥伴關係；他還鞏固和發展與拉丁美洲的關係。總的來看，歐蘭德在外事活動中表現平和、穩健和踏實，在積極和進取中顯示了法國的大國風範。

2017 年法國大選前後，歐洲的民粹主義、極端主義甚囂塵上，馬克宏作為堅定的挺歐派，是在法國內外一片疑歐、反歐和脫歐的思潮下當選法國總統的。上任之初，馬克宏即提出一系列「重塑歐洲」的建議，試圖打造「歐盟 2.0」，從而使歐洲與美國、中國「三足鼎立」。2017 年 10 月，法國宣布已經正式啟動程序，承認包括歐盟旗幟在內的歐盟象徵，以便向歐洲證明法國對

歐盟和歐元區的信心。 為推動 「重塑歐
洲」的計畫，馬克宏加強與德國的聯合。
2019 年 1 月，法德簽署了旨在加強法、
德雙邊關係的《亞琛條約》。同年 3 月，
法國國民議會和德國聯邦議院正式創立
「法德聯合議會」。在法、德的共同推動
下，歐盟批准了二十五個成員國簽署的防
務領域 「永久結構性合作」 協議，並於
2019 年正式啟動。

圖 55：馬克宏

　　對美關係方面，馬克宏上任以來，法、美頻繁互動。川普於
2017 年 7 月訪法時受到高規格接待；2018 年 4 月，在法美建交二
百五十周年之際，馬克宏訪美並與川普在白宮裡共同種下「友誼
樹」，顯示法、美作為傳統盟友有著牢固的基礎。儘管馬克宏加強
與美國的聯繫，但仍奉行獨立自主的外交政策。他於 2018 年 4 月
25 日在美國國會發表演說，直言不諱地批評川普的單邊主義，呼
籲用 「強大的多邊主義」 代替 「自我退縮的民族主義」。2019 年
年末，馬克宏還不惜與美國總統在北約問題上「較勁」，堅稱北約
已經「腦死」。

　　在重大地區事務上，馬克宏呼籲通過加強多邊主義或者雙邊
主義解決更廣泛地區的各種問題。自上任以來，他頻繁地出訪和
參加國際會議，訪問遍及世界所有大國、地區大國以及五大洲有
影響的國家。馬克宏與普丁溝通和對話，改善法、俄關係以平衡
歐美與俄羅斯的關係；他也彰顯法國在亞洲的影響力，推進與印

度、中南半島三國、日本的合作；他進一步提升中、法全面戰略夥伴關係水準。馬克宏還呼籲「對七大工業國組織進行改革，以加強發達國家和中國、印度以及非洲國家的對話」。他同時積極地插手中東事務，並延續法國在非洲的經營。儘管法國在 2020 年遭到新冠肺炎疫情的衝擊，但仍於 2020 年 4 月，為非洲提供了近十二億歐元的援助，以幫助非洲國家抗疫；2021 年 2 月，法國兩艘海軍軍艦前往中國南海地區巡邏，展示法國在亞太地區的影響力。

　　總的看來，面對新的國內外形勢，薩科齊和歐蘭德政府為實現法蘭西民族的復興，並試著打造法國的大國形象，在沿襲戴高樂外交總方針的基礎上，不斷地調整法國的對外政策，使得其更加務實、靈活和實用，從而更能夠適應多變的世界形勢和全球化時代。法國作為英國脫歐後歐盟內部唯一的聯合國常任理事國，也是歐盟諸國當中唯一同時具有野心與能力的政治、外交大國，依然在世界上發揮著舉足輕重的作用。新世紀以來的歷屆法國領導人，皆謀求借重歐盟和新興經濟體國家的力量，以凸顯法國在國際政治中的存在感、重要性和偉大。但誠如法國前駐中國大使克洛德・馬丁 (Claude Martin) 所言：「由於法國影響力的下降，近十年來世界看見法國存在、聽到法國聲音的情況越來越弱了。」可以預見的是，在邁向世界一流大國、追尋「強大的法蘭西國家」的道路上，法國依然任重而道遠。

附　錄

大事年表

496	克洛維率三千親兵皈依基督教。
500	克洛維征服勃艮第王國。
511	克洛維去世，國土被四個兒子瓜分。
751	矮子丕平成為法蘭克人的國王。
754–756	丕平出征義大利，「丕平的捐獻」建立教皇國。
800	查理曼在羅馬加冕稱帝。
843	〈凡爾登條約〉，查理曼帝國被一分為三。
911	諾曼地公國初建。
987	于格‧加佩當選國王，開創加佩王朝。
1066	諾曼人征服英國。
1302	三級會議第一次召開。
1328	腓力六世開創瓦洛亞王朝。
1337	英法百年戰爭爆發。
1346	克勒西戰役，法軍慘敗。
1347	黑死病在法國開始流行。
1356	普瓦提埃戰役，法王約翰二世被俘。
1356–1358	艾田‧馬賽領導巴黎市民起義。
1358	扎克雷農民大起義。
1364	查理五世繼承王位。
1429	「聖女」貞德解奧爾良之圍。
1431	貞德在魯昂被火刑處死。
1453	百年戰爭結束。
1491	查理八世與布列塔尼的安娜結婚，法國領土實現統一。
1494–1559	發動對義大利的戰爭。
1559	從英國手中收復加萊。

1562–1594	胡格諾宗教戰爭爆發。
1572	聖巴托羅繆節大屠殺。
1589	亨利四世繼位，開創波旁王朝。
1594	〈南特敕令〉頒布，天主教成為法國國教。
1624	黎世留進入王政會議，並出任首相職務。
1628	黎世留頒布〈恩典敕令〉。
1648–1653	福隆德運動。
1661	路易十四親政。
1685	〈南特敕令〉被廢除。
1688–1698	與奧格斯堡同盟交戰。
1701–1714	西班牙王位繼承戰爭。
1715	路易十四去世，年幼的路易十五繼位。
1726	弗勒里出任首相。
1733–1735	路易十五發動波蘭王位繼承戰爭。
1740–1748	捲入奧地利王位繼承戰爭。
1743	路易十五親政。
1756–1763	七年戰爭。
1774	路易十五去世，路易十六登基。
1789	5月5日，三級會議召開。6月17日，第三等級代表決定組成國民議會。6月20日，〈網球場宣言〉。7月9日，國民議會改成制憲議會。7月14日，攻占巴士底獄。8月26日，發表〈人權宣言〉。
1791	6月20日，出逃的國王在瓦倫鎮被捕。9月13日，國王批准《1791年憲法》。10月1日，立法議會開幕。
1792	4月，對奧地利與普魯士宣戰。8月10日，巴黎市民起

義。9 月 20 日，瓦爾密大捷。9 月 22 日，王權被顛覆，第一共和國成立。

1793	1 月 21 日，路易十六被推上斷頭臺。5 月 31 日～6 月 12 日，巴黎市民起義，雅各賓專政建立。6 月 24 日，《1793 年憲法》獲得通過。7 月 13 日，馬拉被刺。9 月 17 日，頒布〈懲治嫌疑犯條例〉，開始實施恐怖政治。
1794	7 月 26 日，熱月政變。 7 月 28 日，羅伯斯比爾等人被處死。
1795	4 月 1 日，芽月起義。5 月 20 日～5 月 23 日，牧月起義。8 月 22 日，通過《共和三年憲法》。10 月 5 日，葡月叛亂。10 月 26 日，督政府成立。
1796	5 月，「平等派密謀」失敗。
1797	9 月 4 日，果月政變。
1798	5 月 11 日，花月政變。12 月，第二次反法聯盟建立。
1799	10 月，拿破崙回到巴黎。11 月 9 日，霧月十八日政變。12 月 13 日，頒布《共和八年憲法》。
1801	7 月，簽訂〈教務專約〉。
1802	3 月，英法簽訂〈亞眠和約〉。8 月，頒布《共和十年憲法》，拿破崙成為終身執政。
1804	3 月，拿破崙頒布《民法法典》。5 月 18 日，法蘭西第一帝國建立。12 月 2 日，拿破崙的加冕典禮。
1805	4 月，第三次反法聯盟建立。10 月 21 日，特拉法加海戰。12 月 2 日，奧斯特里茨的三皇會戰。
1806	11 月，大陸封鎖體系的建立。
1807	7 月 17 日～7 月 19 日，〈提爾西特和約〉。

1809	7月14日～7月16日，瓦格拉姆戰役。
1812	6月24日，入侵俄國。9月14日，占領莫斯科空城。
1813	3月，第六次反法聯盟建立。10月16日～10月19日，萊比錫決戰。
1814	4月6日，拿破崙退位。6月4日，路易十八公布憲章。
1815	3月20日，拿破崙重登王位。6月18日，滑鐵盧戰役。6月22日，拿破崙退位，被流放到聖赫勒拿島。8月14日～8月22日，「無雙議會」的產生。
1816	9月5日，解散「無雙議會」。
1818	3月12日，頒布《古維翁聖西爾法》。
1819	德卡茲擔任首相。
1820	2月13日，貝里公爵遇刺。
1825	5月，查理十世在蘭斯加冕。第一次資本主義經濟危機爆發。
1829	8月，波利尼亞克組閣。
1830	7月25日，國王簽署「七月敕令」。7月27日～7月29日，七月革命爆發，復辟王朝被推翻。8月9日，路易·菲利普登基，並向憲章宣誓效忠。
1831	11月21日～12月13日，第一次里昂工人起義。
1832	5月，共和派領導巴黎市民起義。
1834	4月9日～4月12日，第二次里昂工人起義。
1847	9月，基佐正式出任首相。
1848	2月22日～2月24日，二月革命爆發，路易·菲利普遜位。4月23日～4月26日，制憲議會召開，第二共和國成立。6月22日～6月26日，巴黎工人起義。11月4

日，《第二共和國憲法》頒布。12 月 10 日，路易·波拿巴特當選為總統。

1851　12 月 2 日，路易·波拿巴特發動政變。，12 月 21 日，公民投票擁護路易·波拿巴特。

1852　12 月 2 日路易·波拿巴特稱帝，法蘭西第二帝國建立。

1854　3 月 27 日，參加克里米亞戰爭。

1855　9 月 10 日，塞瓦斯托波爾大捷。

1859　4 月，參與義大利的對奧地利戰爭。8 月 15 日，頒布〈政治大赦令〉。

1867　1 月 19 日，波拿巴特宣布改革。

1870　4 月 20 日，《帝國新憲法》通過。7 月 19 日，普法戰爭爆發。9 月 2 日，色當慘敗，波拿巴特宣布投降。9 月 4 日，帝制被推翻，第三共和國成立。

1871　2 月，國民議會開幕，梯也爾任政府首腦。2 月 26 日，〈普法和約〉簽訂，法國被迫割地賠款。3 月 18 日，巴黎工人階級武裝起義爆發。3 月 28 日，巴黎公社成立。5 月 21 日～5 月 28 日，「流血週」，巴黎公社被鎮壓下去。8 月 31 日，議會授予梯也爾「共和國總統」稱號。

1873　5 月 24 日，梯也爾辭職。

1875　1 月 30 日，瓦隆憲法修正案獲得通過，新憲法頒布。

1876　10 月，第一次全國工人代表大會在巴黎召開。

1877　5 月 16 日，麥克馬洪解散西蒙內閣。10 月 14 日～10 月 28 日，共和派在眾議院選舉中獲勝。

1879　1 月 30 日，共和派格列維擔任總統。

1880　9 月 19 日，費里任內閣總理，推行各項改革。

1881	4 月，法國入侵突尼斯。
1883	〈順化條約〉簽訂，越南淪為保護國。
1886–1889	布朗熱運動。
1892	8 月 16 日，卡爾莫煤礦工人罷工。
1892–1893	巴拿馬運河醜聞。
1894	內閣設立殖民部。
1894–1899	德雷福斯案件。
1896	6 月，馬達加斯加淪為法國殖民地。
1898	12 月，「全國社會主義者協調委員會」成立。
1899	6 月 26 日，盧梭建立「保衛共和內閣」，米勒蘭入閣。
1901	「激進社會黨」的建立。
1905	3 月，第一次摩洛哥危機。4 月，「法國統一社會黨」建立。12 月 9 日，議會通過《政教分離法》。
1911	第二次摩洛哥危機。
1914	6 月 28 日，塞拉耶佛刺殺事件。8 月 3 日，捲入第一次世界大戰。9 月 4 日～9 月 9 日，馬恩河戰役。
1916	2 月 21 日，凡爾登戰役。7 月 1 日，索姆河戰役。
1917	11 月 16 日，克里蒙梭組閣。
1918	7 月 15 日～8 月 4 日，第二次馬恩河戰役。11 月 11 日，〈貢比涅停戰協定〉。
1919	1 月 18 日，巴黎和會召開。6 月 28 日，〈凡爾賽和約〉簽訂。
1920	1 月，米勒蘭上臺組閣。
1923	1 月 11 日～10 月 25 日，魯爾危機。
1924	4 月 9 日，道威斯計畫頒布。5 月，左翼聯盟上臺執政。

1925	10 月 16 日，〈羅加諾公約〉簽訂。
1928	8 月 27 日，〈白里安凱洛格公約〉簽訂。
1929	10 月，華爾街股票市場崩潰，全球經濟危機爆發。
1932	5 月，左翼聯盟執政。
1933	斯達維斯基事件爆發。
1934	2 月 6 日，法西斯組織在巴黎製造反政府騷亂。
1935	5 月 2 日，〈法蘇互助條約〉。12 月 7 日～12 月 8 日，〈霍爾賴伐爾協定〉。
1936	6 月 4 日，人民陣線政府成立。6 月 7 日，〈馬提翁協議〉通過。8 月 8 日，對西班牙內戰執行「不干涉」政策。
1937	6 月 21 日，「勃魯姆試驗」以失敗而告終。
1938	9 月 30 日，簽署〈慕尼黑協定〉。
1939	9 月 1 日，德國入侵波蘭，第二次世界大戰爆發。9 月 3 日，英、法相繼對德國宣戰，「奇怪的戰爭」出現。
1940	3 月 20 日，雷諾上臺組閣。5 月 10 日，德軍在西線發動攻勢。6 月 10 日，義大利向法國宣戰。6 月 18 日，戴高樂在倫敦發出抗戰號召。6 月 22 日，法德兩國簽訂第二次〈貢比涅停戰協定〉，法國淪亡。7 月 11 日，維琪政府成立，第三共和國的終結。
1942	7 月，「自由法國」易名為「戰鬥法國」。
1943	5 月 17 日，「全國抵抗運動委員會」成立。5 月 30 日，「法蘭西民族解放委員會」成立。
1944	6 月 3 日，法蘭西共和國臨時政府成立。6 月 22 日，諾曼地登陸，第二戰場開闢。8 月 19 日～8 月 24 日，巴黎武裝起義爆發，首都被解放。12 月 10 日，〈法蘇同盟互

助條約〉。

1945	5 月 8 日，德國在無條件投降書上簽字。10 月 21 日，第一屆制憲議會選舉。11 月 21 日，三黨聯合政府的建立。
1946	1 月 20 日，戴高樂辭職。10 月 13 日，新憲法通過，第四共和國誕生。12 月 16 日，勃魯姆組建「看守內閣」。
1947	4 月 14 日，戴高樂組建法蘭西人民聯盟。4 月 25 日，雷諾汽車廠工人罷工。10 月 30 日，三黨聯合體制徹底破裂。11 月 23 日，舒曼領導的「第三力量」當政。
1952	3 月 6 日，安托萬·比內組閣，右翼開始當政。
1954	3 月 13 日，越南奠邊府戰役。6 月 12 日，拉尼埃政府垮臺。7 月 21 日，〈日內瓦協議〉。11 月 1 日，阿爾及利亞民族大起義。
1956	1 月 31 日，居伊·摩勒建立共和陣線政府。3 月，承認突尼斯與摩洛哥獨立。7 月 20 日，蘇伊士運河戰爭爆發。
1958	5 月 13 日，阿爾及利亞叛亂。6 月 1 日，戴高樂組建新內閣。9 月 28 日，新憲法在公民投票中通過，第五共和國成立。10 月 1 日，保衛新共和聯盟成立。12 月 21 日，戴高樂當選為總統。
1959	9 月 16 日，戴高樂發表關於阿爾及利亞民族自決的演說。
1962	3 月 18 日，〈維埃昂協議〉。4 月 14 日，龐畢度組閣。6 月 1 日，法國試爆第一顆原子彈。10 月 28 日，舉行直選總統的公民投票。
1963	6 月，將大西洋艦隊從北約撤回。
1964	1 月 27 日，承認中華人民共和國。
1965	12 月 19 日，戴高樂再度當選為總統。

1966	6月1日，戴高樂宣布法國退出北約。
1968	五月風暴。
1969	4月28日，戴高樂辭職。6月15日，龐畢度當選總統。
1970	11月9日，戴高樂去世。
1974	5月19日～5月27日，德斯坦當選為總統，席哈克受命組閣。
1976	8月25日，席哈克辭職，巴爾出任總理。12月5日，「保衛新共和聯盟」改名為「保衛共和聯盟」。
1977	3月25日，席哈克競選為巴黎市長。
1981	5月10日，密特朗當選為總統。
1986	3月16日，新議會選舉，第一次「左右共治」。3月21日，席哈克組閣。
1988	5月8日，密特朗再次當選總統。6月23日，羅卡爾上臺組閣。
1991	5月，「法國鐵娘子」克勒松組閣。
1992	3月，佩雷戈瓦出任總理。
1993	3月，國民議會選舉，第二次「左右共治」。
1995	5月，席哈克當選為總統。
1997	6月1日，左翼在大選中獲勝，第三次「左右共治」。6月19日，喬斯平發表施政演說。
2002	5月5日，席哈克再度當選總統。6月，右翼政黨在大選中獲勝，「左右共治」的終結。11月，「人民運動聯盟」成立。
2003	3月，反對美、英未經聯合國授權，發動伊拉克戰爭。
2004	3月28日，大區議會選舉，執政的「人民運動聯盟」遭

遇慘敗。3 月底，總理拉法蘭辭職，但隨後再度被任命為總理組閣。

2005	5 月 29 日，〈歐盟憲法條約〉在法國全民公投中被否決。5 月 31 日，拉法蘭政府垮臺，席哈克任命德維爾潘為總理。10 月～11 月，因種族問題引發持續三週的大騷亂。
2006	1 月 16 日，《首次就業契約》推行，引發全國性抗議浪潮。
2007	5 月 6 日，薩科齊當選為第五共和國第六任總統。5 月 17 日，弗朗索瓦·費雍被任命為政府總理。
2008	7 月～12 月，薩科齊擔任歐盟輪值主席。
2009	4 月 4 日，法國正式重返北約組織。
2012	5 月，歐蘭德宣誓就職，艾侯出任總理。
2015	1 月 7 日，《查理周刊》遭恐怖攻擊。
2016	4 月，馬克宏領導創建「前進！」黨。
2017	5 月，馬克宏當選總統，菲力普出任總理。
2018	11 月，爆發「黃背心」運動。
2019	1 月，法德簽署《亞琛條約》。
2022	1 月 16 日，國民議會通過「疫苗通行證法案」。4 月，法國大選，馬克宏對陣雷朋，成功連任。

參考書目

丁一凡、戴冬梅，《法國發展報告 (2017～2018)》，社會科學文獻出版社，2018 年。

丁一凡、戴冬梅，《法國發展報告 (2019)》，社會科學文獻出版社，2019 年。

丁一凡、戴冬梅，《法國發展報告 (2020)》，社會科學文獻出版社，2020 年。

丁一凡、戴冬梅，《法國發展報告 (2021)》，社會科學文獻出版社，2021 年。

王銘，《法國大革命與拿破崙帝國》，遼寧教育出版社，1991 年。

沈煉之，《法國通史簡編》，人民出版社，1990 年。

沈堅，《近代法國工業化新論》，中國社會科學出版社，1999 年。

沈堅，《當代法國：歐洲的自尊與信心》，貴州人民出版社，2000 年。

吳國慶，《當代法國政治制度研究》，社會科學文獻出版社，1993 年。

吳國慶，《當代各國政治體制——法國》，蘭州大學出版社，1998 年。

吳國慶，《列國志・法國》（第三版），社會科學文獻出版社，2014 年。

吳國慶，《法國政治史：1958～2017》，社會科學文獻出版社，2018 年。

吳國慶，《列國志・法國》（第四版），社會科學文獻出版社，2019 年。

吳緒等，《十八世紀末法國資產階級革命》，商務印書館，1989 年。

呂一民，《法國通史》，上海社會科學院出版社，2002 年。

肖石忠主編，《法國：看得見的世界史》，石油工業出版社，2018 年。

杭州大學歷史系編寫組，《法國簡史》，商務印書館，1978 年。

金重遠，《法國現當代史》，上海社會科學院出版社，2014 年。

侯玉蘭，《法國左翼聯盟的興衰》，中央編譯出版社，1995 年。

洪波，《法國政治制度變遷：從大革命到第五共和國》，中國社會科學
　　出版社，1993 年。

孫健等，《為什麼偏偏是法國》，世界知識出版社，1995 年。

張芝聯，《法國通史》，遼寧人民出版社，2000 年。

張麗、馮棠，《法國文化與現代化》，遼海出版社，2000 年。

張錫昌、周劍卿，《戰後法國外交史》，世界知識出版社，1993 年。

張錫昌，《密特朗傳》，世界知識出版社，1997 年。

張紅、韓文寧，《浪漫法國人》，四川人民出版社，2001 年。

張蘇黎，《法國大革命演義》，成都出版社，1993 年。

郭華榕，《法蘭西文化的魅力》，三聯書店，1992 年。

陳文海，《法國史》，人民出版社，2014 年版。

陳棟，《法國的歷史與現狀》，旅遊教育出版社，1988 年。

陳樂民，《戴高樂》，浙江人民出版社，1986 年。

賈斌等，《法蘭西之窗》，國際文化出版公司，1991 年。

劉文立，《法國史綱要》，武漢大學出版社，1988 年。

樓均信，《法蘭西第三共和國興衰史》，人民出版社，1996 年。

錢乘旦、陳意新，《走向現代國家之路》，四川人民出版社，1994 年。

羅梵、馮棠、孟華，《法國文化史》，北京大學出版社，1997 年。

嚴雙伍，《法國精神》，長江文藝出版社，1999 年。

皮埃爾‧米蓋爾，《法國史》，商務印書館，1985 年。

西奧多‧澤爾丁，《法國人》，上海譯文出版社，1998 年。

布羅德爾等,《法國經濟與社會史:50 年代至今》,復旦大學出版社,
　　1990 年。

艾因哈德,《查理大帝傳》,商務印書館,1996 年。

伏爾泰,《路易十四時代》,商務印書館,1991 年。

吉埃斯貝爾,《希拉克傳》,世界知識出版社,1995 年。

阿爾貝‧索布爾,《法國大革命史》,中國社會科學出版社,1989 年。

勒諾特爾,《法國歷史軼聞》,北京出版社,1985 年。

格雷戈里,《法蘭克人史》,商務印書館,1983 年。

瑟諾博斯,《法國史》,商務印書館,1972 年。

雷吉娜‧佩爾努,《法國資產階級史》,上海譯文出版社,1991 年。

喬治‧勒費弗爾,《拿破崙時代》,商務印書館,1995 年。

喬納森‧芬比,《現代法國史:革命到反恐戰爭》,東方出版社,2021
　　年。

基佐,《法國文明史》,商務印書館,1997 年。

維拉爾,《法國社會主義簡史》,中共中央黨校出版社,1992 年。

羅琴斯卡婭,《法國史綱》,三聯書店,1962 年。

圖片出處 ： 2: Eric Lessing/Magnum; 31, 32: Roger-Viollet, Paris; 35:
Henri Cartier-Bresson/Magnum; 40, 42: Robert Capa/Magnum; 39:
Keystone; 41: David Seymour/Magnum; 44: Nicolas Tikhomiroff/
Magnum; 45: Raymond Depardon/Magnum; 46: Bruno Barbey/
Magnum; 47: Bettmann/CORBIS; 50: Pascal Rossignol/REUTERS;
51: Stringer/REUTERS; 52: Aleph/wikipedia; 53: Philipe Wojazer/
REUTERS; 54: http://www.nato.int/cps/en/natolive/photos.htm; 273:
Official White House Photo by Andrea Hanks

國別史叢書

西班牙史——首開殖民美洲的國家

位於南歐的西班牙，是第一個敲響大航海時代鐘聲的國家，成為殖民美洲多地區的帝國。然而隨著時代移轉，西班牙因佛朗哥專制、王室貪腐以及疫情重創，而陷入不確定的年代。西班牙該如何突破困境，重返過去榮光，就讓我們拭目以待。

奧地利史——藍色多瑙國度的興衰與重生

奧地利有著令世人屏息的絕美風光，音樂、藝術上更有登峰造極的傲人成就。這個位處「歐洲心臟」的國家，與德意志世界有著千絲萬縷的糾葛，其波瀾壯闊的歷史發展，造就了奧地利的璀璨與滄桑。讓我們嘗一口香甜濃郁的巧克力，聽一曲氣勢磅礴的交響樂，在阿爾卑斯山環繞的絕色美景中，神遊奧地利的古往今來。

捷克史——波希米亞的傳奇

古老而美麗的布拉格、舉世聞名的文豪、歐洲宗教改革的先驅或努力衝破鐵幕的布拉格之春，看似不相干的字語，卻都是在描述位於歐洲心臟地帶的國家——捷克。這個歷經眾多紛擾卻仍生出璀璨文化的國家，是如何成為今天的模樣？隨著作者的文字，一起踏上捷克，一探究竟吧！

波蘭史——譜寫悲壯樂章的民族

十八世紀後期波蘭被強鄰三度瓜分，波蘭之所以能復國，正顯示波蘭文化自強不息的生命力。二十世紀「團結工會」推動波蘭和平改革，又為東歐國家民主化揭開序幕。波蘭的發展與歐洲歷史緊密相連，欲了解歐洲，應先對波蘭有所認識。

烏克蘭史——西方的梁山泊

地處歐亞大陸交界的烏克蘭，歷史發展過程中不斷受到周遭勢力的掌控，但崇尚自由的他們始終堅持著民族精神與強鄰對抗。蘇聯解體後，烏克蘭終於獨立，但前途仍然一片荊棘，且看他們如何捍衛自由，朝向光明的未來邁進。

尼泊爾史——雪峰之側的古老王國

這個古老的國度雪峰林立，民風純樸，充滿神祕的色彩。她是佛陀的誕生地，驍勇善戰的廓爾喀士兵的故鄉。輝煌一時的尼泊爾，在內憂外患中沉默，直到2001年爆發的王宮滅門慘案，再度成為國際焦點，真是王儲為情殺人或是另有隱情？尼泊爾又該何去何從？

國家圖書館出版品預行編目資料

法國史：自由與浪漫的激情演繹／劉金源著.——增
訂三版一刷.——臺北市：三民，2022
　　面；　公分.——（國別史叢書）

　　ISBN 978-957-14-7425-0 （平裝）
　1. 法國史 2. 歷史

742.1　　　　　　　　　　　　　　111003709

國別史
法國史——自由與浪漫的激情演繹

作　　者	劉金源
發 行 人	劉振強
出 版 者	三民書局股份有限公司
地　　址	臺北市復興北路 386 號 (復北門市)
	臺北市重慶南路一段 61 號 (重南門市)
電　　話	(02)25006600
網　　址	三民網路書店 https://www.sanmin.com.tw
出版日期	初版一刷 2004 年 3 月
	增訂二版一刷 2010 年 2 月
	增訂二版三刷 2018 年 9 月
	增訂三版一刷 2022 年 5 月
書籍編號	S740420
I S B N	978-957-14-7425-0

三民書局